大展好書　好書大展
品嘗好書　冠群可期

大展好書　好書大展
品嘗好書　冠群可期

武術
武道技術②

現代跆拳道運動教學與訓練

王 智 慧 編著

大展出版社有限公司

序

——以《競技跆拳道》一書的序為序

跆拳道作爲奧運會的正式比賽專案，在日常生活中已成爲一項集健身、防身、修身爲一體的時尚體育運動，並且以其濃厚的東方哲學意蘊感染著眾多的練習者。它不僅動作簡單實用、易學易懂，更重要的是練習跆拳道能夠對人的精神品質和道德情操起著很深的薰陶作用，能夠培養人謙遜、寬容、認眞、謹慎的生活態度；磨練自強不息、堅韌不拔、吃苦耐勞的意志品質，摒棄自身懶惰、膽怯、軟弱、消極的心態，這也是跆拳道在世界範圍內得到廣泛傳播的主要原因。

近年來，在有關領導的關懷和幫助下，中國跆拳道競技水準有了明顯的提高，我國選手在世界三大賽事中屢創佳績。跆拳道運動在我國得到了廣泛的傳播，尤其深受廣大青少年的喜愛。根據我們預測，當前乃至今後相當長的一段時期內，跆拳道運動將會有更大的發展，直接或間接參與這項運動的人數將會越來越多。

受王智慧之邀爲本書作序，我非常高興，讀過這本書後我感到有以下幾個特點：

TAEKWONDO

一、符合跆拳道訓練和教學的基本要求，科學地論述了理論與實踐相關的問題；

二、脈絡清晰、簡單易懂，可以說是一本很值得跆拳道愛好者、運動員和教練員學習參考的好書；

三、書中全面系統地介紹了競技跆拳道中技、戰術的訓練環節，以及道館和大眾跆拳道教學課的內容與方法，具有較強的針對性和實用價值。

寥寥數語，難表心意，願廣大跆拳道愛好者能夠從本書中得到有益的啟發和提高！

中國國家跆拳道隊總教練：

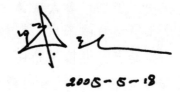

2005-5-18

現代跆拳道運動教學與訓練

TAEKWONDO

前　言

　　跆拳道起源於朝鮮半島，在長期的發展過程中不斷充實和演變，2000 年跆拳道已成爲奧運會正式比賽專案。它以簡捷實用、內外兼修、手腳並用的運動特點深受廣大青少年的喜愛，並在世界範圍內得到了廣泛的傳播和發展。

　　據相關資料顯示，目前世界上已有 170 多個國家和地區開展跆拳道運動，直接或間接參與這項運動的人數已達 8000 多萬人，並且這些數字還會隨著跆拳道運動的發展而逐年上升。

　　近年來，我國跆拳道競技水準日益提高，尤其是我國選手在世界級比賽中屢創佳績後，給國內跆拳道發展帶來了前所未有的契機，參與跆拳道運動的人數也越來越多，特別是青少年的學習熱情空前高漲，越來越多的人將跆拳道作爲健身、修身和防身的時尚體育運動，透過練習跆拳道來達到修練身心、磨練意志、培養品德的目的。

　　跆拳道在我國發展的歷程中，可以說是走了一條從院校到大眾，從運動隊到道館，競技體育與大眾健身相互促進的道路。在這樣的歷史背景下，本人於2006 年 1 月出版了《競技跆拳道》一書，該書出版時

得到了國家跆拳道隊總教練陳立人先生的熱情支持，並且爲本書作序，序言中言簡意賅，字裏行間滲透著眞知灼見，因此在《現代跆拳道運動教學與訓練》一書出版時繼續使用了原序。

爲了進一步推動跆拳道運動的發展，並爲競技訓練和大衆教學提供幫助，經歷了近兩年的寫作，《現代跆拳道運動教學與訓練》終於與讀者見面了。這本書有以下幾個特點：

一、對跆拳道教學訓練理論與實踐相關問題的闡述，具有嚴密的邏輯性。這本書與《競技跆拳道》相比完善了大衆跆拳道教學的相關內容，在編寫過程中遵循運動技能形成的生理學規律，遵循從簡單到複雜、從單一到多樣的特點，結構上力求嚴謹，內容上力求全面系統。

二、應用廣泛、實用性強。本書不僅適用於廣大跆拳道初學者，同時更可作爲跆拳道教師、教練員實踐操作中的參考用書。編寫過程中力求貫徹兩個原則，其一，系統性與針對性相結合而突出針對性；其二，理論性與實踐性相結合而突出實踐性。

三、對於當前跆拳道訓練領域的熱點問題進行了深入的探討。例如，在對跆拳道運動員選材與訓練的要求中，本書提出「全面身心訓練」的原則：做到「五抓」，即抓啓蒙訓練的年齡、抓住少兒跆拳道選材關、抓好身體素質的訓練、抓實基礎技術的訓練和抓穩心理的訓練。

TAEKWONDO

四、編寫過程中作者博採眾長，並結合自己多年的訓練心得和經驗，用現代體育的觀點結合跆拳道的技術體系，對跆拳道教學訓練的基本內容進行了全面的分析介紹。本著求真務實、去偽存真的原則，力求做到通俗易懂、簡明易學，突出實用性，以便跆拳道愛好者能夠在有限的時間內較快地掌握其主要內容。

本書的編寫過程中參考和借鑒了部分相關資料，在此謹向引文原著者表示衷心的感謝。很多讀者和朋友關心本書的出版，謹此致謝，並且感謝我的學生劉鵬、蕭泰、張健爲本書攝像製圖，同時向所有關懷和幫助過我的專家和領導表示誠摯的謝意。

最後，願我國跆拳道的競技水準不斷提高，健兒勇創佳績；願所有的跆拳道練習者都能達到「禮義、廉恥、忍耐、克己、百折不屈」的精神境界；願這本書的出版能夠爲廣大跆拳道愛好者學習和訓練提供幫助；願與廣大跆拳道愛好者共勉。

囿於時間，水準有限，難免有疏漏和不妥之處，敬請廣大同行、學者不吝指正。

王智慧
於北京

作者簡介

　　王智慧　1979 年出生，講師，遼寧人，自幼習武，1996 年開始接受跆拳道及散打專業訓練。1997 年考入瀋陽體育學院，曾先後在省、市及全國跆拳道、散打比賽中取得優異成績。2001 年畢業於瀋陽體育學院武術系，獲教育學學士學位。2004 年 9 月至 2006 年 7 月在北京體育大學研究生院攻讀碩士，獲民族傳統體育學碩士學位。

　　跆拳道、武術散打、武術套路三個項目均爲國家一級運動員、一級裁判員。現任北京中華女子學院體育教研部教師、院跆拳道代表隊教練，北京慧搏搏擊俱樂部總教練。培養的學生有多人在國家級比賽中取得優異成績。

　　近年來出版的個人專著有《現代散打技法》、《競技跆拳道》、《實用防身制敵術》、《從十級到九段——跆拳道品勢晉升匯宗》。主編的教材有《大學體育與健康基礎教程》、《大學體育體與健康新論》。先後在《北京體育大學學報》、《上海體育學院學報》、《體育與科學》、《首都體育學院學報》、《中華武術》等各類刊物上發表論文近 50 篇。

TAEKWONDO

目　錄

現代跆拳道運動教學與訓練

TAEKWONDO

TAEKWONDO

現代跆拳道運動教學與訓練

TAEKWONDO

目

錄

13

TAEKWONDO

現代跆拳道運動教學與訓練

TAEKWONDO

第一章
跆拳道概述

跆拳道（英文名 TAEKWONDO）起源於朝鮮半島的搏擊運動，是朝鮮民族在生產和生活實踐中發展起來的一項運用手、腳技術和身體能力進行自身修練和搏擊格鬥的傳統體育項目。跆拳道在朝鮮民族史上已經有 3000 多年的歷史了，深受人們的喜愛，被稱為國技。

「跆拳道」這個詞的字面意思就是「踢與拳法的武藝」。「跆」（TAE＝跆），意思是腳踢；「拳」（KWON），意思是指用拳擊打；「道」（DO），是指方法、技藝和道理，同時也是一種文化，一種學問。由此可見，跆拳道是以腳為主，以手為輔，手腳並用，內練精神氣質，外練搏擊格鬥的武道。

今天的跆拳道可分為傳統跆拳道和現代競技跆拳道兩大類。傳統跆拳道內容主要包括品勢、搏擊、功力檢測三個部分：品勢，相當於我們中國武術中的套路，共有二十四套統一的架型；搏擊，仍然保留著一些傳統的技法，比如拳技、擒拿、摔鎖等；功力，主要包括威力表演和特技兩部分。

現代跆拳道是隨著時代的進步和競技體育的發展而衍

生的，這也就是我們所說的競技跆拳道。即在一定的規則限制下，互以對方技擊動作為轉移，以切磋技藝、增進友誼、提高競技水準為目的的對抗性體育競賽項目。它具有高度的攻防實戰性和激烈的對抗性，吸取了傳統跆拳道的精華，進一步突出了跆拳道善於用腿技的特點，使跆拳道的技擊格鬥性質在體育運動中得到完美體現。

跆拳道運動具有典型的東方文化色彩。它不僅是一項具有較強攻擊力的運動項目，還是一種形體藝術和行之有效的強身健體的方法。

跆拳道的本身還蘊涵著一種深層的精神追求和理念，首要的就是以修心養性為核心，培養強烈的愛國熱情和為正義而獻身的崇高精神。道，是一種方法、途徑、技藝、精神，更表現為一種道理、道德和禮儀，同時它也是民族精神的體現。

練習者須具備勇猛善戰、敢打敢拼的精神品質，堅韌不拔、拼搏向上的精神氣概。學習的過程中，不僅要學習跆拳道的技擊技術，更要注重對跆拳道禮儀、道德修養的學習和遵從。每一次練習都要求「以禮始、以禮終」，培養人忍耐、謙虛和堅韌不拔的精神。

跆拳道的精神對青少年有著積極的教育意義。學習跆拳道可以內修精神、性情，外修技術、身體，培養常人難以達到的意志品質和忍讓謙恭的美德。因此，這項內外雙修、精神氣質與技擊技術全面發展的體育運動深受廣大青少年的喜愛。至今，跆拳道已成為世界上發展最快的體育項目之一，並成為奧運會比賽項目。

第一節　跆拳道發展溯源

跆拳道古稱為「跆跟」「花郎道」，是起源於古代朝鮮的民間武藝，在幾千年朝鮮文化的薰陶下，有著鮮明的民族特色。下面我們將對跆拳道的起源發展作一個簡單的介紹。

一、原始跆拳道的起源

在原始社會時期，朝鮮民族大部分過著以農耕為主、狩獵為輔的生活。為了獲取食物和抗擊外來侵略，在生產、生活和禦敵的實踐過程中，人們逐漸發明了一些既能夠鍛鍊身體又能夠禦敵自衛的技術。古代跆拳道的雛形正是在這種環境下孕育而生的。經過不斷的發展和完善，這些技術由一種本能的自衛活動演化為有目的、有意識的技擊運動，除了用於禦敵和狩獵外，也用於參加祭祀和展示力量的鬥技大會。古代跆拳道就這樣在實踐過程中不斷得到補充和完善，成為一種有目的、有意識的格鬥活動。

二、朝鮮三國時的跆拳道

朝鮮半島的三國時代大約開始於西元前 1 世紀，是高句麗、新羅和百濟三國並存的時期。高句麗在朝鮮半島的北部，新羅在東南部，百濟在西南部。為了爭奪領土，三國之間戰爭不斷，紛爭四起，社會基本處於戰亂連綿、動盪不安的狀態，因而三國均重視技擊術的修練。所以這一時期出現了「跆跟」「手搏」等格鬥技藝，這些格鬥技術

TAEKWONDO

就是今天的跆拳道雛形。據朝鮮古代文獻《三國史記》中記載的 87 人列傳裏，武士就有 60 人，占總人數的 69％。這種社會環境極大地促進了軍事武藝的發展，武士團體也孕育而生。為了適應戰爭的需要，跆拳道運動在這一時期得到了迅速的發展。

(一)高句麗時期的跆拳道

西元前 37 年，朱蒙於朝鮮半島西北部（今天朝鮮北部的鴨綠江河谷）建立了高句麗王國。有資料顯示，跆拳道在高句麗享有很高的地位，這可以從高句麗後來的國都丸都的古墳——角觝塚、舞俑塚和三室塚的玄室壁畫中得到證實。如角觝塚的壁畫上就有兩名男子互相摟抱臂膀進行格鬥的姿勢；三室塚的壁畫中兩位武士所做的動作就是當

現代跆拳道運動教學與訓練

圖1-1　高句麗時代三室塚玄室壁畫上的跆拳道動作
（引自韓國羅絢成，韓國體育史）

TAEKWONDO

今跆拳道準備的動作（實戰姿勢），其中右邊的人做的是身體前屈的攻擊姿勢，左邊的人做的是防守姿勢（圖1-1）。像這種繪有跆拳道的壁畫還有很多，當時這種原始的跆拳道被稱為「跆跟」。這些資料表明跆拳道在高句麗已經相當盛行了。

（二）新羅時期的跆拳道

新羅王國大約於西元前57年建立，其位置在朝鮮東南部的慶州平原上（現在的慶尚道地區）。新羅有一個負責軍事教育的社會組織叫「花郎」（意思是「花騎士」），花郎中的年輕人被稱為「花郎道」，他們以跆跟為訓。到了真興王時，便創立了「花郎道」這一組織。其宗旨是「事君以忠、事親以孝、事友以信、臨陣無退、殺身有擇」，以此磨練人的意志，鍛鍊人的體魄，造就了一批又一批忠君事孝、英勇頑強的戰士。這一時期的許多僧侶都是花郎（武士）出身，所以石窟庵守門的佛像、金剛力士的造型也都採用了跆拳道的姿勢（圖1-2）。

圖1-2　新羅時期壁畫浮雕中的金剛力士塑像
（引自韓國龍仁大學申相星，韓國跆拳道史）

TAEKWONDO

另據《三國史記》《古事》《帝王韻記》等資料記載，當時利用拳擊和腳踢的格鬥形式已相當盛行。在描寫新羅時期風俗習慣的《帝王韻記》一書中，關於跆拳道的記載，即站立，互相用腳踢對方，此方法有三種：第一種是低水準者，互踢對方的腿部；第二種是中等水準者，互踢對方的肩部；第三種是高水準者，則互踢對方的頭部。

(三)百濟時期的跆拳道

百濟王國大約建立於西元前 1 世紀下半葉。百濟是當時三國中實力最弱的國家，有關跆拳道記載的遺跡少於高句麗和新羅。據《三國史記》記載，百濟歷代國王都推崇武藝，要求全國人民都要學習馬術、射箭、跆跟（原始的跆拳道）與武技。在當時，「便戰戲」與「跆跟」雖稱謂不同，但都是現代跆拳道的雛形，這表明跆拳道在百濟也是相當盛行的。史料中記載的「便戰戲」競技方式類似於今天的跆拳道，就是利用手和腳格鬥的競賽，在百濟時代廣泛流行於軍隊和百姓之間。

三、高麗時期的跆拳道

西元 918 年，朝鮮半島建立了一個統一的國家即高麗國。據史料記載，高麗士兵的戰鬥力來自平日的訓練及對跆拳道的喜愛。訓練中，士兵常用拳擊打牆壁和木塊，以磨練手的攻擊能力。當時十分喜愛徒手搏鬥的忠惠王曾專門邀請臂力過人、武功超群的士兵金振都（亦稱金振郁）到宮廷表演手搏技藝，這使跆拳道聲望大震，並且漸被廣大民眾所喜愛。據《高麗史》記載，徒手搏鬥是高麗人普

遍喜愛的競技項目之一，並被規定為軍隊訓練的必修項目。這一時期全國上下尚武之風盛行，跆拳道運動得到了空前的發展。

四、朝鮮時期的跆拳道

1392 年，高麗將軍李成桂由政變，建立了李氏王朝，同時用「朝鮮」稱號。跆拳道經過近一千年的流傳，到了李朝時代已形成了較為完整的體系。這一時期，跆拳道成為選拔士兵的主要手段。如果一個人想做武官，在選拔時就必須用「跆跟」或「手搏」的技藝打敗三個人，可見當時軍旅中對跆拳道的重視程度。

西元 1790 年（李朝正祖 14 年），李德懋和學者朴齊家、白東修三人奉王命彙編了《武藝圖譜通志》。書中收

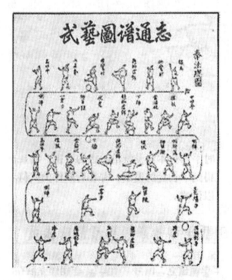

圖1-3　《武藝圖譜通誌》中關於跆拳道的記載
（引自俞繼英・奧林匹克跆拳道・北京：人民體育出版社，2005）

TAEKWONDO

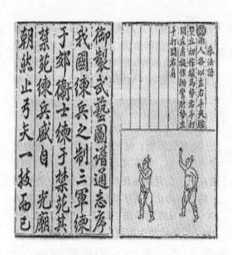

圖1-4　《武藝圖譜通誌》中關於跆拳道的記載
（引自俞繼英・奧林匹克跆拳道・北京：人民體育出版社，2005）

錄了關於「手搏」「跆跟」等武技的方法、動作圖解及各
種兵器的用法，並借鑑國外武技，使之與跆拳道的技法相
互融合，從此跆拳道開始有了較科學的記載（圖1–3、圖
1–4）。李朝末期的王室受文尊武卑的思想影響開始重文輕
武，正是這種因素使跆拳道逐漸脫離了王室，卻在民間廣
泛地流傳。

五、近代跆拳道

1909 年，日本侵佔朝鮮後建立了殖民政府，曾經一度
下令禁止所有的文化活動，其中也包括跆拳道。這一期間
跆拳道技藝在朝鮮境內幾乎銷聲匿跡。跆拳道修練者出現
了兩種情況，一部分人在國內進行秘密的練習，有一些不
甘寂寞或被生活所迫的人遠離國土，到中國或日本謀生，
並把跆拳道延續下來。

朝鮮淪為日本的殖民地後，日本的「空手道」隨之流入朝鮮，「花郎道」與「空手道」融合產生了「韓式空手道」，朝鮮人稱這種武術為「跆拳」。1945 年第二次世界大戰後，朝鮮獨立，國家政治、社會面貌日益改觀，流落他鄉的朝鮮人先後回到故里，同時將各國武技帶回祖國與跆拳道交融結合，構建了新的跆拳道技術體系，使之得到了進一步的成熟和完善。

六、現代跆拳道的發展

現代跆拳道的創始人主要有崔泓熙、李仲佑和蔡天命，三人都曾是朝鮮著名武館的教練。他們在執教過程中，經過不斷的練習、研究和推敲，將朝鮮古代各流派的自衛術與日本的空手道、中國的武術相結合，由此創立了現代的跆拳道的技術體系，這種新型的自衛術當時稱為「跆拳」。

1955 年，為了更好地推廣這種新型的朝鮮民族武術，韓國的武術家、體育家、教育家、高級軍官及相關學者經過討論認為：冷兵器時代已經過去，練習跆拳道不僅是練習手腳的功夫，更重要的是一種精神的修練，磨練一種「堅韌不拔」「百折不撓」的意志，培養一種「禮義廉恥」「謙遜寬容」的品質。教練在教授學員學習的過程中，不應只是教授學員實戰、技擊的技巧，更重要的是要教會學員做人的道理。當時崔泓熙認為：「跆拳道集東方意識和科學技術於一體，使人的能力盡可能地得到發揮，它是一種既能夠強身健體又能夠防身自衛的體育運動。」經過討論，大家一致通過崔泓熙提出的「跆拳」二字，並

在其中融入東方武道文化和哲學思想，在「跆拳」後加一個「道」字，「跆拳道」的名稱由此而生。跆拳道名稱的確立，結束了唐手、空手道以及朝鮮古典武道各種名稱混雜的局面，開創了跆拳道發展的新紀元。

1959 年，韓國成立了「大韓唐手道協會」，並於 1962 年加入大韓體育會，1965 年改為大韓跆拳道協會，1963 年第 43 屆大韓全國體育大會確定跆拳道為正式比賽項目。1961 年 9 月，朝鮮成立了唐手道協會（後改為跆拳道協會），1962 年加入朝鮮業餘體育協會，同時列入全國體育比賽正式項目。這期間朝鮮和韓國的大批跆拳道教練離開他們的祖國到世界各地傳授跆拳道，促進了跆拳道在全球範圍內的普及和發展。這標誌著跆拳道運動開始走向國際化。

1966 年，第一個國際性跆拳道組織——國際跆拳道聯合會（ITF）在韓國成立，崔泓熙任主席。

1972 年，韓國國技院在漢城成立。1973 年在漢城舉辦了第 1 屆世界跆拳道錦標賽，會後 19 個國家的代表在金雲龍博士的宣導下成立了世界跆拳道聯盟（WTF），同時金雲龍當選為主席。世界跆拳道聯盟（WTF）成立後，制定了一套相應的規章制度，大膽刪改了傳統跆拳道中類似於表演以及實戰性不強的技擊內容，將其最符合現代競技體育要求的、競技性強的對抗性內容提煉成科學獨立的教學、訓練和競賽體系，由此產生了新的跆拳道形式——競技跆拳道。在此後的幾年內，全球各地幾乎都建立了有關跆拳道的各種組織和團體。1975 年，世界跆拳道聯盟被接納為國際體育聯合會的會員。

1980 年國際奧會在第 83 次大會上，承認了世界跆拳道聯盟，這一決定促使跆拳道運動在世界各地更廣泛地流行。1983 年在西班牙巴賽隆納舉行的第 8 屆世界錦標賽中增設了女子跆拳道比賽。1994 年 9 月 4 日，國際奧會全體表決一致通過將跆拳道列為 2000 年奧運會競賽項目。

　　目前，世界上擁有兩大跆拳道組織，一個是世界跆拳道聯盟（WTF），一個是國際跆拳道聯盟（ITF）。世界跆拳道聯盟是宣導以競技為主、以品勢為輔的跆拳道技術體系，而國際跆拳道聯盟是宣導以品勢修練為主、以競技實戰為輔的技術體系，這兩大組織為跆拳道的推廣和普及作出了巨大的貢獻。

　　世界跆拳道聯盟是得到奧會承認的機構，總部設在韓國漢城國技院，現有會員協會 140 多個，2005 年，世界跆拳道聯盟主席由韓國人趙正源擔任。迄今為止，跆拳道運動已在全球範圍內得到了空前的普及和發展，風行全球170 多個國家和地區，參與練習者達 8000 萬人。

第二節　跆拳道在中國

　　1992 年 10 月 7 日，中國跆拳道協會籌備小組成立，這標誌著我國跆拳道運動的正式開始。1994 年 5 月，在河北正定開設了首屆全國跆拳道教練員和裁判員學習班。同年 9 月，在雲南昆明舉行了第 1 屆全國跆拳道比賽，有 15個單位，共 150 多名練習者參加了比賽。由於我國跆拳道起步較晚，招收的第一批運動員大多是半路出家，運動技術水準與韓國、美國以及歐洲一些起步早、基礎好的國家

相比，存在較大的差距。1995 年 5 月，共有 22 個單位 250 名練習者，參加了在北京體育大學舉行的第 1 屆全國跆拳道錦標賽，從此跆拳道在中國迅速發展起來。同年 8 月，中國跆拳道協會正式成立，魏紀中當選為第一任主席。同年 11 月，中國跆拳道協會被世界跆拳道聯盟接納為正式會員。

　　中國跆拳道創立之初，給自己的定位是「智慧型的格鬥專案」，發展方向是「博採眾長，吸取我國各優勢專案之長，解放思想，大膽創新，走自己的路」。一些優秀的教練員和運動員對跆拳道事業兢兢業業，他們一方面與大批的外國專家進行交流並向他們學習，另一方面深入研究國內外先進技、戰術，在此基礎上進行大膽創新，形成了獨具特色的中國跆拳道。此後，我國跆拳道競技水準有了很大的提高，1997 年 11 月，在香港舉辦的世界跆拳道錦標賽上，我國選手黃鸝在女子 43 公斤級的比賽中獲得銀牌。1998 年 5 月 17 日，在越南舉辦的第 13 屆亞洲跆拳道錦標賽上，我國選手賀璐敏為中國贏得了第一枚亞洲跆拳道比賽金牌，實現了我國在正式國際比賽中金牌「零」的突破。這次比賽，共有來自亞洲的 22 個國家和地區的約 240 名選手參加，其中有世界一流強隊韓國、台灣、伊朗等。中國跆拳道隊獲得了 1 金 1 銀 5 銅的佳績，其中女隊獲得團體總分第 3 名。1999 年 6 月 7 日，在加拿大舉行的世界跆拳道錦標賽上，我國女選手王朔戰勝多名世界跆拳道高手，獲得女子 55 公斤級冠軍，這是我國跆拳道運動員獲得的第一個世界冠軍。2000 年 9 月 30 日，在雪梨奧運會女子跆拳道 67 公斤以上級別的比賽中，我國選手陳中力克群雄獲得冠軍，這是我國獲得的第一塊奧運會跆拳道金

牌。2004 年 8 月 29 日，在雅典奧運會上，中國選手陳中、羅微分別奪得女子 67 公斤以上級和 67 公斤以下級金牌，創造了中國跆拳道歷史上的新紀錄。

繼雅典奧運會之後，2005 年 4 月 14 日，在西班牙舉行的世界跆拳道錦標賽上，我國選手王瑩獲得 51 公斤級金牌。2006 年 12 月，在卡塔爾多哈舉行的第十五屆亞運會中，我國選手吳靜鈺、羅微、陳中分別獲得女子 47 公斤級、72 公斤級和 72 公斤以上級冠軍，實現了中國跆拳道在亞運史上新的突破。

如今，隨著跆拳道運動在我國的普及開展，技術將日趨完善。我們堅信，將會有更多的中國跆拳道健兒湧現在奧運賽場，為中國跆拳道史續寫新的篇章。

第三節　跆拳道的特點和作用

一、跆拳道的特點

(一)以腿為主，以手為輔

現代跆拳道技術中，腿法所占的比例為整個跆拳道技術體系的 80%左右，這是跆拳道運動的鮮明特點。在實戰比賽中，腿的攻擊力量遠遠大於手，而且腿法攻擊範圍廣，威力較大，是跆拳道比賽中主要的得分手段。另外，競技跆拳道的比賽規則對腿法使用有著積極的鼓勵作用，在競技跆拳道比賽中，只允許使用一種拳的方法進攻或反擊，而且得分率很低，這無疑提高了運動員腿法的使用

TAEKWONDO

率。但在競賽規則以外的跆拳道實戰中，人體的一些主要關節都可以作為攻擊對手的武器。這便構成了現代跆拳道運動的鮮明特點，即以腿為主、以手為輔的運動模式。

(二)技擊方法簡捷實用，動作剛直相向

在跆拳道的實戰中，多使用拳、掌、臂等格擋防守，隨即以連續快速的腿法組合連擊，或直接去打，或接觸防守，很少使用閃躲避讓法。用簡明硬朗的方法直接去打擊對方，追求以剛制剛、硬拼硬打，盡可能保持或縮短雙方的距離，進攻或反擊時的動作路線多為直線，方法簡練，強調擊打的有效性。因此，技擊方法簡捷實用，動作剛直相向是跆拳道運動的又一特點。

(三)內外兼修，功法獨特

跆拳道訓練是在赤手空拳的狀態下進行的。經過專門的訓練，練習者的關節部位能夠發揮出常人難以具備的威力，尤其是手和腳的功力。這是意念與動作在長時期的彼此滲透中產生的綜合效應，使人體達到「內外合一」的境界，即內力與外力、精神與勁道的協調統一。

(四)以功力驗水準

跆拳道練習者修練的水準如何，技術動作的威力到底有多大，往往是經由運用手腳或其他關節部位分別擊碎木板、磚石等物體來檢測的。這種方法已成為跆拳道練習、晉級、表演、比賽的主要內容之一，也是檢測跆拳道練習者功力水準的有效手段。

(五)發聲揚威，強調氣勢

跆拳道練習時無論是品勢練習，還是比賽訓練，都要求訓練者給人以氣勢上的震懾。多以發出洪亮並有威懾力的聲音來顯示自己的功力。那麼，發聲有什麼作用呢？這裏可以歸納為四點：第一，由發聲可以提高自己的注意力，提高大腦皮質的興奮，從而更好地完成訓練或比賽；第二，有關專家研究表明，洪亮的喊聲可以增強人的爆發力，以聲催力來加大技術的殺傷力；第三，由發聲可以提高自己的鬥志，在氣勢上壓倒對手，從而達到在心理上戰勝對手的目的；第四，在競技比賽中，運動員由發聲配合擊打效果來得到裁判員的認可，達到得分的目的。

(六)以禮始以禮終，培養良好的道德品質

跆拳道修練者始終把「禮」作為訓練內容，強調以禮始以禮終，即訓練從行禮開始以行禮結束，並突出愛國主義精神。隨著練習者技術水準的提升，道德修養也不斷地加深。練習者經由向老師、長輩、教練員、隊友鞠躬行禮，養成發自內心的禮儀習慣，形成謙虛、謹慎、友好忍讓的態度和互相學習的作風，培養堅韌不拔的意志品質和拼搏向上的精神。

二、跆拳道的作用

(一)強身健體，防身自衛

練習跆拳道，可以提高人體各關節的靈活性及肌肉的

伸展、收縮能力，提高人的力量、柔韌、靈敏、耐力素質，並對神經系統的功能有較大的促進作用。長時間練習可以增強體質，塑造健美的身材和強壯的體魄。

跆拳道的訓練是圍繞著攻防對抗來完成的，練習者在反覆的練習中不斷提高技、戰術水準，增強反應能力。另外，透過長時間的跆拳道訓練，可以使手、腳及其他關節具備超乎常人的威力，從而達到防身自衛的目的。

(二)修身養性，培養優秀的意志品質

跆拳道的練習過程本身就是一個內外兼修的過程。練習中推崇「以禮始，以禮終」的尚武精神，要以「禮義廉恥，克己忍耐，百折不撓」的跆拳道精神為宗旨。在這種跆拳道精神的指導下，練習者可以養成頑強果斷、吃苦耐勞的好習慣，磨練出堅韌不拔、積極向上的意志品質，形成禮讓謙遜、寬厚待人的美德及高尚的愛國主義情操。

(三)娛樂觀賞

跆拳道不但有強身健體和防身自衛的功能，而且具有極高的觀賞價值。跆拳道比賽時，運動員不僅要鬥智鬥勇，而且要透過比賽將跆拳道的技術發揮得淋漓盡致。緊張激烈的對抗同時也給觀賞者以美的享受，賞心悅目，激發人們的鬥志，鼓舞人奮發向上的精神，陶冶人的道德情操，使人們在潛移默化中受到運動員高尚道德品質的感染。

第二章
練習跆拳道前應掌握的基礎知識

第一節　跆拳道的禮節、服裝與段位

一、跆拳道的禮節

跆拳道的「禮儀」是跆拳道基本精神的體現，也是跆拳道練習者需要修練的內容之一。跆拳道的禮儀不只是形式的表現，而是要發自內心地進行。

跆拳道是以對抗為表現形式的運動，訓練或比賽中，無論怎樣激烈地打鬥，運動員雙方都是以提高運動技術水準、磨練意志為目的的，因此，參加跆拳道比賽的運動員都要有向對方表示尊重和學習的心態。做到場上是對手，場下是朋友，這就是跆拳道運動始終宣導的「以禮始，以禮終」的精神。

禮節也是每一位跆拳道習練者在接觸跆拳道運動時的第一堂課，練習者只有樹立明禮謙虛的學習態度，才能夠獲得理想的人格和健康的體魄。

跆拳道中最常用的禮節是向教練員、隊友、長輩行鞠躬禮，具體方法是：面向對方直體站立，向前屈腰 15°，

頭向前屈 45°；此時雙手緊貼兩腿，兩腳跟併攏。參加跆拳道訓練時的禮節具體表現在：

(一)進入道館訓練時的禮節

1. 練習者衣著端正，頭髮整潔，對教練員和隊友都要表現出恭敬、服從、謙虛、互動互學的心態。

2. 進入道館時，首先向國旗敬禮，方法是：將右手掌放於左側胸前，成立正姿勢，目視國旗 2～3 秒鐘，然後向教練員行鞠躬禮。

3. 兩人一組進行練習時，首先應相互敬禮，練習結束後，再次相互敬禮。

4. 訓練中如果有事請假，應首先向教練員敬禮，再說明理由。

5. 訓練中服裝或護具脫落，應背對國旗和教練員，整理整齊後再恢復訓練。

6. 訓練結束後，首先向國旗敬禮，然後向教練員敬禮，離開道館時再次向國旗和教練員敬禮。

(二)參加比賽時的禮節

1. 個人比賽時的禮節

（1）個人比賽開始時的禮節

運動員走入場地時，應向裁判員及教練員敬禮，待場上主裁判「立正」「敬禮」的口令下達後，比賽雙方運動員相互敬禮，然後主裁判發出「準備」「開始」的口令後方能進行比賽。

現代跆拳道運動教學與訓練

TAEKWONDO

（2）個人比賽結束時的禮節

比賽結束時，雙方運動員到各自的位置相對站好，待主裁判發出「立正」「敬禮」的口令後雙方相互敬禮，然後面對裁判長席等待宣佈比賽結果。比賽結果宣佈結束後，向裁判長席、場上裁判員及對方教練員敬禮，然後結束比賽。

2. 團體對抗賽的禮節

（1）比賽前的禮節

首先，青、紅兩隊全體隊員按名單順序面向裁判席，成縱隊站立，然後兩隊運動員依主裁判「敬禮」口令，向裁判席敬禮。

（2）比賽結束後的禮節

當最後一對運動員比賽結束後，兩隊全體運動員立即進入競賽區相對站立，待主裁判發出「立正」「敬禮」的口號後，相互敬禮，然後兩隊依主裁判口令先向監督官立正站好，再向陪審敬禮。

二、跆拳道的服裝

參加跆拳道比賽時，運動員必須穿戴由世界跆拳道聯盟規定的統一服裝（包括護頭、護胸等道具），平時訓練時須穿跆拳道道服。

三、跆拳道的段位劃分

跆拳道是用段位來顯示練習者的跆拳道學習造詣的。練習者的腰帶是技術等級的標誌，段位越高表明水準越

高。跆拳道的段位可以劃分為十級九段。從十級（低）到一級（高）是初學者的等級。從一段到三段是黑帶新手的段位，稱為 Assistant instructor（副師範）；四段到六段為高水準段位，稱為 Instructor（師範）；七段至九段是授予那些有很高學識造詣或為跆拳道發展作出傑出貢獻者的段位，其中七段和八段者稱為 Master（師賢）；九段為最高段，稱為 Grand master（師聖）。只有黑帶才稱為段，黑帶以下稱為級；十個等級各代表的水準不同，初學者只有從十個級別中的十級開始晉升至一級，然後才能入段。十個級別劃分如下：

十級為白帶。表示空白，根本沒有跆拳道知識，也就是處於入門階段。

九級為白帶加黃槓。

八級為黃帶。表示大地。草木在大地生根發芽，意味著開始學習基礎動作，正處於基礎階段。

七級為黃帶加綠槓。

六級為綠帶。表示草木。成長中的綠色草木，意味著正處於技術進步階段。

五級為綠帶加藍槓。

四級為藍帶。表示藍天。草木向著藍天茁壯成長，意味著進度達到相當高的階段。

三級為藍帶加紅槓。

二級為紅帶。表示已具備相當的威力，意味著克己和警示對手不要接近。

一級為紅帶加黑槓。

黑帶的段位是由黑帶上的特殊標記區分的。另外，區

別跆拳道的段位還要看道服上的標記：一段至三段的道服邊有黑色帶條，四段以上道服的衣袖和褲腿兩邊有黑色帶條。

第二節　學習跆拳道的注意事項

一、加強禮儀和武德修養

跆拳道的修練過程是一個內外雙修的過程，講究禮儀、廉恥、克己、忍耐、百折不屈的跆拳道精神，也可以說這種精神是跆拳道運動的靈魂，要練就上乘的功夫，也要在道德方面達到較高的境界。武德是指尚武崇德的精神，這是評價跆拳道修練者道德水準的標準。

學習跆拳道的目的不僅是追求強健的體魄、自強不息的尚武精神，更是培養寬厚謙讓、誠實守信、除暴安良、扶助弱小的道德修養。因此，學練跆拳道必須加強品德修養，樹立助人為樂、見義勇為的良好風尚，切不可恃強淩弱、打架鬥毆、肆意鬧事、違反社會公德。

二、樹立堅韌不拔的意志和持之
以恆的學習態度

跆拳道是一項既複雜又難練的體育項目，學習的過程中將遇到各種各樣的困難，如傷痛、疲勞等。在這些困難面前只有樹立堅韌不拔的意志品質和持之以恆的學習態度，潛心鑽研，才能不斷提高自身的武技。

TAEKWONDO

三、練習前準備活動要充分

練習跆拳道或參加比賽前應做充分的準備活動，準備活動的時間大約在 20～30 分鐘，內容包括跑步、關節操、遊戲、拉韌帶等（跑步後的拉韌帶的內容可參考本章第三節的「二、跑步後的柔韌性練習」部分）。通過充分的準備活動使各韌帶、關節充分拉伸靈活，提高神經與肌肉的興奮性，有效地克服內臟器官的生理惰性，使肌體各器官處於興奮及運動狀態。

切不可沒有做準備活動就進行劇烈的運動，以免造成關節、肌肉、韌帶的拉傷，影響正常的訓練甚至活動。因此，做好充分的準備活動是避免運動損傷的有效手段。

四、遵循循序漸進原則，不可捨本逐末

學習跆拳道最重要的一個原則就是系統性。正確、科學、合理地安排學習訓練計畫才能夠較好地掌握跆拳道技術，切不要貪多、圖快，否則欲速則不達。

如在學習的過程中，還沒有學習防守技術，就進行實戰練習，這樣不但不能進步，反而容易造成運動損傷，影響學習進度。

五、要具備自我保護能力

學習跆拳道必須經歷的過程就是實戰，如果在沒有穿護具的情況下進行實戰是很容易受傷的。因此，在實戰練習時穿戴護具是較好的自我保護措施。護具包括護胸、護

腿、護襠、護頭等。

有條件者最好在墊子上進行練習，無條件者可在平整的場地上進行練習。

六、訓練結束後要進行全面的放鬆

訓練結束後，人體的各種生理機能還維持在一個較高的水準，需要有一個由高到正常的調整過程。全面地進行放鬆整理，能有效地消除疲勞，消除代謝產生的乳酸，緩解肌肉疼痛。

第三節　跆拳道訓練前的熱身練習

人體的運動過程是一個從靜態到動態再到靜態的過程，跆拳道也不例外。在劇烈運動前，熱身運動是很有必要的。充分的準備活動和熱身練習可以避免運動損傷，使機體達到一定的興奮狀態，從而為高品質地完成訓練做好準備。

熱身練習也就是我們所說的準備活動，準備活動按其目的可以劃分為一般性準備活動和專項準備活動。一般性準備活動包括跑步、拉韌帶、活動關節等，專項準備活動是針對某一節課或比賽實戰等所做的熱身練習。專項準備活動除做一般準備活動內容外，還要做針對性的內容，如比賽前的打靶、反應練習等。

一般情況下，跆拳道的熱身練習應占整個訓練時間的四分之一左右，目的是增強肌肉、韌帶的柔韌性，防止肌肉、韌帶的損傷。

本節將重點介紹跆拳道訓練前的熱身練習，這樣的熱身內容在訓練前做，以下內容均建議做 2～4 個 8 拍，做完這些練習後再跑步，柔韌練習應安排在跑步結束後進行。

一、跑步前的關節操

(一)頸部拉伸

動作方法：兩腿自然開立，兩手叉腰。慢慢低頭，分別向下、向後、向左、向右做頸部的拉伸動作。（圖 2-1～圖 2-4）

圖 2-1

圖 2-2

圖 2-3

圖 2-4

現代跆拳道運動教學與訓練

TAEKWONDO

（二）體轉運動

動作方法：兩腿自然開立，兩腳與肩同寬，兩臂前平舉。兩臂由身體左側盡力向後擺，左右交替進行。（圖 2–5～圖 2–7）

圖 2–5

圖 2–6

圖 2–7

（三）肩部運動

動作方法：左臂屈肘舉至頭側，右手在下做向後振肩動作，左右交替進行。（圖 2–8、圖 2–9）

圖 2-8

圖 2-9

(四)腰部環繞

動作方法：兩腿自然開立，兩腳與肩同寬，雙手扶於腰上，腰部先按順時針方向旋轉，然後再按逆時針方向旋轉。（圖 2-10～圖 2-13）

圖 2-10

圖 2-11

圖 2-12

圖 2-13

（五）屈　膝

　　動作方法：兩腿併攏，雙手放在膝關節處，屈膝下蹲，上體保持正直，腳跟稍抬起，然後恢復原來的姿勢。（圖 2-14、圖 2-15）

圖 2-14

圖 2-15

TAEKWONDO

(六)屈膝環繞

動作方法：兩腿併攏，雙手扶於膝上，兩膝先按順時針方向繞環，然後再按逆時針方向繞環。（圖2-16、圖2-17）

圖2-16　　　　　　　圖2-17

(七)屈體轉腰

動作方法：兩腿左右開立，距離寬於肩，上體前屈，做向左轉腰，轉腰同時以左手觸及右腳外側，左右交替練習。（圖2-18、圖2-19）

圖2-18　　　　　　　圖2-19

（八）屈腿牽拉

動作方法：右腿支撐，左腿屈膝向後，左手握左腳背做牽拉練習（圖2–20）。右腿動作與左腿相同。

二、跑步後的柔韌性練習

柔韌性練習一般安排在熱身練習後。柔韌練習一方面為了活動關節、牽拉韌帶，另一方面為了提高柔韌素質、增大肌肉和關節的韌性，從而提高腿法及品勢演練的質量。

圖2–20

練習要求：柔韌練習時要安排在熱身後，練習時要循序漸進，以免造成運動損傷。

（一）馬步拉伸

動作方法：馬步站立，兩手分別放在兩膝上，身體向右轉，左肩向下振壓，做側拉伸動作（圖2–21）。然後向左轉體，右肩向下振壓，做側拉伸動作（圖2–22）。練習2～4個8拍。

圖2–21

圖2–22

TAEKWONDO

(二)壓　腿

動作方法：一腿支撐，另一腿放在同伴的肩上或一定高度的物體上向前、向後振壓（圖 2-23、圖 2-24）。練習 30 次左右，振壓的幅度可以逐漸增大。

圖 2-23

圖 2-24

(三)虛步壓腿

動作方法：併步站立，右腿屈膝支撐，左腿向前側伸直，腳跟觸地，腳尖勾緊上翹。上體前俯，兩手握住左腳腳尖，兩臂屈肘，兩手用力後拉，儘量用前額或下頜接觸腳尖。練習 2～4 個 8 拍，左右交替進行。（圖 2-25、圖 2-26）

TAEKWONDO

圖 2-25　　　　　　　　　圖 2-26

(四)弓步壓腿

動作方法：兩腿前後大開立，右腳在前，右小腿與地面垂直；左腳在後，兩腳間距儘量拉大，右手扶於右膝上，左手扶地支撐，向下振壓。左右交替進行，練習 2～4 個 8 拍。（圖 2-27、圖 2-28）

圖 2-27　　　　　　　　　圖 2-28

(五)坐位振壓體前屈

動作方法：坐在地板上，兩手扶兩腳，兩膝向下振動（圖 2-29）。此動作做 2 個 8 拍後，膝關節放鬆，屈身向前，儘量以前額接觸腳趾（圖 2-30）。練習 2～4 個 8 拍。

TAEKWONDO

圖 2-29　　　　　　　　　圖 2-30

(六)坐位體前屈

動作方法：坐在地板上，兩腿伸直，兩手盡力向前，儘量用頭部接觸腳尖（圖 2-31、圖 2-32）。練習 2～4 個 8 拍。

圖 2-31　　　　　　　　　圖 2-32

(七)腿和背的拉伸

1. 坐在地板上，左腿向前伸直，右腿在後彎曲，兩手向前伸兩次，身體向右後轉兩次（圖 2-33、圖 2-34）。做 2 個 8 拍後，換右腿在前，左腿在後，重複上述動作。

TAEKWONDO

圖 2-33

圖 2-34

2. 坐在地板上，右腿向前伸直，左腿彎曲，腳後跟碰到大腿內側，上體向前振壓，左右交替練習 2～4 個 8 拍。（圖 2-35、圖 2-36）

圖 2-35

圖 2-36

(八)分腿側壓

動作方法：兩腿左右分開，坐在地板上，上體向左側轉，儘量使胸腹部貼在左腿上，同時兩手抓住左腳，身體用力向下壓。練習時左右交替進行（圖 2-37、圖 2-38）。主要用於練習髖關節的靈活性。

圖 2-37

圖 2-38

(九)劈 腿

劈腿也叫劈叉，分為橫叉和豎叉兩種。劈叉練習時要循序漸進，切不可急於求成，以免造成拉傷。

1.豎叉

豎叉主要用來練習大腿後側和髖關節的柔韌性。

動作方法：兩腿前後分開，成一條直線。前腿的腳後跟、小腿肚、大腿後側的肌群貼緊地面，腳尖勾起；後腿的腳背、膝蓋和股四頭肌壓緊地面，腳尖指向正後方。髖關節與兩腿垂直，臀部壓緊地面，上體正直（圖 2-39）。可以做上體前俯壓緊前腿，亦可做上體後屈向後壓振動作。練習時左右腿交替進行，動作幅度由小到大，逐漸用力。

圖 2-39

2. 橫 叉

橫叉主要用來練習兩腿內後側和髖關節的柔韌性。

動作方法：兩腿左右一字伸開，兩手可以輔助支撐。
兩腿的內後側部位著地，壓緊地面，兩腳的腳跟著地，兩
腳尖向兩側伸展或勾緊，髖關節放鬆成一字形。可上體前
俯（圖 2-40），亦可上體向左或右側倒，以充分拉伸大腿
內、後側肌肉。

圖 2-40

（十）體後屈

體後屈主要用以練習大腿前側、踝關節和腰部的靈活
性。

動作方法：跪在墊子上，兩腿併攏放在臀部下，腳背

TAEKWONDO

貼地，身體後倒，仰臥在墊子上數秒鐘後起立。（圖 2-41、圖 2-42）

圖 2-41

圖 2-42

三、柔韌素質練習的要求及注意事項

（一）遵循循序漸進的原則，進行針對性的練習

　　柔韌性練習時不要急於求成，否則將會造成肌肉的拉傷，這樣不僅不會促進訓練反而會影響訓練，造成恐懼心理。因此，做柔韌素質練習時，應隨著柔韌素質的提高逐漸加大強度和難度，並要根據跆拳道運動的特點有針對性地進行練習，以發展腰和下肢的柔韌素質為主，同時也要發展全面的身體柔韌素質。

（二）樹立良好的意志品質和持之以恆的練習態度

　　柔韌素質的練習過程是一個痛苦的過程，是對運動員

意志品質的考驗過程。柔韌素質容易發展也容易消退，因此要堅持經常練習，練習時要選擇在合適的時間，一般安排在準備活動的最後階段或在訓練課結束後進行，也可以在速度訓練和力量訓練中間穿插進行。

總之，掌握科學正確的練習方法，樹立良好的意志品質和持之以恆的練習態度，並配合經常性的練習一定能夠練好柔韌素質。

(三)練習前應做充分的熱身活動

柔韌素質練習前要做充分的熱身活動，使機體處於一定的興奮狀態，充分的熱身活動是預防運動損傷的有效手段之一。

(四)練習的過程中主動訓練與被動訓練應協調進行

在練習的過程中，運動員自己的主動訓練與在教練員、同伴幫助下的被動訓練要協調進行，在充分熱身和自身肌體功能能夠承受的前提下，適當加大練習的強度和難度。

TAEKWONDO

現代跆拳道運動教學與訓練

TAEKWONDO

第三章
競技跆拳道的基本技術教學

競技跆拳道是隨著時代的進步和競技體育的發展而產生的，它是一個在一定的規則限制下，互以對方技擊動作為轉移，以切磋技藝、增進友誼、提高競技水準為目的的對抗性體育競賽項目。

按照技術形式劃分，競技跆拳道的基本技術可以概括為三類，即進攻技術、防守技術和防守反擊技術。無論是初學者還是奧運冠軍，精確的基本技術練習與強化都是有必要的。基本技術的好與壞不但關係著跆拳道技術的深入學習，而且會影響戰術的發揮和比賽的勝負。可見，要想系統地學習跆拳道，基本技術是關鍵。本章將重點介紹跆拳道的基本技術，讓我們先從瞭解攻防部位開始。

第一節　跆拳道技術中使用的攻防部位

以腳為主，以手為輔是跆拳道的技術特點，因此，跆拳道的攻防部位也重點體現在手和腳兩個區域，手的攻防包括拳和掌兩個部位，腳的攻防包括腳背、腳掌和腳刀等部分。下面分別予以介紹。

一、手

傳統跆拳道中關於手的使用可以包括拳、掌、指、臂和肘五個部位，其中只有拳的攻防在競技跆拳道中有所體現，其他的攻防手法只有在品勢和日常生活中的搏擊格鬥中才會有所體現。

(一)拳

拳的用法在傳統跆拳道中是很廣泛的，主要是用來攻擊對方的面、胸、腹等部位。但在競技跆拳道中的使用是受到限制的，這一點筆者在《競技跆拳道》一書中已經作了很詳細的論述。

1. 正拳的握法

四指併攏，向內捲屈握緊，拇指內屈壓緊在食指和中指的第二關節處（圖3-1），拳面要平。（圖3-2、圖3-3）

拳面

圖 3-1　　　　　　圖 3-2　　　　　　圖 3-3

2. 與拳相關的動作術語及握法和用法

（1）拳面：是指握緊拳後的正面部分（見圖3-2）。

這種握法主要是利用拳面直接進攻對方，力點是拳面。

（2）拳背：是指握緊拳後拳的背部（圖 3-4）。這種握法主要是利用拳背抖腕上挑和側向的擺動擊打，力點是拳背。

（3）拳輪：這種握法也稱為錘拳，是指握緊拳後小指以下腕關節以上的部位（圖 3-5）。這種握法主要是利用拳輪由上向下捶擊對方，力點是拳輪。

拳背

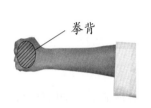

圖 3-4

拳輪

圖 3-5

（4）瓦楞拳：手指的第二關節捲屈突出關節部位，拇指扣於虎口處，其餘四指指尖緊貼手掌（圖 3-6、圖 3-7）。這種握法主要是利用突出的關節處攻擊對方的鼻、眼、頸等部位，力點是關節突出的部位。

圖 3-6

圖 3-7

（5）指節拳：是指握緊拳後，使食指或中指的第二關節突出形成的部位（圖 3-8、圖 3-9）。這種握法主要是

TAEKWONDO

圖 3-8　　　　　　　　　　　圖 3-9

利用突出的關節處攻擊對方的鼻、眼、頸、上唇、太陽穴、肋等部位，力點是關節突出的部位。

(二)掌

1.手刀與背刀

拇指內扣貼近食指，其餘四指併攏伸直，此時小指的外側沿線部位形成手刀（圖 3-10），拇指的外側形成背刀（圖 3-11）。手刀與背刀在實戰中主要用於砍擊或截擊對手。

2.掌根

掌根也稱熊掌。五指的第二指關節彎曲，拇指內扣（圖 3-12）。掌根主要用於擊打對方頭部、面部、下頜及鎖骨。

圖 3-10　　　　　　圖 3-11　　　　　　圖 3-12

TAEKWONDO

3. 底 掌

底掌也稱弧形掌。拇指展開微屈，其餘四指併攏，第一指關節微屈，掌成弧形（圖 3-13）。底掌可在搏擊實戰中掐擊對方的頸部或用掌根底部攻擊對方。

4. 貫 手

貫手的手形與手刀相似，拇指內扣貼近食指，中指微屈，基本保持四指尖平齊（圖 3-14）。貫手主要用於戳擊對方要害部位。

5. 二指貫手

二指貫手又稱剪形指。食指與中指伸展成 V 形，拇指壓扣在無名指的第二關節處（圖 3-15）。二指貫手主要用於插擊對方的眼睛。

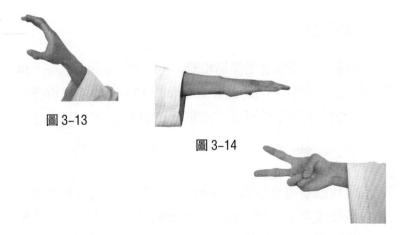

圖 3-13

圖 3-14

圖 3-15

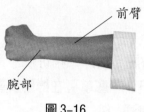

前臂

腕部

圖 3-16

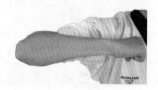

圖 3-17

（三）臂

1.前臂

指腕關節以上，肘關節以下的部位（圖 3-16）。主要用於格擋防守。

2.腕部

指腕關節四周的部位（圖 3-16）。主要用於格擋防守。

（四）肘

肘關節是由肱骨遠側端和橈、尺骨近端關節面組成。也就是指上、前臂之間的連接處（圖 3-17）。肘在實戰搏擊中的威力很大，不但可以用於進攻，也可以用於格擋防守。

二、腳

競技跆拳道使用腳攻擊的部位是踝關節以下的部位。由於跆拳道中腿法技術較多，以腳的某一部位為力點的技術也相對豐富，具體有以下幾個部位。

(一)前腳掌

前腳掌是指腳底前部的骨和肌肉部分（圖 3-18）。以前腳掌為力點的攻擊在實戰中很少體現，一般用於推踢、前踢等腿法技術。

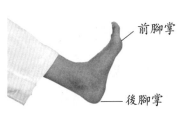

前腳掌

後腳掌

圖 3-18

(二)後腳掌

後腳掌是指腳底後部的跟骨下緣和肌肉部分（圖 3-18）。多用於蹬、踢等動作。

(三)正腳背

正腳背是競技跆拳道比賽中用於攻擊對手的關鍵部位，是指踝關節以下至第一趾關節以上的部位（圖 3-19）。多用於橫踢、飛踢、跳踢等技術，具有擊打距離遠、擊打力量大的特點。

(四)腳刀

腳刀是指腳底和腳背相連接的腳外側邊緣部位（圖 3-20）。多用於側踢等技術。

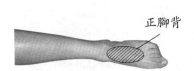

正腳背

圖 3-19

腳刀

圖 3-20

TAEKWONDO

(五)腳後跟

腳後跟指腳後部踝關節以下的部位（圖 3-21）。多用於後踢、後旋踢等技術。

腳後跟

圖 3-21

第二節　實戰姿勢與步法

實戰姿勢也稱準備姿勢，是指跆拳道比賽中運動員運用技法進攻或防守時的預備動作。

一、實戰姿勢

跆拳道的實戰姿勢可以分為三種類型，即標準實戰姿勢、側向實戰姿勢和低位實戰姿勢。運動員在比賽時，可以根據對手的情況來調節相應的實戰姿勢。練習時，左腿在前稱為左實戰姿勢，右腿在前稱為右實戰姿勢。

(一)標準實戰姿勢

動作方法：兩腳前後開立，兩腳之間的距離是本人肩寬的 1.5 倍，腳尖斜向前方 45°，前腳掌支撐，腳後跟抬起，兩膝微屈，身體重心落於兩腳之間，身體放鬆，右手握拳置於胸前，高度應距下頜一拳左右；左手握

圖 3-22　左勢正面

圖 3-23　左勢側面

圖 3-24　右勢正面

圖 3-25　右勢側面

拳高度約與肩平，左手肘關節角度應大於或等於 90°。上體保持正直，目視前方。（圖 3-22～圖 3-25）

　　動作要點：實戰姿勢時身體要放鬆，兩膝微屈。做標準實戰姿勢時兩腿不要站在一條直線上，應站在直線的兩側，以便保持身體平衡，使身體時刻處於待發狀態。

　　易犯錯誤：全身緊張，肌肉僵硬；膝關節未彎曲，沒有彈性；身體重心偏前或偏後。

　　糾正方法：可在同伴的幫助下進行糾正或面向鏡子自我糾正。

(二)側向實戰姿勢

　　動作方法：身體完全側向，兩腳間距離為肩寬的 1.5～2 倍，兩腳在一條直線上，其他同標準實戰姿勢（圖 3-26、圖 3-27）。側向實戰姿勢適用於側踢、後踢等腿法。

TAEKWONDO

圖 3-26　　　　　　　　　　　圖 3-27

（三）低位實戰姿勢

　　動作方法：低位實戰姿勢站立時，上體微向前傾，兩腿屈膝的角度加大，身體重心降低，兩腳間隔為肩寬的1.5～2 倍，其他同標準實戰姿勢（圖 3-28、圖 3-29）。低位實戰姿勢適用於反擊技術，如後踢、後旋踢的反擊。

圖 3-28　　　　　　　　　　　圖 3-29

二、實戰中與對手相關的站位

跆拳道實戰中，按雙方運動員相對站立的姿勢，可以分為開式站位和閉式站位兩種。

(一)開式站位

我方左實戰姿勢站立，對方右實戰姿勢站立時（圖 3–30），或我方右實戰姿勢站立，對方左實戰姿勢站立時（圖 3–31），稱為開式站位。

圖 3-30

圖 3-31

TAEKWONDO

(二)閉式站位

我方左實戰姿勢站立，對方左實戰姿勢站立時（圖3-32），或我方右實戰姿勢站立，對方右實戰姿勢站立時，稱為閉式站位。

圖3-32

三、步　法

步法是跆拳道實戰中實現攻防轉換的關鍵技術。可以概括為以下四點作用：第一，連接進攻與反擊技術。在跆拳道實戰中無論是進攻、防守還是防守反擊，絕大多數是在身體運動的情況下完成的，因此需要快速、靈活、多變的步法連接技術。第二，搶佔有利的實戰位置。實戰中通過靈活多變的步法移動佔據場上的有利位置，為進攻與反擊做好準備。第三，保持身體重心，維持身體平衡。跆拳道比賽的攻防轉換是在運動的狀態下完成的，較好地掌握步法技術才能較好地維持身體平衡，才能在相對動態的平

TAEKWONDO

衡下實現有力的進攻與反擊。第四，破壞對方距離感，遏制對方進攻技術的發揮。靈活多變的步法可以有效地破壞對方進攻與防守的距離感，給對方心理造成壓力。

　　跆拳道比賽中常見的步法有以下幾種（以下示範均以左實戰姿勢為例。為了便於大家學習，本書在講解複雜動作時，相關的圖上均畫有動作路線，其中實線表示右側動作，虛線表示左側動作，第五章品勢路線圖除外）：

(一) 前進步

　　前進步包括前滑步、上步和前躍步，下面分別予以介紹。

1. 前滑步

　　動作方法：實戰姿勢站立，右腳蹬地，左腳向前上半步，落地時左腳掌先著地，而後右腳再向前跟半步。（圖3-33）

圖3-33

TAEKWONDO

動作要點：移動時兩腳距離保持不變，兩腳離地不要太高，進步要穩，跟步要快。

易犯錯誤：兩腳前移過程中距離過大。

糾正方法：移動時注意檢查步幅長度，有意識地練習。

實戰作用：調整與對手之間的距離。

2. 上 步

動作方法：實戰姿勢站立，以左腳掌為軸，腳尖外轉，右腳蹬地向前上步，成右實戰姿勢站立。（圖3-34）

動作要點：作要協調，要有整體性，上步要快。

易犯錯誤：上步時身體重心不穩。

糾正方法：由慢到快反覆進行練習。

實戰作用：

（1）調整距離伺機進攻；

圖3-34

TAEKWONDO

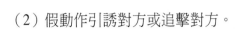

（2）假動作引誘對方或追擊對方。

3. 前躍步

動作方法：實戰姿勢站立，兩腳同時蹬地向前縱出30～40公分，動作完成後保持實戰姿勢站立。（圖3-35）

動作要點：

（1）要依靠兩腳踝關節與膝關節的力量彈跳縱出，雙腳要緊貼地面，不要騰空過高；

（2）動作起動時重心不宜過低，否則容易暴露動作意圖。

易犯錯誤：躍步時起跳過高。

糾正方法：利用踝關節及膝關節的力量起跳前移，前移時要向前用力而不是向上。

實戰作用：用於接近對手或配合技術進攻。

圖 3-35

TAEKWONDO

（二）後退步

後退步包括後滑步、後躍步和後撤步。

1. 後滑步

動作方法：實戰姿勢站立，左腳蹬地，右腳先後退半步，落地時右腳掌先著地，隨之左腳向後跟半步，落地後保持實戰姿勢不變。（圖 3-36）

動作要點：右腳退步距離不宜過大；右腳退多大距離，左腳要跟多大距離，要借助蹬地的反作用力加快移動速度。

易犯錯誤：後退距離過大造成身體重心不穩。

糾正方法：初學時後退距離不宜過大，應是本人腳長的 1～1.5 倍。

實戰作用：躲閃對方進攻或配合技術反擊。

圖 3-36

TAEKWONDO

2. 後躍步

動作方法：實戰姿勢站立，兩腳同時蹬地向後躍出 30～40公分，動作完成後成實戰姿勢站立。（圖3-37）

動作要點：參考前躍步。

易犯錯誤：參考前躍步。

糾正方法：參考前躍步。

實戰作用：用於躲閃對方的進攻或配合技術反擊。

圖3-37

3. 撤 步

動作方法：實戰姿勢站立，以右腳為軸內轉，左腳向後撤步，成右實戰姿勢站立。（圖3-38）

動作要點：動作要協調一致，撤步要快。

易犯錯誤：參考上步。

糾正方法：參考上步。

實戰作用：用於躲閃對方的進攻或配合技術反擊。

TAEKWONDO

圖 3-38

(三) 側移步

向左移動時稱為左側移步，向右移動時稱為右側移步。

1. 左側移步

動作方法：實戰姿勢站立；右腳蹬地，左腳向左側上步，右腳隨之跟上，使身體重心向左移動離開原來的位置。（圖 3-39）

2. 右側移步

動作方法：實戰姿勢站立；左腳蹬地，右腳向右側方上步，左腳隨之跟上，使身體重心向右移動離開原來的位置。（圖 3-40）

動作要點：移動時要有彈性，速度要快，身體要放鬆。

易犯錯誤：參考前躍步。

糾正方法：參考前躍步。

現代跆拳道運動教學與訓練

TAEKWONDO

圖 3-39

圖 3-40

實戰作用：用於躲閃對方的進攻或躲閃後反擊。

(四) 弧形步

向左跨步時稱為左弧形步，向右跨步時稱為右弧形步。

TAEKWONDO

1.左弧形步

動作方法：實戰姿勢站立，以左腳為軸，右腳蹬地向左側跨步，上體隨之左轉。（圖 3-41）

圖 3-41

2.右弧形步

動作方法：實戰姿勢站立，以左腳為軸，右腳蹬地向右側跨步，上體隨之右轉。（圖 3-42）

動作要點：整個動作要協調一致。

易犯錯誤：移動時身體重心不穩。

糾正方法：由慢到快反覆練習。

實戰作用：用於躲閃對方進攻及躲閃後反擊。

（五）跳換步

動作方法：實戰姿勢站立，左右腳同時離地，以腰部

TAEKWONDO

圖 3-42

力量帶動雙腳位置互換，落地後仍成實戰姿勢站立。（圖3-43）

　　動作要點：換步要靈活，彈跳不宜太高。

　　易犯錯誤：動作僵硬，彈跳過高。

　　糾正方法：身體放鬆，以腰的力量帶動兩腿完成換步。

圖 3-43

TAEKWONDO

實戰作用：調整實戰姿勢。

(六)墊　步

1.前墊步

動作方法：實戰姿勢站立，重心前移，右腳蹬地向左腳內側併攏，同時左腳蹬地向前邁步。（圖3-44）

動作要點：右腳向前上步要迅速，不待右腳落地左腳就向前移動，移動的距離不要過大。整個動作要協調、連貫。

易犯錯誤：動作僵硬。

糾正方法：移動時身體要放鬆，腳下要有彈性。

實戰作用：

（1）用於快速接近對手；

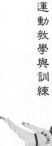

現代跆拳道運動教學與訓練

圖3-44

（2）連接橫踢、下劈踢、側踢等技術進攻對手。

2. 後墊步

動作方法：實戰姿勢站立，左腳向右腳方向併攏，同時右腳蹬離地面向後移動，兩腳落地成實戰姿勢。（圖3-45）

動作要點：左腳撤步要迅速，整個動作要協調、連貫。

易犯錯誤：參考前墊步。

糾正方法：參考前墊步。

實戰作用：

（1）用於拉開與對手之間的距離；

（2）用於連接橫踢、下劈踢等技術反擊。

圖3-45

TAEKWONDO

(七)衝刺步

動作方法：實戰姿勢站立，右腳向前上步成左實戰姿勢，緊接著，左腳向前上步回到原來的位置。（圖 3-46）

動作要點：兩腿動作要迅速，頻率要快，如衝刺跑一般。移動時的步幅不宜過大。

易犯錯誤：身體僵硬，移動時前俯後仰。

糾正方法：移動時身體要放鬆，要突出起動快、落地穩的動作特點。

實戰作用：

（1）迅速接近對手；

（2）連接橫踢、雙飛踢等技術進攻。

現代跆拳道運動教學與訓練

圖 3-46

TAEKWONDO

第三節　進攻技術

　　跆拳道的進攻技術由手的技術和腿的技術兩部分組成，這裏所介紹的手法技術是在比賽中運用的，練習時要仔細揣摩，以便為以後的深入學習打好基礎。

一、手的技術

　　手的技術也是跆拳道的基礎，在競技跆拳道比賽中可以使用手的進攻技術只有一種（正拳擊打），這裏重點介紹拳的進攻技術。

　　學習拳法技術之前，我們先瞭解一下拳法的發力順序。在拳法的發力過程中，腰、腿和肩的作用是很大的，也就是說，沖拳的同時要借助蹬地、轉腰、送肩、旋臂的力量，只有這樣，才能將身體的力量集中在一點，從而發揮拳法的最大威力。

（一）沖　拳

　　沖拳也稱為正拳擊打，是競技跆拳道中唯一允許使用的拳法技術，但只能擊打對方的軀幹部位。沖拳可以分為左沖拳和右沖拳兩種。

1.左沖拳

　　動作方法：實戰姿勢站立（圖 3-47①）；右腳蹬地，左腳以前腳掌為軸腳跟外旋，重心移至左腳，合髖轉腰送肩，上體催動左肩、左臂，將左拳從胸前準備姿勢向前旋

圖 3-47

臂沿直線沖出；沖拳的同時右臂做下格動作（圖 3-47
②）；接觸目標的瞬間拳心向下，目視前方；動作完成後
按原路線返回，成實戰姿勢站立。（圖 3-47③）

動作要點：

① 沖拳時，應充分利用蹬地、轉髖、轉腰、順肩和旋
臂的力量，力點應在拳面；

② 沖拳時發力要果斷，整個動作要協調、流暢；

③ 擊打瞬間，肩、肘、腕、指各關節均應緊張用力，
動作完成後迅速放鬆，將拳收回，成實戰姿勢站立。

易犯錯誤：

① 擊打時只是手臂在做動作，沒有充分利用蹬地、轉
髖、轉腰、順肩和旋臂的力量，從而降低了拳法的力度；

② 動作不協調，沖拳時因力量過大而失去重心。

糾正方法：初學時，應由慢到快反覆練習，理解沖拳
的發力要領，待熟練後再加快速度完成練習，也可以面對
鏡子糾正錯誤動作。

現代跆拳道運動教學與訓練

TAEKWONDO

實戰作用：比賽中用於擊打對方的軀幹部位。

舉例如下：

例一 雙方閉式站立（圖3-48①），對方以橫踢進攻我方肋部，我方用右手格擋防守的同時，以拳法反擊對方的軀幹部位。（圖3-48②）

①

②

圖3-48

例二 雙方閉式站立（圖3-49①），對方以前腿橫踢進攻我方腹部（或雙方開式站立，對方以左橫踢進攻我方腹部），我方在用右手下格防守的同時，以左沖拳反擊對

TAEKWONDO

圖 3-49

方。（圖 3-49②）

2. 右沖拳

動作方法：

　　實戰姿勢站立（圖 3-50①）；右腳蹬地，同時以前腳掌為軸向內扣轉，重心移至左腳，右腳隨之轉動扣膝；合髖轉腰送肩，上體催動右肩、右臂，將右拳從胸前準備姿勢向前旋臂沿直線沖出，力達拳面，沖拳的同時左臂向下做格擋動作（圖 3-50②）；接觸目標的瞬間拳心應向下，

①　　　　　　　②　　　　　　　③

圖 3-50

目視前方。動作完成後按原路線返回，成實戰姿勢站立。
（圖 3-50③）

　　因為右沖拳與左沖拳基本相同，所以，動作要點、易犯錯誤、糾正方法、實戰作用等內容就不再重述。

二、腿的技術

　　跆拳道的表現形式是以腿法為主的，被人們稱為「踢的藝術」。腿法技術是競技跆拳道的主要技術，也是跆拳道技術的重點，下面重點介紹跆拳道比賽中的基本腿法技術、高級腿法進攻技術、騰空腿法技術。

(一)基本腿法技術

1.前踢

　　前踢是跆拳道最基本的腿法之一。前踢技術在跆拳道比賽中很少運用，主要運用於搏擊自衛或跆拳道基礎練習中。

TAEKWONDO

動作方法：實戰姿勢站立（圖3-51①）；右腳蹬地，身體重心移至左腳；右腳向正前方屈膝上提，右小腿夾緊，隨即以膝關節為軸向前送髖、頂膝，小腿快速向前踢出，力達腳背或前腳掌。動作完成後成右實戰姿勢站立。（圖3-51②③④）

動作要點：提膝時小腿要夾緊，踢腿動作應迅速有力，髖關節前送。

圖3-51

現代跆拳道運動教學與訓練

TAEKWONDO

易犯錯誤：

① 上體後仰過大；

② 動作過於僵硬形成直腿撩踢。

糾正方法：初學者可扶支撐物，反覆體會提膝與踢腿兩個動作的要點，待動作正確和熟練後再進行完整練習，也可以面對鏡子或在同伴的幫助下糾正錯誤。

實戰作用：可用於攻擊對手的襠、下頜等部位。舉例如下：

例一　雙方對峙，我方調整距離（圖3-52①），主動運用前踢腿進攻對方的襠部（非比賽的情況下）。（圖3-52②）

圖3-52

TAEKWONDO

例二　雙方對峙，我方運用前踢假動作進攻（圖3-53①），待對方向後退守時，我方突然以後踢進攻對方的腹部。（圖3-53②）

①

2.橫踢

橫踢是跆拳道比賽中運用率最高的腿法。筆者對多屆國際比賽及全國比賽的技術應用進行了統計，結果顯示：橫踢技術的得分率占全部腿法的

②

圖 3-53

85％以上。橫踢技術動作簡單實用，技術變化多樣，是跆拳道技術中的重點之一。因此練好橫踢技術是跆拳道運動員和愛好者的首要任務，在教學訓練中，為了便於大家掌握，我們把橫踢技術分解為提膝、轉體和彈腿三個部分。

　　動作方法：實戰姿勢站立（圖3-54①）；右腳蹬地，身體重心移至左腿；同時，右腿小腿夾緊向正前方提起（圖3-54②）；以左腳前腳掌為軸腳跟內旋，身體向左側旋轉，轉體時右膝關節內扣下壓，上體微側傾（圖3-54

TAEKWONDO

③）；右腿以膝關節為軸迅速伸膝彈腿向左側方踢出，腳面繃直，以腳背為力點踢擊對方的頭部或軀幹。動作完成後，小腿放鬆沿出腿路線收回，成右實戰姿勢站立。（圖3-54④⑤）

動作要點：

① 提膝時膝關節夾緊，直線向前提膝。

② 橫踢時支撐腿要以前腳掌為軸，隨橫踢動作腳跟逐漸內旋（約 180°），橫踢發力時髖關節應展開。

圖 3-54

TAEKWONDO

③髖關節前送，擊打的感覺似鞭打動作。

④橫踢時，擺動腿應踢過身體中線約 30 公分後收回。

⑤小腿彈踢的瞬間，要有一個制動的過程，使擊打腿產生鞭打的效果。

易犯錯誤：

①大小腿折疊角度不夠，沒有制動，沒有鞭打效果。

②沒有向前提膝，動作的隱蔽性和突然性較差。

③轉體時支撐腳的腳跟沒有外展，從而導致上下肢配合不協調、動作脫節。

④動作不連貫。

糾正方法：

①初學者可手扶支撐物，反覆做提膝、轉體、彈腿的動作，待動作熟練後再脫離支撐物，由慢到快進行完整練習。

②也可以面對鏡子或在同伴的幫助下進行觀摩糾正。

實戰作用：可以用於攻擊對方的頭部、軀幹及大小腿部位。舉例如下：

例一　雙方開式站立（圖 3-55①），我方突然以橫踢腿進攻對方的頭部或腹部。（圖 3-55②）

①

TAEKWONDO

圖 3-55

　　例二　實戰中對方以橫踢腿進攻我方腰部（圖 3-56①），我方在向後撤步防守的同時，以橫踢腿反擊對方的腹部。（圖 3-56②）

①

②

圖 3-56

TAEKWONDO

例三　實戰中，對方以前腿下劈踢進攻我方頭部（圖3-57①），我方向右側跳換步閃開對手攻擊的同時，以橫踢反擊對方的腹部或頭部。（圖3-57②）

圖 3-57

3. 側 踢

側踢在跆拳道比賽中主要用於攻擊對方的軀幹和頭部，也可以用於阻截對手的進攻。它有力量大、速度快、進攻動作直接的特點。

動作方法：實戰姿勢站立（圖 3-58①），身體重心前移，右腳蹬地屈膝上提（圖 3-58②）；左腳以前腳掌為軸外旋約 180°；同時，迅速伸膝發力，右腳沿直線向右前方踢出，力達腳外側或整個腳掌。踢擊動作完成後，右腿迅速放鬆按出腿路線返回，成實戰姿勢站立。（圖 3-58③④⑤）

動作要點：

① 提膝時，膝關節夾緊向前直線提起，提膝、轉體與

TAEKWONDO

圖 3-58

踢擊要協調、連貫。

②踢擊時要轉體、展髖，上體略側傾，踢擊目標的瞬間，頭、肩、腰、髖、膝、腿應在同一平面內。

③動作完成後，應按原路線返回。

易犯錯誤：

①完成踢擊動作時髖關節沒有展開，造成肩、髖、踝不在一個平面。

TAEKWONDO

②提膝時大小腿收得不緊，上體側傾過大，造成重心不穩。

③動作不連貫。

糾正方法：在掌握技術要點的前提下，手扶支撐物，反覆練習轉體、收腿提膝、踢擊與回收動作，動作速度由慢到快。待動作熟練後，再配合步法做完整的動作練習。

實戰作用：用於進攻對方頭部、面部、胸部、腹部和肋部。舉例如下：

例一　雙方開式站立（圖 3–59①），我方調整距離，以側踢進攻對方胸部。（圖 3–59②）

圖 3–59

TAEKWONDO

例二　雙方閉式站立（圖 3-60①），對方以右橫踢進攻我方胸部，我方在準確判斷對方動作意圖的前提下，搶先以右腿側踢，進攻對方腹部或頭部阻截對方。（圖 3-60②）

①

②

圖 3-60

4. 劈　踢

　　劈踢是跆拳道技術中殺傷力較強的腿法之一，也常作為跆拳道的招牌腿法動作，比賽中得分率較高，主要用於攻擊對方的頭部、面部、肩部，比賽中運用得當，會給對

TAEKWONDO

方造成重創。

　　動作方法：實戰姿勢站立（圖 3-61①）；右腳蹬地，身體重心前移至左腳。以左腳支撐，左腳跟抬起（圖 3-61②）；右腿快速上踢過頭頂，左髖關節上送，右膝伸直貼近上體，隨即右腿迅速向前下方劈落，力點達腳跟或腳前掌（圖 3-61③）；動作完成後小腿放鬆，下落成實戰姿勢站立。（圖 3-61④）

圖 3-61

TAEKWONDO

動作要點：

① 右腿上擺時大腿應放鬆，踝關節應踢過頭頂，身體重心應向高起。

② 動作要迅速有力，支撐腳腳跟要離地；同時，髖關節上送。

③ 向下劈落時踝關節應放鬆。

④ 向下劈落時要有控制力。

易犯錯誤：

① 起腿高度不夠，支撐腳腳跟沒有離地，髖關節沒有上送。

② 下劈時膝關節和踝關節過於緊張，造成動作僵硬。

③ 下劈、下落時沒有控制重心，落地太重。

糾正方法：理解領悟動作原理後，面對鏡子或在同伴的幫助下，反覆練習糾正錯誤動作，直至掌握正確動作為止。

實戰作用：用於進攻對方頭、面、肩等部位，也可以用於反擊對方。舉例如下：

例一　雙方閉式站立（圖 3-62①），我方調整距離，以下劈踢進攻對方的頭部。（圖 3-62②）

①

TAEKWONDO

圖 3-62

　　例二　雙方閉式站立（圖 3-63①），對方使用橫踢進攻我方胸部或頭部時，我方搶在對手前面，以下劈踢反擊對方頭部。（圖 3-63②）

現代跆拳道運動教學與訓練

圖 3-63

5. 勾 踢

　　勾踢也稱為側擺踢，是跆拳道中側向進攻的腿法技術，主要用於攻擊對方頭部的側面。實戰中，運用得當也會給對手帶來重創。

　　動作方法：實戰姿勢站立（圖3-64①）；右腳蹬地，身體重心前移至左腳，以左腳支撐，右腿屈膝提起（圖3-64②）；左腳以前腳掌為軸，腳跟向內旋轉約180°，右腿膝關節向左內扣，右小腿由外向內伸出，伸直後以腳掌為力點，用力向右側擺擊，身體隨之側傾。動作完成後右腿放鬆回收，成實戰姿勢站立。（圖3-64③④）

圖3-64

TAEKWONDO

動作要點：

① 勾踢時，身體要適當放鬆，起腿後右腿屈膝抬過水平，然後內扣。

② 勾踢時，要充分發揮腰腿的力量，小腿後勾要快。

③ 鞭打後要順勢放鬆。

易犯錯誤：

① 身體過於後仰。

② 身體緊張，勾踢時小腿沒有內扣，動作僵直。

③ 鞭打後身體因用力過猛失去控制。

糾正方法：

① 在理解和掌握動作要領的基礎上，由慢到快進行練習。

② 可在同伴的幫助下互相觀摩糾正。

③ 面向鏡子糾正錯誤動作。

實戰作用：

主要用於進攻對方頭部、面部、胸部，也可以用於反擊對方。舉例如下：

例一　雙方閉式站立（圖 3-65①），我方調整距離，

①

圖 3-65

以勾踢進攻對方的面部。（圖 3-65②）

　　例二　雙方閉式（或開式）站立（圖 3-66①），對方以橫踢進攻我方，我方以勾踢反擊其頭部。（圖 3-66②）

圖 3-66

TAEKWONDO

6.推踢

推踢屬於直線型腿法技術。它具有動作突然、起動較快的特點。實戰中主要用於阻截對方的進攻或與其他動作配合進攻，一般情況下推踢很少直接得分。

動作方法：實戰姿勢站立（圖3-67①）；右腳蹬地，身體重心移至左腳，隨即右腳大小腿夾緊，屈膝提起（圖3-67②）；左腳以前腳掌為軸外旋約90°，上體略後仰；同時，右腿以膝關節為軸迅速向前蹬出，力達腳掌（圖3-67③）；動作完成後右腿放鬆回收，成實戰姿勢站立。（圖3-67④）

圖3-67

現代跆拳道運動教學與訓練

TAEKWONDO

動作要點：

① 提膝時，大小腿應夾緊；推踢時，腿法運行的路線應是水平向前的。

② 推踢時髖關節應向前送，應利用身體重心的前移來加大腿法的力量。

易犯錯誤：

① 擊打腿過於僵硬，提膝時沒有貼近上體，造成發力不足力量過小。

② 擊打腿的運行路線不是水平的，上體後仰過大，不易銜接其他腿法。

糾正方法： 可做提膝與推踢的分解練習，待動作正確後再完整練習。

實戰作用： 用於進攻對方的胸部或用於阻截對方進攻動作。舉例如下：

例一　雙方閉式或開式站立（圖 3-68①），我方用推踢進攻對方的胸部。（圖 3-68②）

①

TAEKWONDO

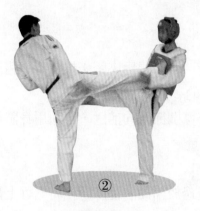

圖 3-68

例二　比賽中對方以轉身動作（後踢或後旋踢）進攻或反擊時，我方以推踢搶先攻擊其後背或臀部，破壞對方的進攻動作。（圖 3-69）

現代跆拳道運動教學與訓練

圖 3-69

TAEKWONDO

7. 後踢

後踢是跆拳道中的轉身攻擊技術，比賽中可以直接反擊或與其他動作相配合進攻，運用得當會給對手以重創。

動作方法：實戰姿勢站立（圖3-70①）；右腳蹬地，身體重心移至左腿，右腳以前腳掌為軸，腳跟向內旋轉；同時，左腳以前腳掌為軸，腳跟向外旋轉180°，使腳跟正對對手，成背向對方姿勢（圖3-70②）；此時右腳蹬地提起，左腿支撐，右腿大小腿折疊，髖關節收緊，腳尖勾起（圖3-70③）；右肩微下沉；隨即迅速向後展髖伸膝沿直線向後蹬踢，上體側傾，力達腳跟（圖3-70④）；動作完成後上體右轉，右腳向前落步，成右實戰姿勢站立。（圖3-70⑤）

動作要點：

① 後踢時上體應與踢出之腿在同一平面內，要控制住肩部，不要隨之轉動。

② 提腿時大小腿應充分回收，蓄力待發。

TAEKWONDO

④　　　　　　　　⑤

圖 3-70

③ 轉身、提腿、後踢三個動作要連貫有力。

易犯錯誤：

① 踢擊腿路線不直、左右偏斜或出現弧線出腿現象。

② 擊打時肩和上體隨之轉動，造成動作過大容易被對方反擊。

③ 轉身、提腿、後踢三個動作分解，踢擊力點不準。

糾正方法： 兩人一組，由同伴雙手扶雙肩（也可以手扶支撐物單獨練習）由慢到快地反覆做提腿與後踢動作，領會動作要領和腿法運行路線，待熟練掌握後再配合轉體動作完整練習。

實戰作用： 可用於進攻對方胸、腹或頭部，也可以用於反擊對方的進攻。舉例如下：

例一　雙方實戰姿勢站立（圖 3-71①），我方突然以上步後踢進攻對方的腹部。（圖 3-71②③）

現代跆拳道運動教學與訓練

TAEKWONDO

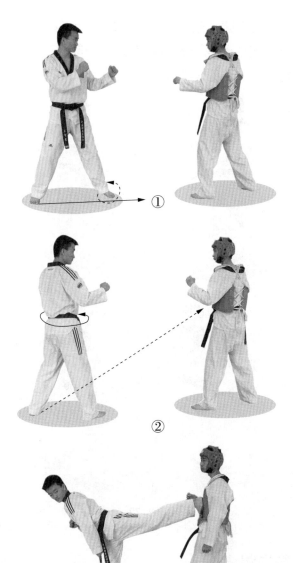

①

②

③

圖 3-71

TAEKWONDO

例二　雙方開式站立（圖3-72①），對方以橫踢進攻我方，我方在準確判斷對方動作意圖的前提下，以後踢反擊對方的胸部。（圖3-72②）

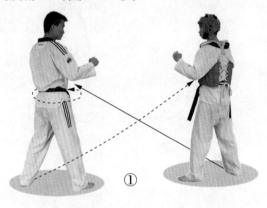

①

②

圖3-72

8. 後旋踢

後旋踢同後踢一樣，均屬於轉身腿法，動作相對複雜。在觀看跆拳道比賽中，大家經常可以看到這樣的鏡頭，一名運動員，以一記漂亮的後旋踢擊中對手的頭部，

TAEKWONDO

將其擊倒輕鬆取得了比賽的勝利。後旋踢也是比賽中常用的技術，應用時，可以直接進攻也可以與其他技術配合進攻，還可以用於反擊，運用得當往往會重創對方。

　　動作方法：實戰姿勢站立（圖 3-73①）；身體重心移至左腳；同時，以左腳為軸內旋約 90°，左膝關節內扣，右腿前腳掌蹬地外旋，背向對手（圖 3-73②）；動作不停，右腿蹬地起腿，腰部帶動身體向右後轉動；同時，右腿隨轉體向右上方屈膝提起；隨即用右腳掌自左向右弧線踢擊，接近目標時右腿伸直，力達腳掌（圖 3-73③）；動作完成後恢復實戰姿勢站立。（圖 3-73④）

圖 3-73

TAEKWONDO

動作要點：

① 擺動腿在正前方時，擊打的路線應是水平弧線。

② 以腰帶動腿發力，原地旋轉 360°。

③ 起腿要快，蹬地、轉腰、轉上體、擺腿發力要連貫、協調、快速，不要停頓。

易犯錯誤：

① 轉體時上體嚴重前傾或後仰，造成身體失去平衡。

② 起腿過早或過晚，造成腿法發力最佳點不在正前方。

③ 轉體角度不夠，造成過早出腿或已經完成了轉體動作再出腿。

④ 動作不連貫，出現停頓現象。

糾正方法：

① 初學時可手扶支撐物，進行分解練習，練習的重點是轉體與擺腿，重點強調擺腿的發力點。當腿擺到正前方時，應是水平的弧線且力量最大，待掌握正確動作後，再進行完整練習。

② 也可以面向鏡子或在同伴的幫助下觀摩糾正，反覆練習，直至動作正確為止。

實戰作用：用於進攻對方的頭部、頸部和胸部，也可以用於反擊對方。舉例如下：

例一　實戰中我方以橫踢進攻對方頭部（圖 3-74①），被對方躲閃或防守後，迅速連接後旋踢進攻對方的頭部。（圖 3-74②）

例二　雙方開式站立（圖 3-75①），對方以右腿橫踢進攻我方（或雙方閉式，對方以左腿橫踢進攻我方），我

現代跆拳道運動教學與訓練

①

②

圖 3-74

①

TAEKWONDO

圖 3-75

方在準確判斷對方動作意圖的前提下，以後旋踢反擊對方的頭部。（圖 3-75②）

(二)高級腿法進攻技術

1.前腿橫踢

動作方法：實戰姿勢站立（圖 3-76①）；右腿向前墊步；同時，左腿屈膝上提使大腿接近水平；膝關節夾緊（圖 3-76②）；動作不停，以右腳前腳掌為軸，腳跟內

TAEKWONDO

③

④

圖 3-76

旋，上體微向右側轉體，由轉體帶動大小腿，橫向由外向上、向前、向內呈弧線形擺擊，力達腳背（圖 3-76③）；目視擊出腳，擊打的瞬間小腿、大腿、腰部基本成直線，動作完成後按原路線收回，成實戰姿勢站立。（圖 3-76④）

動作要點：動作銜接要快，橫踢時迅速伸膝發力，借助轉腰的力量加大打擊力度，上體不要傾斜過大，彈踢的瞬間同側手應置於大腿外側，異側手置於下頜外防守。

易犯錯誤：

①出現直腿彈擊。

②打擊的力點不準。

糾正方法：

①前腿橫踢擊打時，膝關節應放鬆並向內扣。

②打擊路線應是橫向的，不能向上撩擺。

實戰作用：

①非比賽時低位攻擊對方大、小腿，也可以作為假動作引誘對方，我方伺機進攻。

TAEKWONDO

②比賽時，中、高位攻擊對方頭、胸、腹部，也可以配合步法進行反擊。舉例如下：

例一　雙方實戰姿勢站立（圖 3-77①），我方突然向前墊步，以前腿橫踢進攻對方的腹部或頭部。（圖 3-77②）

①

②

圖 3-77

例二　雙方閉式站立（圖 3-78①），對方以前腿下劈進攻我方頭部（圖 3-78②），我方在向左側滑步躲閃的同時，以前腿橫踢反擊對方的腹部或頭部。（圖 3-78③）

TAEKWONDO

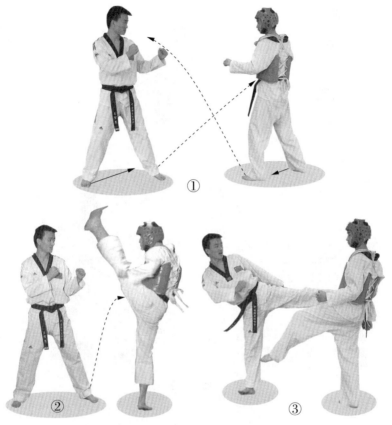

圖 3-78

2. 前腿側踢

動作方法：實戰姿勢站立（圖 3-79①）；右腿向前墊步，身體重心後移，左腿屈膝提起，與腰同高，大腿貼近胸部，小腿收緊，腳尖自然勾起，雙手握拳成實戰姿勢（圖 3-79②）；身體向右側後仰；同時，大腿猛力伸直，帶動腳掌向前沿直線踢擊，發力的同時展髖，支撐腿腳尖

TAEKWONDO

圖 3-79

指向側後方，此時左手置於出腿大腿側上方，右手置於胸前防守（圖 3-79③）；動作完成後按原路線收回，成實戰姿勢站立。（圖 3-79④）

動作要點：配合墊步練習時，墊步與側踢銜接順暢；提膝與側踢腿動作要協調一致。

易犯錯誤：擊出腿不能成一條直線，力點不準，擊打距離短。

糾正方法：

① 初學者可扶支撐物或欄杆，反覆練習提膝踹腿動

TAEKWONDO

作，體會動作要領，使提膝、踹腿動作連貫有力。

②踹腿完成時，大腿應保持一條直線，發力過程中，應避免以膝關節為軸彈踢。

實戰作用：用於攻擊對方頭、胸、腹、髖、腿、膝等部位或結合步法、拳法直接進攻，也可以用於阻截對方進攻。舉例如下：

例一　雙方閉式站立（圖3-80①），我方突然向前墊步，同時以前腿側踢進攻對方的胸部或頭部。（圖3-80②）

圖3-80

TAEKWONDO

例二　雙方閉式站立（圖 3-81①），對方以橫踢進攻我方，我方搶先以前腿側踢反擊對方的腹部，阻擊對方進攻。（圖 3-81②）

①

②

圖 3-81

3. 前腿推踢

動作方法：實戰姿勢站立（圖 3-82①）；右腳向前上步；同時，左腳大小腿夾緊屈膝提起（圖 3-82②）；右腳以腳前掌為軸，外旋約 90°，上體略後仰，隨即左腿以膝

現代跆拳道運動教學與訓練

TAEKWONDO

圖 3-82

關節為軸迅速向前推踢，力達腳前掌（圖 3-82③）；動作
完成後，右腿放鬆，成實戰姿勢站立。（圖 3-82④）

　　動作要點：墊步與推踢要協調、連貫，發力時要有控
制，避免因用力過猛而失去重心；力達腳前掌（其他參考
推踢）。

　　易犯錯誤：上步與推踢動作不連貫。

　　糾正方法：可由慢到快，做上步與推踢的分解練習，
待動作協調、連貫後，再完整練習。

TAEKWONDO

實戰作用：用於進攻對方的胸部或阻截對方進攻動作。舉例如下：

例一　雙方實戰姿勢站立（圖3-83①），我方突然調整距離，以前腿推踢對方的腹部。（圖3-83②）

①

現代跆拳道運動教學與訓練

②

圖3-83

例二　雙方閉式站立（圖3-84①），對方利用後踢進攻我方，我方在準確判斷對方動作意圖的前提下，待其轉身之際，以前腿推踢阻截對方的進攻。（圖3-84②）

①

②

圖 3-84

4. 前腿劈踢

動作方法：實戰姿勢站立（圖 3-85①）；右腿向前墊步，左腿提起，左側髖關節上送；同時，右腳跟抬起（圖3-85②）；左腿快速踢過頭頂（圖 3-85③），然後迅速向下方劈落，力達腳跟或前腳掌；動作完成後，迅速成實戰姿勢站立。（圖 3-85④）

動作要點：步法與劈腿配合要快。

TAEKWONDO

圖 3-85

現代跆拳道運動教學與訓練

易犯錯誤：

① 腳跟不離地，沒有送髖舉腿動作。

② 下劈過於用力，失去控制。

③ 身體過分後仰。

糾正方法：可面對鏡子放慢動作練習，重點體會動作
要領和動作路線。

TAEKWONDO

實戰作用：

① 用於進攻對方頭部。

② 用於配合步法進行反擊。舉例如下：

例一　雙方實戰姿勢站立（圖 3-86①），我方後腳向前起跳的同時以前腿下劈踢對方的頭部。（圖 3-86②）

①

②

圖 3-86

例二　雙方實戰姿勢站立（圖 3-87①），對方以橫踢進攻時，我方重心後移迅速提起左腿，以下劈踢反擊對方的頭部。（圖 3-87②）

TAEKWONDO

① ②

圖 3-87

（三）騰空腿法技術

騰空技術是指運動員身體處於騰空和半騰空狀態下的完成的攻防動作。這些動作難度大、殺傷力強，比賽中運用得好會給對手重創。騰空技術內容很多，如騰空後踢、騰空後旋踢、跳踢、雙飛踢、旋風踢等。後踢和後旋踢在本書中已作詳細的介紹，騰空後踢和騰空後旋踢是在後踢、後旋踢的基礎上的提高，故在此不再介紹，這裏重點介紹雙飛踢和旋風踢兩種技術。

現代跆拳道運動教學與訓練

TAEKWONDO

1. 雙飛踢

雙飛踢是跆拳道實戰中將兩次或多次的橫踢動作在騰空狀態下的快速組合。雙飛踢有動作突然、得分率高的特點，按動作完成的先後順序可以分為前腿雙飛踢和後腿雙飛踢兩種，下面分別介紹。

（1）前腿雙飛踢

動作方法：

實戰姿勢站立（圖 3-88①）；右腳向前墊步；同時，左腿向前做前腿橫踢動作（圖 3-88②）；在左腿動作即將完成之際右腿向前起跳做橫踢動作（圖 3-88③④）；動作

圖 3-88

TAEKWONDO

完成後，兩腿放鬆成實戰姿勢站立。（圖 3-88⑤）

（2）後腿雙飛踢

動作方法：實戰姿勢站立（圖 3-89①）；身體重心移至左腳；同時，右腿向前做橫踢動作（圖 3-89②）；在右腿動作即將完成之際左腿向前起跳做橫踢動作（圖 3-89③）；動作完成後，兩腿放鬆，成實戰姿勢站立。（圖 3-89④）

動作要點：

① 雙飛踢動作要連貫，一般情況第一次擊打比第二次

現代跆拳道運動教學與訓練

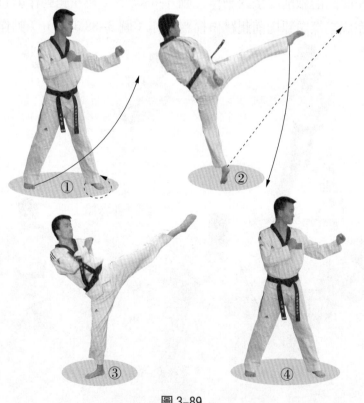

圖 3-89

TAEKWONDO

擊打力量要小，這樣有利於雙腿的連貫發力。

②擊打時髖關節應充分前送，膝關節和小腿要放鬆，上體要隨之轉動，小腿猶如鞭子一樣向前擺擊。

③雙飛踢動作方向應是向前而不是向上。

④完整練習時，身體要放鬆，動作起動要快。

易犯錯誤：

①動作僵硬，沒有送髖、大小腿僵直，動作銜接性差。

②起跳過高。

③動作分解。

糾正方法： 初學者要反覆強調動作的規範性與連貫性，不要強調力量和速度，在能夠正確掌握動作要領後，再提高動作速度；另外，練習時身體要放鬆，否則會出現動作僵直現象。

實戰作用： 用於進攻對方的胸、腹部或頭部，也可用於反擊。舉例如下：

例一　雙方實戰姿勢站立（圖 3-90①），我方突然用

①

TAEKWONDO

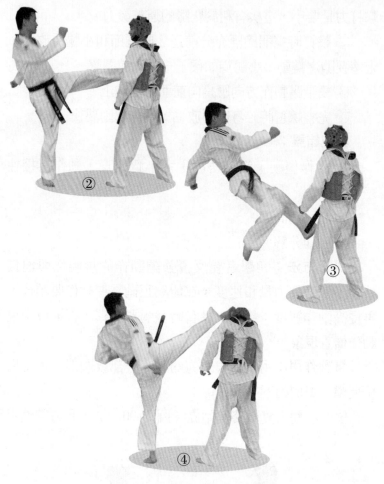

圖 3-90

現
代
跆
拳
道
運
動
教
學
與
訓
練

前腿雙飛踢分別進攻對方的胸部和頭部。（圖 3-90②③④）

　　例二　實戰中雙方貼近（圖 3-91①），我方突然調整距離，以前腿雙飛踢分別反擊對方的胸部和頭部。（圖 3-91②③）

TAEKWONDO

圖 3-91

2. 旋風踢

動作方法：實戰姿勢站立（圖 3-92①）；右腿蹬地，身體重心移至左腿，以左腳前腳掌為軸，身體向右後轉體360°，轉體的同時右腿提起並隨之轉動（圖 3-92②）；當轉動至正前方時，身體稍後仰，右腿下落的同時左腿蹬地向前做左腿橫踢動作（圖 3-92③），動作完成後，成右實戰姿勢站立（圖 3-92④）。練習時可左右交替練習，右腿練習時動作與左腿相反。

TAEKWONDO

圖 3-92

動作要點：

① 旋風踢轉體時，提膝腿應圍繞支撐腿轉動，兩大腿內側的夾角不宜過大。

② 擊打時，擊打腿的腳面要繃直，踝關節要放鬆。

③ 轉體要迅速連貫，動作完成後要有控制。

易犯錯誤：

① 擊打腿的大小腿折疊角度不夠，擊打力度太小，沒有鞭打的效果。

② 擊打腿腳面沒有繃直。

③ 上體沒有稍向後傾或後傾過大，造成擊打腿沒有完全伸直，擊打距離過短或重心不穩。

④ 動作不連貫，旋轉腿在轉體的過程中過早落地。

糾正方法：初學時，可以把整個動作分解成三步進行練習。第一步，左實戰姿勢站好後，以左腳為軸向右後轉體，轉體後，右腳落地成右實戰姿勢站立，然後做左腿橫踢動作，此時，主要強調動作的協調性和穩定性。第二步，轉體後右腳不落地，但要有短暫的停頓，落地的同時左腳蹬地做橫踢動作。此時，主要強調轉體後右腳落地動作與左腳橫踢動作的協調性。第三步，完整練習，在保證動作正確的前提下，強調動作的連貫性、準確性與速度。練習過程中可以面向鏡子或在同伴的幫助下進行糾正。

實戰作用：旋風踢主要用於中遠距離的進攻，進攻部位為腹部、胸部和頭部，也可以用於反擊。舉例如下：

例一　雙方實戰姿勢站立（圖 3-93①），我方調整距離，以旋風踢進攻對方的腹部或頭部。（圖 3-93②③）

①

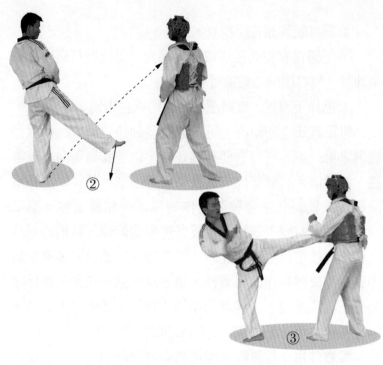

圖 3-93

例二　實戰中對方運用腿法進攻我方（圖 3-94①②），我方向後躲閃的同時，以旋風踢反擊對方的胸部。（圖 3-94③④）

TAEKWONDO

②

③

④

圖 3-94

TAEKWONDO

第四節 防守技術

進攻與防守是矛盾的，也是相生相剋的，但都是跆拳道技術中不可缺少的技術組成。一名高水準的跆拳道運動員除了要掌握嫻熟的進攻技術外，還要熟練掌握防守技術。建立穩固有效地防守意識，化解對手的進攻，從而在防守的基礎上反擊對方，達到戰勝對方的目的。

在競技跆拳道比賽中，防守技術主要分為兩類，即接觸式防守和非接觸式防守。接觸式防守包括兩種形式，即格擋防守和截擊防守；非接觸式防守可分為利用距離防守和利用角度防守兩種。這些都是競技比賽中常用的基本防守技術，本節將逐一介紹。

一、接觸式防守

在競技跆拳道比賽中不允許使用抓、推、搶、摔、夾等方法防守，但可以利用手臂或手刀去格擋。格擋技術按其方向可分為向上格擋、向下格擋、側格擋和阻擋四種。另外，截擊防守也是接觸式防守中的上乘技術。

(一)上格擋

利用手臂或手刀自下向上的格擋動作稱為上格擋。
動作方法：
實戰姿勢站立（圖3-95①）；右（左）手握拳，手臂沿身體正中線向上迅速上格，格擋時前臂與地面平行，格擋的位置應在頭部的正上方（圖3-95②）；格擋時前臂內

①　　　　　　②　　　　　　③

圖 3-95

旋，以尺骨外側阻擋對手的攻擊腿。（圖 3-95③）

　　動作要點：判斷對手進攻要準確，上格要迅速有力。

　　易犯錯誤：格擋時手臂距離頭部太近，造成防守效果不好。

　　糾正方法：上格時，手臂應完全保護住自己的頭部，以尺骨外側接觸對方的攻擊腿。

　　實戰作用：向上格擋在競技跆拳道比賽中，主要用於防守對方劈踢的進攻。

（二）下格擋

　　利用手臂或手刀自上向下的格擋動作，稱為向下格擋。

　　動作方法：實戰姿勢站立（圖 3-96①），身體重心向前移動，用前臂向下或向斜外側格擋對方的攻擊。（圖 3-96②）

　　動作要點：應以前臂尺骨外側接觸對方的攻擊腿。

　　易犯錯誤：格擋動作幅度太大。

TAEKWONDO

圖 3-96

糾正方法：格擋時要善於化解對手的力量，動作幅度不宜過大。

實戰作用：向下格擋，主要用於防守對方使用前踢或橫踢攻擊我腹部或肋部。

(三) 側格擋

利用手臂或手刀向左或向右的格擋動作，稱之為側格擋。

動作方法：實戰姿勢站立，用前臂向左或向右格擋對方的攻擊。（圖 3-97）

動作要點：側格擋動作要迅速果斷，用前臂的尺骨或橈骨外側格擋對方的攻擊腿。

易犯錯誤：向外格擋的動作幅度太大，容易給對方造成反擊的機會。

糾正方法：可兩人一組反覆練習，也可以面向鏡子，由慢到快進行練習。練習過程中反覆體會動作原理，正確

圖 3-97

把握格擋的時機和部位，直到熟練為止。

　　實戰作用：向左右側格擋技術在跆拳道比賽中運用較多。比賽中，對手沿水平方向進攻，自己的拳和腿都可以用側格擋的方法進行防守。

（四）阻擋防守

　　阻擋防守是把手臂貼放在自己的得分部位，來降低對方打擊力度，令對方難以得分。

TAEKWONDO

動作方法：實戰姿勢站立，用手臂貼放在自己的得分部位上。（圖 3-98）

　　動作要點：阻擋防守時，手臂與身體不宜貼得太緊，距離也不宜太大。

　　易犯錯誤：防守時機把握得不對，防守效果差。

　　糾正方法：注意判斷對手的攻擊意圖，及時地做出反應。

　　實戰作用：用於防守對方對軀幹部位的進攻。

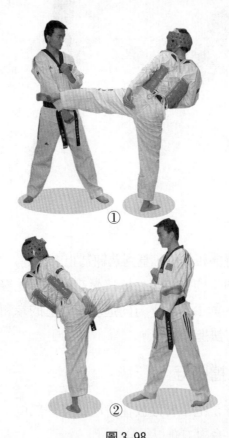

現代跆拳道運動教學與訓練

圖 3-98

TAEKWONDO

(五)截擊防守

截擊防守是指利用進攻技術阻截或破壞對手的進攻，從而達到防守的目的。截擊防守是競技跆拳道比賽中運用較多的防守方法，也是比較上乘的防守技術。截擊防守是接觸式防守的完善和提高。

動作方法：

1. 對方使用雙飛踢進攻我方，我方在準確判斷對方動作意圖的前提下，以側踢後發先至，以攻代防阻截對方。（圖 3-99）

2. 對方使用下劈踢進攻我方時，我方在準確判斷對方動作意圖的前提下，運用勾踢以攻代防。（圖 3-100）

動作要點：在競技比賽中，要利用規則允許的技術動作進行以攻代防和反擊，另外防守和反擊時要準確把握時機。

圖 3-99

圖 3-100

TAEKWONDO

二、非接觸式防守

非接觸式防守是利用步法或身法的移動，來改變雙方之間的距離和角度，使對方進攻動作不能有效地接觸到目標。非接觸式防守可以分為利用距離防守和利用角度防守兩種。

(一)利用距離防守

利用距離防守可以包括兩種形式：一是利用步法拉大與對方的距離，使自身退出對方的有效攻擊範圍；二是利用步法縮短距離貼近對方，造成對方攻擊的力點因超越目標而失去作用。舉例如下：

1. 利用步法拉大與對方的距離

實戰中對方運用橫踢進攻我方腹部時，我方迅速向後躍步遠離對方，造成對方的橫踢落空。（圖 3–101）

圖 3–101

TAEKWONDO

2. 利用步法縮短與對方的距離

實戰中對方運用橫踢進攻我方腹部時，我方迅速向前上步，使對方踝關節的力點超越允許的攻擊部位，而失去作用。（圖 3-102）

(二)利用角度防守

利用角度防守是指透過調整與對方的相對角度來進行防守的方法。即由步法向左、向右、向前、向後移動，改變與對方的位置角度，使對方在原來位置上的進攻失去意義，從而達到防守的目的。當移動到有力於反擊的位置時，可以進行有效的反擊。舉例如下：

1. 比賽中對方利用劈踢進攻我方頭部或肩部，我方向右（或左）移動，使對方的進攻落空。（圖 3-103）

圖 3-102　　　　　　　　　圖 3-103

TAEKWONDO

2. 對方利用後踢進攻我方腹部或胸部時（圖 3-104 ①），我方向左或右移動，使對方的進攻動作落空。（圖 3-104②）

①

②

圖 3-104

現代跆拳道運動教學與訓練

3. 對方用橫踢進攻時，我方向左（右）前方上步，使對方的進攻動作落空。（圖 3-105）

實戰中對方使用的直線或弧線型的腿法攻擊，都可以

TAEKWONDO

圖 3-105

用此方法防守。利用角度防守不但效果好，而且很容易給自己創造最佳的戰機。

第五節　防守反擊技術

防守反擊是跆拳道比賽中最常用的技法之一，也是實戰中必備的技能。防守反擊技術組合包括直接進行反擊和間接進行反擊兩種。在熟練掌握基本技術的前提下，練好防守反擊的關鍵是意識的培養和時機的把握。如果脫離了「時機」和「意識」，就會出現防守不能反擊或反擊不能防守的問題，這一節我們列舉幾個比賽中常用的防守反擊技術，供大家參考練習。

一、後滑步→橫踢反擊

雙方閉式站立（圖 3-106①）；對方以前腿橫踢進攻

TAEKWONDO

我方，我方向後滑步防守（圖 3-106②）；同時，以反擊橫踢進攻對方的肋部。（圖 3-106③）

圖 3-106

現代跆拳道運動教學與訓練

TAEKWONDO

動作要點：後滑步與反擊橫踢銜接要快。

二、撤步→旋風踢反擊

實戰中對方以橫踢進攻我方（圖 3–107①）；我方以右腿為軸，向後撤步防守（圖 3–107②）；隨即以旋風踢反擊對方。（圖 3–107③④）

動作要點：時機把握要準確，撤步與旋風踢反擊銜接要一氣呵成。

①

②

TAEKWONDO

圖 3-107

三、上步假動作→高橫踢反擊

　　雙方對峙，我方突然上步，以假動作佯攻對方（圖 3-108①②）；此時，對方運用右腿橫踢進攻我方腹部，待對方出腿瞬間我方以右腿橫踢後發先至，搶佔空間反擊對方的頭部。（圖 3-108③）

圖 3-108

動作要點： 假動作要逼真；高橫踢擊頭要準確有力。

四、換步假動作→後旋踢反擊

雙方閉式站立（圖 3-109①）；我方突然換步，以假動作佯攻對方（圖 3-109②）；待對方運用下劈踢或橫踢進攻時，我方以後旋踢反擊對方頭部。（圖 3-109③）

動作要點： 假動作佯攻時，要注意對方的反應，後旋踢反擊要準確、迅速。

TAEKWONDO

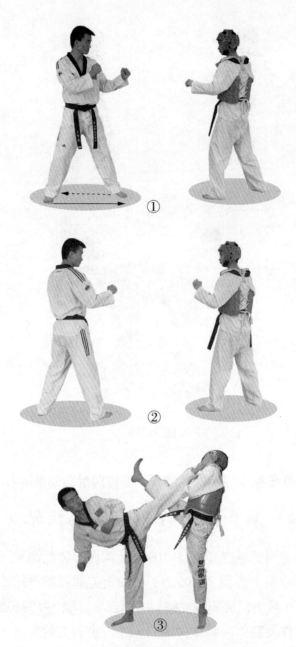

① ② ③

圖 3-109

現代跆拳道運動教學與訓練

TAEKWONDO

五、前腿橫踢進攻→下劈踢反擊

我方以前腿橫踢進攻對方（圖3-110①）；待對方橫踢反擊時，我方突然運用下劈踢反擊對方的頭部。（圖3-110②）

動作要點：下劈反擊時要把握好時機，應在對方反擊腿起動時出腿，並且要搶先擊中對方。

① ②

圖3-110

六、下格防守→雙飛踢反擊

對方運用前腿橫踢進攻我方，我方運用下格擋防守（圖3-111①）；待其進攻腿即將落地的瞬間，我方運用雙飛踢反擊對方。（圖3-111②③）

動作要點：防守要到位，雙飛踢反擊要把握好時機。

TAEKWONDO

圖 3-111

第六節　攻防技術組合

　　以上幾節，我們介紹了跆拳道技術的基本內容，經過上面的學習，大家對跆拳道技術已經有了一定的認識。為了便於理解掌握，上述內容選用了單個示範與對練共用的方法，在實際應用時，可以採取空擊、打靶和條件實戰等方法訓練，下面列舉出比賽中常用的戰術性技術組合供大

家選擇參考。在學好基本技術的基礎上完成這些內容就會
非常簡單,由於篇幅有限,對於組合技術的練習,就不重
複示範了,大家在掌握了各種技術動作後,也可以自己創
編組合技術,但必須要遵循攻防實戰的客觀規律和比賽的
技術要求。

一、練習內容及目的要求

(一)練習內容舉例

1. 前腿橫踢進攻→前腿下劈踢反擊
2. 前腿橫踢進攻→後躍步→橫踢反擊
3. 前腿下劈踢進攻→後躍步→前腿橫踢反擊
4. 前腿雙飛踢進攻→後踢反擊
5. 前腿高橫踢進攻頭部→前腿側踢截擊
6. 前腿橫踢進攻→後躍步→前腿高橫踢組合
7. 前腿橫踢進攻→後躍步→後腿下劈反擊
8. 前腿側踢進攻→跳步前下劈進攻
9. 前腿橫踢進攻→前進攻
10. 前腿橫踢進攻→換步→後旋踢反擊
11. 前腿下劈反擊→後腿雙飛踢進攻
12. 前腿推踢進攻→後下劈進攻→後踢反擊
13. 前腿橫踢進攻→後旋踢反擊
14. 後躍步→前腿橫踢反擊→旋風踢反擊
15. 後腿橫踢進攻→旋風踢進攻→後旋踢進攻
16. 後腿雙飛踢進攻→側移步→前腿雙飛踢反擊
17. 後腿高橫踢進攻→前腿橫踢進攻→後躍步橫踢反擊

TAEKWONDO

18. 後腿雙飛踢進攻→後躍步→前腿下劈踢反擊
19. 後腿橫踢進攻→後踢進攻
20. 跳換步後腿橫踢反擊→後旋踢反擊
21. 後旋踢反擊→後旋踢進攻→旋風踢進攻
22. 後腿下劈踢進攻→後躍步→後踢反擊
23. 後腿高橫踢進攻→後躍步後踢反擊
24. 上步假動作→後踢反擊
25. 跳換步假動作→後腿橫踢進攻→前腿雙飛踢進攻
26. 原地假動作佯攻→前腿橫踢進攻→前腿劈踢進攻
27. 上步假動作→後下劈進攻→雙飛踢反擊

(二)練習目的及要求

1.練習目的

培養進攻反擊技術的組合能力，建立攻防意識。

2.練習要求

動作銜接要快，兩人對練或利用腳靶、護具練習時要保持適當的距離（一般以實戰的距離為佳），不要距腳靶、護具過近或過遠，每項內容 6～8 次為一組，多組重複。

二、練習方法

運動員可獨自進行空擊練習，也可以在同伴或教練員的幫助下使用腳靶、沙包或護具的方法練習，練習時左右腿交替進行。

第四章
競技跆拳道中的戰術與心理訓練

第一節　跆拳道戰術概論與訓練方法

一、跆拳道戰術概論

(一)何謂跆拳道戰術

　　戰略、戰術二詞，原為軍事用語，戰略的含義是指導戰爭全局的籌畫和策略。戰術的含義是進行具體戰鬥的原則和方法。戰術是一種方法，什麼方法呢？即綜合運用技術、心理和身體素質的方法，運用此方法的目的是爭取比賽的勝利。自古以來，兵家均以謀為本，中國明代的劉伯溫在《百戰奇略》中說：「若不計而進，不謀而戰，必為戰敗。」《孫子兵法》中說：「善攻者勢於九天之上，善守者藏於九地之下。」這兩句戰術聖典把進攻與防守描述得淋漓盡致。

　　跆拳道戰術是根據比賽雙方的各種具體情況，為戰勝對方或為表現出期望的比賽結果而採取的計策和方法。高水準的跆拳道運動員在比賽中技術水準是相差無幾的，在

比賽中戰術運用得合理，就會控制場上的主動權。因此，競技跆拳道比賽不僅是技術水準的對抗，也是心理、意志和智慧的較量。

一名優秀的跆拳道運動員只有充分利用自己的身體機能和技術特長克制對方之短，才能爭取比賽的最終勝利。那麼，比賽中戰術和技術有何關係呢？

第一，戰術與技術是相輔相成的，技術是戰術的基礎，戰術是技術的發展，技術和戰術是一個不可分割的整體。只有熟練地掌握跆拳道的各種基本技術，才能靈活地運用各種戰術，做到「制人而不制於人」。

第二，只有掌握基本戰術，才能逐漸向複合戰術過渡，緊緊圍繞跆拳道比賽進行訓練，實現戰術訓練過程中的循序漸進。

(二)跆拳道比賽戰術設計的基本原則

跆拳道是智慧型的格鬥項目，戰術設計和訓練是高水準跆拳道訓練的核心內容。戰術的運用對奪取跆拳道比賽的勝利有著重要的作用，而比賽中能否設計制訂合理的戰術是實現戰術運用的前提條件。

通常情況下設計合理的戰術要遵循以下兩個原則：

1.設計戰術要靈活多變

跆拳道比賽緊張激烈，錯綜複雜，比賽時如果只採用為數不多或固定的戰術，一旦被對方摸到規律，往往會使自己陷入被動的境地。因此，設計戰術時，應多考慮幾種戰術形式及其相互之間的銜接關係。利用多種戰術方法，

最大程度地體現不同進攻方向和進攻點。利用比賽場上的時間、空間、方向和位置設計使用靈活多變的戰術組合，這既能靈活多變，又突出針對性和實效性。

2. 設計戰術要有針對性

中國古代的《孫子‧謀攻》中說：「知彼知己，百戰不殆。」即在戰爭中只有瞭解敵我雙方的真實情況，才能夠百戰百勝。知彼知己，是軍事家確定作戰方案的先決條件。在競技體育比賽中，瞭解對方的實際情況，再針對其設計合理的戰術也是取勝的關鍵。那麼，從哪幾方面來瞭解對手的實際情況呢？真實地瞭解對手的實際情況一般由以下五個方面：

（1）專項技術水準：

要清楚瞭解對方比賽中的優缺點、善於運用的技術形式。

（2）身體素質條件：

對方的身體素質如何，專項素質如何，優缺點是什麼，這些都是制訂戰術的條件。如瞭解到對方耐力素質不好，可在比賽中設計體力戰術，消耗對方的體力，以達到制勝的目的。

（3）攻防類型：

瞭解對方是主動進攻型還是以防守反擊為主的防守型，或者是能攻能守的綜合型，根據實際情況制訂相應的戰術。

（4）比賽動態類型：

瞭解對方屬於技術型打法還是屬於力量型打法，根據

具體情況制訂相應的戰術，以我方之長處克制對方之短處，從而達到取勝的目的。

（5）臨場心理素質：

有的運動員雖技術好，但心理承受能力差，遇到激烈對抗，心裏便產生懼怕、恐慌等心理障礙，影響技術、戰術的發揮，導致比賽失利；有的運動員無所畏懼，敢打敢拼，靠其臨場穩定的心理從容對陣，發揮自己的優勢，取得比賽的勝利。瞭解這些情況後制訂相應的戰術，做到「知彼知己，百戰不殆」就不難了。

（三）跆拳道戰術形式

戰術形式，是指為了完成戰術意圖而由各種動作組成的具體方法。競技跆拳道比賽中的戰術多達數十種，經常運用的戰術形式大致如下。

1.強攻戰術

強攻戰術是指硬性突破對方防守後發出的攻擊。運用強攻戰術的條件如下：

（1）對方動作連續性比較差。

（2）對方耐力比較差。

（3）我方耐力、力量、速度比較好，但技術不如對方。

（4）比賽經驗不如對方，但身體素質較好，技術較全面。

（5）對方心理素質比較差。

運用強攻戰術時不要盲目地蠻幹，要由這一戰術發揮

我方之長來攻克對方之短。

2. 先得分戰術

先得分戰術是指比賽中利用對方立足未穩，還沒有適應比賽的機會，主動進攻對方先得分，得分後根據實際情況選擇繼續擴大戰果或防守反擊以保住得分。運用先得分戰術的條件如下：

（1）對方進入比賽狀態較慢。

（2）對方比賽經驗不足。

（3）對方立足未穩。

3. 直攻戰術

直攻戰術是指在沒有假動作的掩護下，直接進攻對方。運用直攻戰術應具備以下條件：

（1）對方的反應速度、動作速度、移動速度弱於我方。

（2）對方技術水準明顯低於我方。

（3）對方動作不熟練、耐力較差、近戰能力較差。

（4）對方防守動作出現破綻，雙方距離適中能夠有效使用進攻動作。

4. 佯攻戰術

佯攻戰術也稱為假動作戰術，即比賽中有目的地利用假動作造成對方錯覺，把對方引入歧途，實現真實進攻。佯攻戰術也是跆拳道比賽中最常見的戰術之一。運用佯攻戰術應具備的條件如下：

（1）對方反應快、防守能力強。

（2）我方直接進攻，遭到對方防守截擊時，利用假動作指上打下、指下打上、指右打左、指左打右，分散對方的注意力，趁機攻擊其防守空檔的部位。

5. 迂迴戰術

迂迴戰術是指利用步法移動從側面進攻。迂迴戰術運用的條件如下：

（1）對方力量較大、速度快，正面進攻較為兇猛。

（2）對方集中注意力進行正面防守時。

運用迂迴戰術時要注意移動的方向、角度、距離和進攻時機，還要注意步法的靈活性。

6. 防守反擊戰術

防守反擊戰術是指利用我方反擊能力較好的特點，待對方進攻時給予有力的回擊。運用防守反擊戰術應具備以下條件：

（1）對方進攻動作比較單一。

（2）對方性情急躁，缺乏比賽經驗，喜歡猛衝猛打。

運用防守反擊戰術時，可以以防守反擊為主，主動進攻為輔，以主動進攻掩蓋我方反擊戰術意圖，刺激對方，使其更加急躁，為反擊戰術創造條件。

7. 制長戰術

制長戰術是使用適合的方法抑制對方的技術專長，使其不能夠正常發揮的戰術形式。每名運動員都有自己的技

術專長，如果針對對方專長制訂戰術，使其專長不能發揮從而被迫採用其他動作，這無疑起到制彼所長的作用。制長戰術大致有以下幾種：

（1）克制善於用某種腿法的對手。

（2）克制善於主動進攻的對手。

（3）克制善於防守反擊的對手。

（4）克制能攻能守、攻守全面的對手。

8. 制短戰術

制短戰術是指在比賽中集中力量專門進攻對方的薄弱環節，制其所短。每一名運動員在具備優點的同時也相對有自己的缺點，比賽中要善於發現其缺點。如，有的運動員防守能力差，有的運動員耐力較差，有的運動員心理素質差。瞭解對方缺點有以下幾個途徑：

（1）透過觀察對方訓練、比賽或回憶與對方交手的經歷。

（2）透過比賽中試探性的進攻來判斷對方的弱點。

（3）透過向與其交過手的隊友詢問。

瞭解到對方的弱點後，制訂相應的戰術，以我方之長處克制對方之短處，從而奪取比賽的勝利。

9. 技術戰術

技術戰術是指發揮我方的得意技術，控制場上的主動權，抑制對方的進攻從而取得比賽的勝利。技術戰術運用時自身應具備以下條件：

（1）我方的技術必須全面、熟練、有效。

（2）比賽時頭腦要冷靜。

10. 多點戰術

多點戰術是指進攻點立體交叉，全方位的進攻對方。在比賽中遇到技術水準較好地運動員時，單一的技術進攻很難奏效，應從上下左右、單個技術和組合技術綜合運用，針對對方實施立體的攻擊。使用多點戰術時自身應具備的條件如下：

（1）技術全面、頭腦靈活。

（2）要有較好的靈活性和動作轉換的協調能力。

11. 重創戰術

重創戰術是指比賽中利用自己的得意技術或對方失誤的機會，準確擊中對方要害，使對方因被擊傷或被擊倒而喪失比賽能力。實施重創戰術的條件：

（1）我方要具備一定的身體、技術條件。

（2）當我方的攻擊力量或技術比對方好但耐力差時。

（3）攻擊力量雖好，但技術不如對方或比分落後的情況下。

（4）因其他因素不能打持久戰，在規則允許的範圍內尋找機會重創對方。

（5）瞭解到對方受傷時，如膝關節有傷，應在比賽中尋找機會再次重創其膝關節，使其傷勢加重而退出比賽。

12. 體力戰術

體力戰術是指耐力好的運動員發揮自己體力比對方好

的優勢，在比賽中讓對方和我方一直處於不斷的運動中，消耗對方的體力，使對方因體力不支而影響技術和戰術的發揮甚至被擊倒。

實施體力戰術時要根據對手情況而定。

（1）對方技術較弱，可仍然保持體力以技術取勝。

（2）如對方技術較好，可採取消耗對方體力的打法。

（3）如果雙方實力相當，應有打持久戰的心理準備。

（4）對方體力差，此時應繼續消耗對方的體力，不給對方喘息的機會，使對方體力迅速下降，以此取勝。

13. 邊角戰術

邊角戰術是利用比賽中對方退到邊界線邊緣，怕越出邊界線而被警告的不利心理，進行攻擊的戰術。

實施邊角戰術應注意的問題：

（1）比賽中對方因有怕越出邊界線的心理因素，在臨近邊角時技術容易出現漏洞，此時抓住機會連續進攻成功率較高。

（2）使用邊角戰術時，我方要較好地把握住距離感、空間感，以免因用力過猛或上了對方的圈套反而使自己越出邊界線。

14. 突襲戰術

突襲戰術是針對對方自然產生的習慣動作，採用針對性強的方法進攻對方的戰術。

以下情況可以採用突襲戰術：

（1）比賽開始，主裁「開始」口令剛落，迅速使用進

攻動作突然發動進攻，攻其不備。

（2）在一個回合進攻中主裁並沒有喊「暫停」，雙方運動員均停止了進攻自然分開時，抓住機會出其不意。

15. 心理戰術

心理戰術是由一些特定的方法和措施，給對方造成心理上的壓力，從而取得比賽勝利的方法。心理戰術形式多樣，如：

（1）比賽開始前利用表情、動作威懾對方。

（2）激怒對方或鬆懈對方的鬥志。

（3）賽前隱瞞實力或誇大自身實力給對方造成心理壓力。

跆拳道戰術中技術戰術、佯攻戰術、制長戰術、制短戰術、邊角戰術等，其目的就是迫使對方緊張、急躁，造成心理壓力從而影響技術的發揮，造成比賽失敗。

16. 破壞戰術

破壞戰術是指在規則基本允許的情況下，使用黑招、重招，使對手先受傷，從而迫使其失去比賽能力。破壞戰術主要表現在：

（1）瞭解到對手身體某個部位有傷的情況下，在規則允許的前提下，千方百計地迫使對方傷勢加重，使其退出比賽。

（2）對方進攻時，我方使用技術破壞對方的進攻路線，使其進攻技術不能正常發揮，並且消耗其體力，使其喪失信心，導致失敗。

現代跆拳道運動教學與訓練

TAEKWONDO

17. 規則戰術

競技跆拳道比賽是在一定規則限制的前提下進行的，但規則也有限制模糊或介於基本允許的地方，比賽時要認真研究比賽規則尋找漏洞，使用各種制勝的辦法攻擊對手。

18. 語言戰術

在不觸犯比賽規則的前提下，運動員和教練員達成默契的配合，用語言引誘對方上當受騙。如教練大聲指導隊員「多運用前腿橫踢進攻」，這時對方已經聽到，比賽時運動員使用幾次前橫踢以誘敵深入，待對方注意力轉移時突然以下劈踢攻擊對方的頭部擊倒對方。

19. 對付不同身材的對手應採取不同的戰術

（1）對付高個子對手的方法

高個子對手具有身高、臂長、腿長的特點，在遠距離攻擊上佔有優勢。運用靈活的步法和假動作，找機會貼近對方，發揮我方的特長，把握合適的攻擊時機，給對方有效的打擊。同時要注意多進攻對方的軀幹部位，如胸部、腹部。

（2）對付矮個子對手的方法

與高個子對手相反，矮個子對手在遠距離進攻很難奏效，因此，在實戰中矮個子對手總是想方設法向前靠近，使用近距離的技術進攻。

在這種情況下應與對手保持距離，運用直線與弧線型技術結合並尋找機會攻擊對方的頭部。當對手靠近時，應

運用靈活的步法快速移動與其保持距離，不給對手進攻的機會，同時發揮自己的長處給予對手有力的打擊。

二、跆拳道戰術訓練方法

跆拳道戰術設計和訓練的一般規律，是圍繞技術以及技術之間的相互關係、體力分配和假動作三方面進行的。在戰術訓練中，首先應該確立正確的戰術指導思想，遵循跆拳道技術的規律和競賽規則，注重實用性和靈活性。

另外，戰術意識還反映在行動的預見性、動作的隱蔽性、配合的一致性、戰術的變換性等幾方面。

(一)跆拳道戰術訓練的基本原則

實戰對抗是檢驗跆拳道戰術訓練成果的有效手段，競技訓練的最終目的就是為了比賽，因此，比賽的需要就是我們訓練的目標，訓練中要培養運動員在對手干擾的情況下運用戰術，使戰術訓練始終與對抗相結合，做到「比賽需要什麼，就練什麼」，一切從實戰出發，從比賽需要出發，這就是競技訓練的基本原則。

1. 進行戰術訓練時，要使系統性與實戰性相結合

從系統論的角度上看，跆拳道戰術系統是由多個子系統組成，不同的戰術系統具有不同的特點和功能。如從進攻和防守的角度可以把跆拳道的戰術系統分為進攻戰術系統和防守反擊戰術系統，系統性原則的基本精神是必須按照戰術訓練內容的邏輯體系進行完整系統的訓練，把各個

TAEKWONDO

環節的戰術有機地串聯在一起,從而突出重點,運用現代的、科學的訓練方法進行訓練。

2.要注意培養戰術意識和戰術打法

比賽時戰術的制訂靠賽前對對方的瞭解,以便於教練員和運動員在一起制訂合理的戰術打法。但賽場上瞬間萬變,這就要求在平時的訓練中運動員必須有獨立的判斷能力、戰術思維及應變能力,這樣才能根據對方的實際情況制訂相應的戰術,提高戰術意識水準。

3.基本戰術要與多種戰術相結合進行訓練

在平時的訓練中,首先要熟練掌握基本戰術,在掌握基本戰術的基礎上根據自己的特點,選擇幾種適合自己的戰術進行反覆練習。做到各種戰術之間運用靈活,能應付各種戰局的需要。但要注意避免華而不實、求多不求精,要注重實效性、實用性。

4.要注重戰術訓練質量

戰術訓練時要模仿實戰氣氛,要嚴格按實戰中的要求去練習。戰術動作的時機、力量、判斷、反應、距離、方向和角度等都要以較高質量來完成。另外,進行戰術訓練時要根據運動員的實際情況區別對待,結合每一名運動員的特點來制訂與之相適合的戰術打法。

5.戰術訓練要與其他訓練相結合

有了一定的技術才能提到戰術,如果基本的技術還沒

TAEKWONDO

有掌握，戰術訓練也只是一句空話。戰術訓練與身體訓練、心理訓練、技術訓練是分不開的。因此，戰術訓練要與技術訓練、心理訓練、身體訓練協調進行。

6. 要把握當今跆拳道競技比賽的前沿動態，善於捕捉較先進的戰術戰例

事物總是不斷向前發展的，競技比賽的戰術也是一樣，要善於捕捉較先進、較前衛的戰術戰例進行研究，大膽創新，並運用於實戰比賽。

(二)戰術訓練的方法

1. 理論講授

教練員向運動員講解、傳授跆拳道戰術的基本理論知識和應用規律，內容包括戰術概念、分類、形式，以及如何設計戰術和運用戰術等。

講授時要理論聯繫實際，使運動員對跆拳道戰術有初步的瞭解，為深入學習做好準備。

2. 模擬訓練

類比訓練法指在獲得準確情報資訊的基礎上，透過與模仿重大比賽中主要對手的主要特徵的陪練人的對練，及透過在與比賽條件相似的環境中的練習，使運動員獲得特殊戰術能力的一種針對性極強的訓練方法。

訓練實戰中的主要方法是教練員（或同伴）模擬不同戰術所需要的動作，反覆練習。

練習的力量要由輕到重、速度由慢到快，直到接近實戰或超過實戰水準。如可以模仿擅長某一進攻技術的對手，模仿擅長防守反擊的對手或針對某一名對手模仿他的常用動作，進行針對性的反擊訓練。運動員可根據具體情況採用不同戰術進行模擬訓練。

3. 分解訓練

一種戰術一般由幾個動作組成，可以先將這幾個動作分解逐一練習，最後再完整練習。如練習佯攻戰術時，以聲東擊西為例：聲東，前腿橫踢佯攻左側；擊西，後腿橫踢進攻右側。

第一步先練前腿橫踢佯攻，練習時要求出腿速度快，雖是佯攻動作，但要逼真，引起對方的注意；第二步練習後腿橫踢，要求後腿橫踢起動要突然、果斷、有力；第三步將整個動作完整練習。

4. 戰例分析訓練

現場觀看比賽或觀看比賽錄影，以及回憶自己所打過的比賽，重點要看運用戰術較為典型的片斷。根據情況進行分析總結，研究相應的戰術。

5. 假設性訓練

假設性訓練也稱想像訓練，是在運動員大腦內部語言和套語的指導下進行戰術表像回憶，能夠幫助運動員在大腦中建立豐富而準確的戰術運動表像。如：假想對方使用不同的戰術，並設想用什麼樣的戰術去對付想像中的對

TAEKWONDO

手，然後由實戰檢驗所採用的戰術是否有效。

6. 條件實戰

根據戰術的需要，教練員（或同伴）規定一定內容或使用動作範圍進行對抗戰術訓練。條件實戰的方法很多，有限制進攻和防守的實戰對抗、限制擊打部位的對抗等等。如練習防守反擊戰術，則可指定一名隊員使用各種動作進攻，另一名隊員只能防守反擊不能主動進攻。以此來強化防守反擊戰術訓練。

7. 實戰比賽

實戰比賽是指在比賽中培養戰術能力的方法。競技跆拳道的訓練最終的形式是實戰，實戰是檢驗技、戰術水準的有效手段。訓練時按照比賽的要求進行實戰對抗，可以選擇延長比賽時間，對不同風格的對手進行二打一、三打一、四打一的車輪戰。實戰結束後要積極地進行總結，積累比賽經驗。

第二節 跆拳道的心理訓練內容 與方法

競技體育比賽的實踐證明，心理活動對運動員生理活動起著調節、控制的主導作用。因為在激烈的比賽中，運動員不僅需要有超強的身體素質、極大的生理潛力和遺傳方面的優勢，還要有能夠使這些優勢充分發揮出來的心理

素質。所以，心理訓練也是競技跆拳道訓練中的重要內容之一。

一、跆拳道運動員的心理訓練內容

(一)優秀跆拳道運動員應具備的心理特徵

1.堅強的意志品質

跆拳道推崇「以禮始，以禮終」的精神，貫穿「禮義廉恥，忍耐克己，百折不屈」的根本宗旨，練習跆拳道，要培養果斷、自信、堅毅以及吃苦的精神和堅韌不拔、積極向上的意志品質，這是一名優秀的跆拳道運動員應該具備的基本心理素質。

2.良好的悟性、敏捷的思維和準確的判斷能力

優秀的跆拳道運動員在訓練或比賽中能夠很好地理解教練戰術指導的意圖，並能夠較好地運用於比賽。除此之外，還要具備獨立的思考和判斷能力，能夠根據賽場上的實際情況採取相應的技、戰術打法。

3.沉著穩定的心理素質

處變而不驚，膽大心細，穩定情緒，充分放鬆自己，在不利的情況下及時地調整自己的狀態，保持冷靜的頭腦，充分發揮自己的技、戰術水準。這是心理訓練的核心內容，也是評價運動員心理素質好壞的標準。

（二）跆拳道運動員心理訓練的內容

1. 一般心理訓練

一般心理訓練是指在日常訓練中培養和發展運動員所必備的基本心理素質的訓練過程。

內容包括培養運動員從事跆拳道的興趣、能力、氣質、性格等心理特徵，發展感知覺、運動表像、形象思維、想像力以及情感和意志品質等心理過程。

2. 賽前心理訓練

賽前心理訓練是指在賽前一定時期內，針對比賽使運動員掌握自我調節心理狀態的方法，以利於最大限度地適應比賽氛圍，做好參賽心理準備的一般過程。

內容包括明確比賽任務，激發比賽鬥志，使運動員避免受到不良比賽的情緒影響，保持穩定的心理狀態，建立取得比賽勝利的信心等。

3. 賽後心理調節

在比賽結束後，運動員的身心會產生極度的疲憊，因此進行適當的賽後調節也是心理訓練的重要內容。賽後進行心理調節的內容一般體現在兩方面：

首先對比賽失利的運動員要多進行正面的鼓勵，消除比賽失利造成的消極情緒，激發運動員拼搏進取的精神；其次，對取得勝利的運動員在充分肯定的同時，總結經驗、消除驕傲自滿的情緒，積極地投入到新的訓練中去，

TAEKWONDO

爭取更高的目標。

二、跆拳道運動員的心理訓練方法

(一)跆拳道運動員心理訓練的方法

1. 意念訓練法

意念訓練法是指借助想像或運動表像進行自我的心理暗示，從而改善運動員的個性心理特徵和心理過程。

如比賽前進行自我暗示，以集中注意力；也可以想像比賽中出現的情況，自己應採用怎樣的技、戰術去對付；再如可以進行自我的語言調節和鼓勵，暗示自己放鬆，保持穩定的情緒。

2. 誘導訓練法

誘導訓練法是指由外界刺激來引導運動員，按照預定的要求去執行的心理訓練方法。外界的刺激可以採取信號、口令、多媒體等手段。常用的誘導方法有鼓勵、啟發、說服、舉例和批評等。另外，教練員可以採取示範、多媒體等直觀的手段向運動員傳遞信息。

3. 模擬訓練法

模擬訓練法是指在訓練中，設置未來比賽時可能出現的各種情況，使運動員在近似比賽的條件下，鍛鍊和提高對正式比賽心理適應能力的訓練方法。

類比的物件一般有三個：

第一，模擬比賽中可能遇到的對手，針對對方的技術特點制訂相應的戰術打法；

第二，模擬比賽環境，透過模擬比賽的環境，使運動員適應比賽中可能遇到的心理障礙，消除比賽環境帶來的負面影響；

第三，類比比賽日程，類比比賽日程的目的是使運動員適應比賽，從而發揮最佳的競技水準。

(二)如何克服賽前常見的心理障礙

1.過度緊張

產生過度緊張的原因一般有懼怕對手、想贏怕輸、比賽經驗少等。

克服方法：懼怕對手的克服方法是認真地分析對手和自己，力圖找到戰勝對手的途徑，樹立比賽的自信心，激發鬥志，保持平衡的心態，放開束縛，打出自己的水準。想贏怕輸的克服方法是提高自信心，穩定情緒，多考慮比賽中如何發揮技、戰術，不要考慮比賽結果。

此時教練員要及時地給運動員調整，不要過分地強調比賽的重要性。總之，穩定比賽情緒，及時地進行自我調整，樹立信心，激發鬥志，放下包袱，一定能夠克服緊張的情緒，取得比賽的勝利。

2.盲目自信

盲目的自信就是俗話說的「輕敵」。具體表現在對比賽不夠重視，對比賽中可能出現的情況估計不全。比賽時

一旦遭遇挫折就心浮氣躁，不能發揮正常的技、戰術水準從而造成比賽的失敗。

克服方法：做好運動員的賽前教育，充分估計比賽中可能遇到的困難和挫折，做好心理準備，調整好最佳的心理狀態，做到遇強不懼、遇弱不懈，勝不驕、敗不餒。

3. 注意力分散

注意力分散即俗話所說的「分心」。具體表現在運動員在比賽中反應遲鈍，賽期胡思亂想，注意力分散等。

克服方法：在平時訓練中要養成專心致志，認認真真的習慣，比賽時仔細研究對手制訂相應的戰術。另外還可以進行一些針對性的訓練，提高運動員的抗干擾能力（如上文提到的模擬訓練）。

4. 過度興奮

過度興奮是指運動員不能將自己的興奮水準調整在適宜的時間，出現過早的興奮和興奮過頭。過早或過度的興奮會消耗大量的能量，造成比賽時思維反應能力下降，動作變形等。

克服方法：透過各種心理訓練方法，提高自控能力和自我調節能力。另外，適量的準備活動和合理的時間安排也是克服興奮過度的一種方法。

5. 消 極

消極主要表現為運動員賽前無精打采、意志消沉、情緒低落、體力下降、缺乏比賽信心甚至無意參加比賽等。

克服方法：端正比賽態度，鼓勵自己，增強信心，分析自己的有利條件，找到擊潰對手的方案。另外，比賽前的訓練安排要科學合理，避免過度疲勞和運動損傷。

現代跆拳道運動教學與訓練

第五章
跆拳道品勢

第一節　跆拳道品勢的基本功

一、基本步型與手法

(一)步　型

跆拳道的步型是指在跆拳道練習或實戰中，站立位置的姿勢和腳步的形狀。步型是和步法緊密聯繫的，特別是品勢練習的基礎。

1.併步

兩腳併攏，兩腳內側貼緊，身體直立，目視前方。（圖5–1）

2.開立步

兩腳左右開立，距離與肩同寬，兩腳尖向外，兩臂自然

圖 5–1

TAEKWONDO

下垂於體側，身體放鬆，目視前方。（圖 5-2）

3. 預備勢

兩腳左右開立，距離與肩同寬，兩腳尖外展，雙手握拳於腹前，拳面相對，拳心向內。（圖 5-3）

4. 弓步

弓步也稱為屈立步，兩腳前後開立，距離大約為本人腳長的 3.5 倍，前腿屈膝半蹲，後腿蹬直。左腳在前時稱為左弓步（圖 5-4），右腳在前時稱為右弓步。

5. 行步

行步也稱為高前屈立或探步，動作方法是兩腳前後開立，姿態與平時走路相似，兩膝微內扣，兩腿之間的距離

現代跆拳道運動教學與訓練

圖 5-2

圖 5-3

圖 5-4

TAEKWONDO

約為本人腳長的 1～1.5 倍，重心置於兩腿之間。左腳在前時稱為左行步，右腳在前時稱為右行步。（圖 5-5）

6. 馬 步

兩腿左右開立距離略大於肩寬，兩腳尖向前，重心落於兩腿之間。（圖 5-6）

7. 半馬步

半馬步也稱為三七步和後屈立，動作方法是兩腳左右開立，距離為本人腳長的 3.5～4 倍，後腳腳尖外展約 90°，兩膝微屈，前腳腳尖向前，身體重心 70% 在後腿，30% 在前腿，左腳在前稱為左三七步（圖 5-7），右腳在前稱為右三七步。

圖 5-7

圖 5-6

圖 5-5

TAEKWONDO

8. 虛步

兩腳前後開立，兩膝微屈，前腳腳尖虛點地面，身體重心置於後腿。左腳在前稱為左虛步（圖5-8），右腳在前稱為右虛步。

圖5-8

9. 獨立步

一腿提起，另一腿支撐體重。（圖5-9）

圖5-9

10. 交叉步

交叉步也稱為十字步，交叉步有兩種形式，一腳向另一腳的後面插步，腳掌著地，兩膝關節交叉稱為後交叉步（圖5-10①）。相反稱為前交叉步。（圖5-10②）

①

②

圖5-10

TAEKWONDO

（二）手　法

1. 拳 法

（1）沖拳

動作方法：兩腳左右開立成馬步，距離與肩同寬，兩膝微屈並向內收，兩拳抱於腰間，拳心向上，隨即右手以拳面為力點向前沖出，沖拳的高度約與肩平，左手握拳置於腰間（圖 5–11①）。沖拳左右動作方法相同，但方向相反。（圖 5–11②）

動作要點：力達拳面部位，用力要順達。

易犯錯誤：過於向外送肩，造成重心不穩。

糾正方法：沖拳時要保持肩平，上體正直不要過於前送。

實戰作用：用於擊打對方頭部或軀幹。

圖 5–11

TAEKWONDO

（2）劈拳（也稱爲錘拳）

動作方法：兩腳左右開立，雙手握拳於腹前成品勢預備姿勢站立（圖5-12①），左手握拳由腹前經右上方向左下掄臂劈擊，右手握拳置於腰間（圖5-12②）。劈拳左右動作方法相同，但方向相反。

動作要點：力達拳輪部位，用力要順達。

易犯錯誤：動作過於僵硬或幅度過大。

糾正方法：身體放鬆的情況下由慢至快反覆練習。

實戰作用：可用於攻擊對手頭部、頸部和鎖骨。

圖 5-12

（3）抄拳

動作方法：兩腳左右開立，雙手握拳於腹前成品勢預備姿勢站立（圖5-13①），左腳向前成三七步；同時，左手前伸抓住對方的衣襟，右手握拳收於腰間（圖5-13②），步型不變，重心前移，身體左轉，成左弓步；同時，左手回拉，右拳從腰間由下向上抄起，用拳面擊打對

現代跆拳道運動教學與訓練

TAEKWONDO

方的下頜部（圖 5-13③）。抄拳左右動作方法相同，但方向相反。

動作要點：力達拳面部位，用力要順達。

易犯錯誤：動作過於僵硬或幅度過大。

糾正方法：身體放鬆的情況下由慢至快反覆練習。

實戰作用：可用於攻擊對手下頜或腹部。

圖 5-13

（4）彈拳

動作方法：兩腳左右開立，雙手握拳於腹前成品勢預備姿勢站立（圖 5-14①），右腳向前上步，左腳經右腿後側上步腳尖著地成叉步站立；同時，右拳內旋由內向外、向下彈擊，左拳置於腰間（圖 5-14②）。彈拳左右動作方法相同，但方向相反。

TAEKWONDO

圖 5-14

動作要點：力達拳背部位，用力要順達。

易犯錯誤：動作過於僵硬或幅度過大。

糾正方法：身體放鬆的情況下由慢至快反覆練習。

實戰作用：可用於攻擊對手面部或鎖骨。

2. 掌法

掌法在傳統跆拳道及品勢練習中也是比較常見的，具有代表性的掌法有以下幾種：

（1）砍掌（也稱為手刀砍，按其方法可分為仰掌砍擊和俯掌砍擊兩種）

動作方法：兩腳左右開立，雙手握拳於腹前成品勢預備姿勢站立（圖 5-15①），左腳向前成左弓步，右手由拳變掌上舉至右前方與頭同高位置，隨即右臂前伸由外向內以右手刀向左前方平砍，掌心向上（圖 5-15②）。砍掌左右動作方法相同，但方向相反。

TAEKWONDO

圖5-15

動作要點：力達手刀部位，動作要連貫。

易犯錯誤：動作幅度過大沒有控制。

糾正方法：面對鏡子或在同伴的幫助下，由慢至快反覆練習。

實戰作用：可用於攻擊對手頸動脈、鎖骨和兩肋。

（2）插掌（也稱為攢手，按其方法可分為立插掌和橫插掌兩種）

動作方法：兩腳左右開立，雙手握拳於腹前成品勢預備姿勢站立（圖5-16①），左腳向前上步成左弓步；同時，右拳由腰間變掌向前伸臂插出，左手握拳於腰間（圖5-16②）。插掌左右動作方法相同，但方向相反。如果雙手同時插出則稱之為雙插掌。（圖5-16③）

動作要點：力達指尖，動作要連貫。

易犯錯誤：動作不規範。

糾正方法：要體會腰、腿、肩、臂的協調用力。

實戰作用：可用於攻擊對手心口、面部和兩肋。

TAEKWONDO

圖 5-16

（3）抵掌招擊

動作方法：兩腳左右開立，雙手握拳於腹前成品勢預備姿勢站立（圖 5-17①），左腳向前成左弓步；同時，右拳由腰間變抵掌向前伸臂招擊，左手握拳於腰間（圖 5-17②）。抵掌招擊，左右動作方法相同，但方向相反。

現代跆拳道運動教學與訓練

圖 5-17

TAEKWONDO

動作要點：力達指尖，動作要連貫。

易犯錯誤：掐擊動作不明顯。

糾正方法：要體會抵掌的動作方法，重點是利用大拇指和其餘四指掐擊對方咽喉。

實戰作用：可用於攻擊對手咽喉。

（4）掌根推擊（也稱爲熊掌推擊）

動作方法：兩腳左右開立，雙手握拳於腹前成品勢預備姿勢站立（圖 5–18①），左腳向前上步成左弓步；同時，右拳由腰間變掌，以掌根爲力點向前伸臂推擊，左手握拳於腰間（圖 5–18②）。掌根推擊左右動作方法相同，但方向相反。

動作要點：力達掌根，動作要連貫。

易犯錯誤：力點錯誤。

糾正方法：要體會掌根的推擊方法，然後再練習。

實戰作用：可用於攻擊對手的面部、胸部和腹部。

圖 5–18

TAEKWONDO

二、基本格擋技術

格擋主要指的是接觸性的防守技術，關於這方面內容在防守技術一章節中，已經就競技跆拳道中所涉及到的內容作了詳細的介紹，這裏重點介紹跆拳道品勢中的基本格擋方法。實際練習時也可以結合步法進行，如馬步格擋、弓步格擋等。

(一)上格擋（上段防守）

動作方法：兩腳左右開立，雙手握拳於腹前成品勢預備姿勢站立（圖 5-19①），隨即左手在上右手在下內收於腹前（圖 5-19②），左手沿身體中線揮臂上提，拳心向前以前臂外側向上格擋，右手握拳於腰間（圖 5-19③）。左右動作方法相同，但方向相反。

動作要點：力達前臂外側，上格有力。

易犯錯誤：力點錯誤。

現代跆拳道運動教學與訓練

圖 5-19

TAEKWONDO

糾正方法：反覆體會發力和接觸對手的部位，然後由慢到快反覆練習。

實戰作用：可用於格擋對手對我頭部上面的攻擊。

(二)下格擋（下段防守）

動作方法：兩腳左右開立，雙手握拳於腹前成品勢預備姿勢站立（圖5-20①），隨即右手伸直，左手握拳上提置於右肩前（圖5-20②），左手以前臂外側為力點沿右手臂向下格擋，右手握拳於腰間（圖5-20③），左右動作方法相同，但方向相反。

動作要點：力達前臂外側，下格有力。

易犯錯誤：力點錯誤。

糾正方法：反覆體會發力和接觸對手的部位，然後由慢到快反覆練習。

實戰作用：可用於格擋對方對我軀幹正面及由下向上的攻擊。

①　　　　　②　　　　　③

圖 5-20

TAEKWONDO

（三）中格擋（中段防守）

中格擋可分為向內中格擋和向外中格擋兩種。

1. 內中格擋

動作方法：兩腳左右開立，雙手握拳於腹前成品勢預備姿勢站立（圖 5-21①），雙手向右側上提至頭部（圖 5-21②），隨即右手以腰帶臂由右向左格擋，左手收於腰間（圖 5-21③）。左右動作方法相同，但方向相反。

動作要點：力達前臂外側，向內格擋有力。

易犯錯誤：動作幅度過大，沒有制動體現的力道。

糾正方法：格擋時右拳高度在鼻子和下頜之間，肘關節的角度在 90～110°之間。

實戰作用：可用於格擋對方對我軀幹的攻擊。

①

②

③

圖 5-21

TAEKWONDO

2. 外中格擋

動作方法：兩腳左右開立，雙手握拳於腹前成品勢預備姿勢站立（圖 5–22①），左腳向前上步成左弓步，雙手上提至腹前，右手在上左手在下（圖 5–22②），隨即左手前臂外旋以腰帶臂向外格擋，右手收於腰間（圖 5–22③）。左右動作方法相同，但方向相反。

動作要點：力達前臂內側，向外格擋有力。

易犯錯誤：動作幅度過大。

糾正方法：格擋時，右拳高度在鼻子和下頜之間，肘關節的角度在 90～110°之間。

實戰作用：可用於格擋對方對我軀幹的攻擊。

圖 5–22

TAEKWONDO

(四)十字格擋

十字格擋可分為高十字格擋和低十字格擋兩種。

1.高十字格擋

動作方法：兩腳左右開立，雙手握拳於腹前成品勢預備姿勢站立（圖5-23①），左腳向前上步成弓步，雙手握拳上舉至頸部時雙手交叉成十字，肘關節用力舉過頭頂向上格擋。（圖5-23②）

動作要點：力達雙手前臂外側，上格有力。

易犯錯誤：上舉高度不夠。

糾正方法：面對鏡子由慢到快逐漸體會保護頭部的意識。

實戰作用：可用於格擋對手對我面部及頭部的攻擊。

圖 5-23

TAEKWONDO

2. 低十字格擋

動作方法：兩腳左右開立，雙手握拳於腹前成品勢預備姿勢站立（圖 5–24①），左腳向前上步成弓步，雙手握拳交叉成十字用力向下格擋。（圖 5–24②）

動作要點：力達雙手前臂外側，下格有力。

易犯錯誤：雙臂於腹前的距離過大。

糾正方法：雙臂距腹前的距離應是 20～30 公分。

實戰作用：可用於格擋對手對我襠部及腹部的攻擊。

①　　　　②

圖 5–24

（五）手刀格擋

動作方法：兩腳左右開立，雙手握拳於腹前成品勢預備姿勢站立（圖 5–25①），左腳向前上步成三七步，雙手由拳變手刀上舉至右側上方，上臂與肩平（圖 5–25②），隨即上體微向左轉以腰帶臂，左手經體前由右向左外側格

圖 5-25

擋，格擋時掌心向前，右手置於腹前（圖 5-25③）。左右動作方法相同，但方向相反。

動作要點：力達雙手前臂外側，下格有力。

易犯錯誤：左臂夾角過大或過小造成格擋發力不充分。

糾正方法：左臂夾角應在 130°左右。

實戰作用：可用於格擋對手對我軀幹的攻擊。

三、基本肘法、腿法與膝法

(一)肘　法

肘關節是人體關節中硬度最大的關節之一，使用肘關節擊打威力很大，尤其是貼身近戰時，運用得當會給對手重創。

TAEKWONDO

1.頂肘

動作方法：兩腳左右開立，雙手握拳於腹前成品勢預備姿勢站立（圖 5-26①），左腳向前上步成左弓步；同時，左右臂屈肘上提至胸前，右拳變掌抵住左拳拳面，以左肩關節為軸，向前頂擊，力達肘尖（圖 5-26②）。頂肘的左右動作方法相同，但方向相反。

動作要點：力達肘尖，動作要連貫。

易犯錯誤：力點錯誤。

糾正方法：要注意動作方向，應向前頂擊而不是向左右。

實戰作用：可用於攻擊對手的面部、胸部和腹部。

圖 5-26

2.挑肘

動作方法：兩腳左右開立，雙手握拳於腹前成品勢預

TAEKWONDO

備姿勢站立（圖 5-27①），左腳向前上步成左弓步；同時，右手自腰間上舉，肘關節夾緊，肘尖由下向上挑起（圖 5-27②）。頂肘的左右動作方法相同，但方向相反。

動作要點：挑肘時要擰腰順肩以增加挑肘的力量。

易犯錯誤：力點錯誤。

糾正方法：要注意動作方向，增加肘關節的靈活性。

實戰作用：可用於攻擊對手的下頜、胸部和腹部。

圖 5-27

3. 擺肘

動作方法：兩腳左右開立，雙手握拳於腹前成品勢預備姿勢站立（圖 5-28①），左腳向前上步成左弓步；同時，右手以肩關節為軸，將肘關節夾緊抬平，由外向內或由內向外用力擺擊，左手變掌壓住右臂配合擺動（圖 5-28②③）。擺肘的左右動作方法相同，但方向相反。由外向內擺擊時稱為內擺肘，由內向外擺擊時稱為外擺肘。

TAEKWONDO

圖 5-28

動作要點：擺肘時要擰腰順肩以增加擺肘的力量。

易犯錯誤：力點錯誤。

糾正方法：要注意動作方向，增加肘關節的靈活性。

實戰作用：可用於攻擊對手的下頜及胸部。

4. 砸 肘

動作方法：兩腳左右開立，雙手握拳於腹前成品勢預備姿勢站立（圖 5-29①），左腳向前成行步；同時，右手以肩關節為軸，將肘關節夾緊上舉，當貼近右耳時，迅速向下砸擊（圖 5-29②③）。擺肘的左右動作方法相同，方向相反。

動作要點：砸肘時要擰腰順肩以增加砸肘的力量。

易犯錯誤：力點錯誤。

糾正方法：要注意動作方向，增加肘關節的靈活性。

實戰作用：可用於攻擊對手的頭頂、面部、肩胛骨及鎖骨。

TAEKWONDO

図 5-29

(二)腿　法

　　腿法技術是跆拳道的重點技術，跆拳道比賽中的基本技術也是跆拳道品勢練習中腿法的基本技術。

　　關於這一部分內容在跆拳道比賽中的基本技術教學中已經作過詳細的介紹與論述，故在此省略。

(三)膝　法

　　膝關節也是人體硬度較大的關節之一。膝法動作簡單、殺傷力大，在品勢練習和實用技術中主要有兩種，即頂膝和撞膝。

1.頂膝

　　動作方法：兩腳左右開立，雙手握拳於腹前成品勢預備姿勢站立（圖 5-30①），左腳向前上步成左弓步；同時，雙手自腰間向前舉，右膝迅速向前頂擊（圖 5-30

TAEKWONDO

圖 5-30

②）。頂膝左右動作方法相同，但方向相反。

　　動作要點：力達膝關節部位，動作要連貫。

　　易犯錯誤：動作幅度過大沒有控制。

　　糾正方法：面對鏡子或在同伴的幫助下由慢至快反覆練習。

　　實戰作用：可用於攻擊對手襠部、面部和腹部。

2. 撞 膝

　　動作方法：兩腳左右開立，雙手握拳於腹前成品勢預備姿勢站立（圖 5-31①），身體向左側轉體，右腿屈膝上提，右膝由右向左橫向撞擊（圖 5-31②）。撞膝左右動作方法相同，但方向相反。

　　動作要點：力達膝關節部位，橫向撞擊，動作要連貫。

　　易犯錯誤：動作幅度過大沒有控制，動作不連貫。

　　糾正方法：重點體會轉體、提膝和撞擊三個動作，熟

TAEKWONDO

圖 5-31

練後再快速練習。

　　實戰作用：主要用於攻擊對手肋部和腹部。

第二節　跆拳道品勢套路

　　跆拳道的品勢（又稱型），是將各種攻防技術按照一定的規律和攻防意圖組合起來，形成規定的動作進行徒手演練的套路形式。這些動作是不可以隨意改變的，而且每一個動作都有一定的攻防含義，就像中國武術套路一樣。品勢練習時要求運動員要有假想之敵，熟練掌握各種攻防動作，以便在搏擊實戰中靈活運用。

　　品勢套路共有二十四個統一的架型。目前國際上流行的品勢套路可分為兩大類：一類是晉級品勢，主要內容是太極品勢，包括八章；另一類是入段品勢，有九個套路，依次是高麗、金剛、太白、平原、十進、地跆、天拳、漢水和一如。這些品勢套路的難度是逐級晉升的，而且這些

品勢都是有其固定的套路和固定的動作方向，因此，大家在學習時一定要嚴格要求規範動作品質。為了大家更直觀地掌握品勢套路，這裏除了作出詳細的文字說明外，還設計了演練動作圖與其對應。另外，本章還補充了步法移動路線圖，在圖中白色的腳印代表已經完成的動作（或靜止動作），黑色腳印代表即將移動完成的動作。這樣做的目的是使大家更直觀地瞭解套路的組合情況。

一、晉級品勢

晉級品勢主要是指太極品勢，太極也稱為太極型。太極品勢是以宇宙哲學觀為根本原理，運用太極陰陽學說而組成的動作套路，練習時的動作路線是遵循太極的陰陽八卦進行的（圖5-32）。太極型共有八個套路，稱為太極八章。一般情況下，從十級（低）晉升至一級（高）需要演練從一章（低）至八章（高）的套路。

(一)太極一章

太極一章象徵八卦中的「乾」位（圖5-33）。乾，寓

圖5-32

圖5-33

意是宇宙中萬物的根源，因此太極一章就成為學習跆拳道品勢的第一個套路。太極一章共有 18 個動作，主要由上、中、下段防守和前踢組成，動作較為簡單。

圖 5-34

太極一章動作方法

準備姿勢：兩腳左右開立，距離與肩同寬，兩手握拳屈臂置於腹前成品勢準備姿勢於 B 方位站立。（圖 5-34）

型 1：身體向左側（C1 方向）轉體成前行步站立；同時，左臂上抬至胸前，右臂下截做右下格擋（圖 5-35①），隨後左臂下截做左下格擋，右拳收於腰間。（圖 5-35②）

現代跆拳道運動教學與訓練

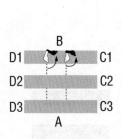

圖 5-35

TAEKWONDO

型 2：右腳向前上步成行步站立；同時，右拳向前內旋平沖，左拳收於腰間。（圖 5–36）

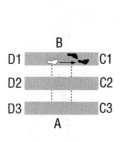

圖 5–36

　　型 3：身體向右轉體 180°，右腳向右側（D1 方向）上步成行步站立；同時，右臂屈肘置於胸前，左拳向下格擋（圖 5–37①）。隨即，右拳向下格擋，左拳收於腰間。（圖 5–37②）

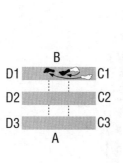

圖 5–37

TAEKWONDO

型 4：左腳向前（D1 方向）上步成行步站立；同時，左拳前沖，右拳收於腰間。（圖 5-38）

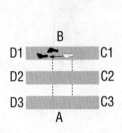

圖 5-38

型 5：身體左轉 90°，左腳向左前方（面向 A 方向）上步成左弓步站立；同時，左拳屈肘下截，右拳收於腰間。（圖 5-39）

現代跆拳道運動教學與訓練

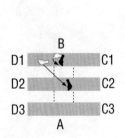

圖 5-39

TAEKWONDO

型 6：步型不變，右拳向前內旋平沖，左拳收於腰間。（圖 5-40）

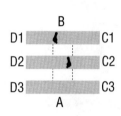

圖 5-40

型 7：左腳不動，右腳向前（D2 方向）上步成右前行步站立，身體右轉；同時，左臂前伸向內做中格擋，拳心向上，右拳收於腰間。（圖 5-41）

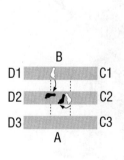

圖 5-41

TAEKWONDO

型 8：左腳向前上步成行步站立，右拳內旋向前平沖，左拳收於腰間。（圖 5-42）

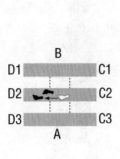

圖 5-42

型 9：以右腳為軸，身體向左後（C2 方向）方轉體180°，隨即左腳向前上步；同時，右臂前伸向內做中格擋。（圖 5-43）

現代跆拳道運動教學與訓練

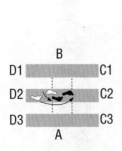

圖 5-43

TAEKWONDO

型 10：右腳向前（C2 方向）上步成行步站立，左拳內旋前沖，右拳收於腰間。（圖 5-44）

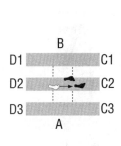

圖 5-44

型 11：以左腳為軸，身體右轉 90°，右腳向右前方（A 方向）上步成右弓步站立；同時，右手下截做右下格擋，左拳收於腰間。（圖 5-45）

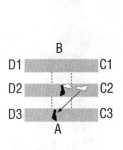

圖 5-45

TAEKWONDO

型 12：步型不變，左拳向前內旋平沖，右拳收於腰間。（圖 5-46）

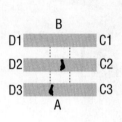

圖 5-46

型 13：右腳不動，身體左轉，左腳向前（C3 方向）上步成行步站立，左臂屈肘上架，置於額前，拳心向外做左上格擋。（圖 5-47）

現代跆拳道運動教學與訓練

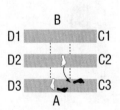

圖 5-47

TAEKWONDO

型 14：身體重心上提，右腳蹬地做右前踢腿動作，前踢時兩拳屈臂收於腰間（圖 5-48①）；隨即右腿下落成右前行步站立，右拳向前內旋平沖，左拳仍置於腰間。（圖 5-48②）

圖 5-48

　　型 15：以左腳為軸，身體向右後轉體 180°，右腳（向 D3 方向）上步成右行步站立，右臂屈肘置於額前上方做右上格擋動作，拳心向外。（圖 5-49）

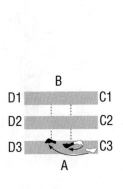

圖 5-49

TAEKWONDO

型 16：身體重心上提，左腳蹬地做左前踢腿動作，前踢時兩拳屈臂置於腰間（圖 5-50①）；隨即左腿下落成左前行步站立，左拳向前內旋平沖，右拳收於腰間。（圖 5-50②）

圖 5-50

型 17：以右腳為軸，身體右轉 90°，左腳向右側（向 B 方向）上步成左弓步站立；同時，左臂向左方下截做左下格擋動作，右拳收於腰間。（圖 5-51、圖 5-51 附圖）

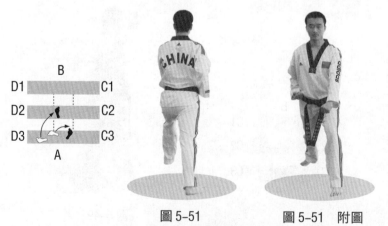

圖 5-51　　　　圖 5-51　附圖

型 18：右腳向前（B 方向）上步成右弓步站立，右拳向前內旋平沖並發聲（咿呀！），左拳收於腰間。（圖 5–52、圖 5–52 附圖）

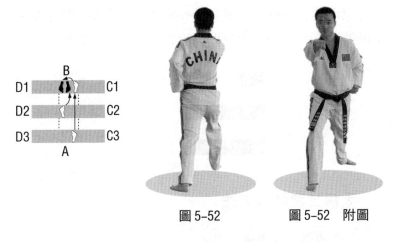

圖 5–52　　　　　　圖 5–52　附圖

　　收勢：以右腳為軸，身體向左側轉體 180°（面向 A 方向），左腳向後撤步與右腳平行，兩手握拳收於腹前，拳心向內，成準備姿勢站立。（圖 5–53）

圖 5–53

TAEKWONDO

(二)太極二章

太極二章象徵八卦中的「兌」位（圖5-54），這套動作看似溫柔實則有力，寓意是外柔內剛。太極二章主要由中段進攻和下、上段防守動作組成，共有18個動作。

圖5-54

太極二章動作方法

準備姿勢：同太極一章。

型1：身體向左側（C1方向）轉體成前行步站立；同時，左臂上抬至胸前，右臂下截做右下格擋（圖5-55①），隨後左臂下截做左下格擋，右拳收於腰間。（圖5-55②）

圖5-55

TAEKWONDO

型2：右腳向前（C1方向）上步成右弓步站立，右拳向前內旋平沖，左拳收於腰間。（圖5-56）

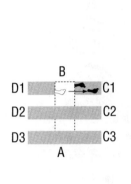

圖5-56

型3：以左腳為軸，身體向右後方（D1方向）轉體180°，右腳上步成右行步站立；同時，右臂屈肘置於胸前，右拳向下格擋（圖5-57①）。隨即，右拳向下格擋，左拳收於腰間。（圖5-57②）

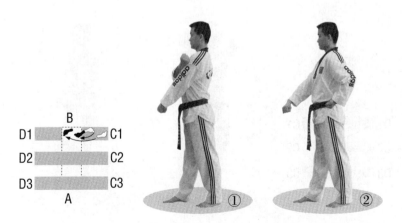

圖5-57

TAEKWONDO

型4：左腳向前（D1方向）上步成左弓步站立；同時，左拳內旋平沖，右拳收於腰間。（圖5-58）

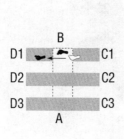

圖5-58

型5：以右腳為軸，身體向左側轉體90°，左腳向前（A方向）上步成左行步站立（圖5-59①），右臂屈肘向裏做內中格擋，拳與胸同高，拳心向自己，左拳收於腰間。（圖5-59②）

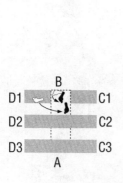

圖5-59

TAEKWONDO

型 6：右腳向前（A 方向）上步成右前行步站立（圖 5-60①）；同時，左臂屈肘向裏做內中格擋，拳與胸同高，拳心向自己，右拳收於腰間。（圖 5-60②）

圖 5-60

型 7：以右腳為軸，身體向左側轉體 90°；同時，左腳向前（C2 方向）上步成左行步站立，左臂下截做左下格擋，右拳收於腰間。（圖 5-61）

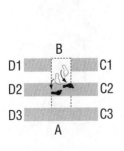

圖 5-61

TAEKWONDO

型 8：身體重心上提，左腿支撐，右腿做前踢腿動作，兩拳置於腰間（圖 5-62①）；右腿下落成右弓步站立；同時，右拳內旋平沖，左拳收於腰間。（圖 5-62②）

圖 5-62

型 9：以左腳為軸，身體向右後轉體 180°；同時，右腳向前（D2 方向）上步成右行步站立，右臂下截做右下格擋，左拳收於腰間。（圖 5-63）

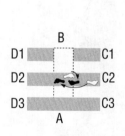

圖 5-63

現代跆拳道運動教學與訓練

TAEKWONDO

型 10：身體重心上提，右腿支撐，左腿做前踢腿動作，兩拳置於腰間（圖 5-64①）；左腿下落成左弓步站立；同時，左拳內旋平沖，右拳收於腰間。（圖 5-64②）

圖 5-64

型 11：以右腳為軸，身體向左側轉體 90°，左腳向前（A 方向）上步成左行步站立；隨即，左臂屈肘上架做左上格擋，此時左拳置於額前上方，拳心向外，右拳收於腰間。（圖 5-65）

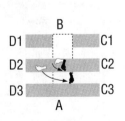

圖 5-65

TAEKWONDO

型 12：右腳向前（Ａ方向）上步成右行步站立，右臂屈肘上架做右上格擋，此時右拳置於額前上方，拳心向外，左拳收於腰間。（圖 5-66）

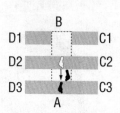

圖 5-66

現代跆拳道運動教學與訓練

　　型 13：以右腳為軸，身體向左後側轉體 270°（圖 5-67①）；同時，左腳向前（D3 方向）上步成左行步站立，右臂屈肘向裏做內中格擋，左拳收於腰間。（圖 5-67②）

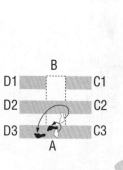

圖 5-67

TAEKWONDO

型 14：以左腳為軸，身體向右後側轉體，右腳向前（C3 方向）上步成右行步站立（圖 5-68①）；左臂屈肘向裏做內中格擋，右拳收於腰間。（圖 5-68②）

圖 5-68

　　型 15：以右腳為軸，身體向左側轉體，左腳向前（B 方向）上步，左臂下截做左下格擋；同時，右拳收於腰間。（圖 5-69、圖 5-69 附圖）

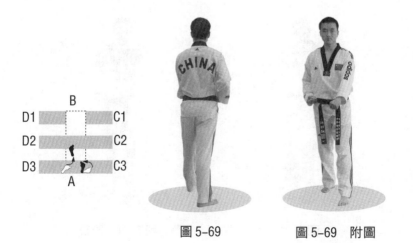

圖 5-69　　　　　　　圖 5-69　附圖

TAEKWONDO

型 16：以左腳支撐，右腿做前踢動作，兩拳置於腰間（圖 5–70、圖 5–70 附圖）；隨即，右腳下落成右行步站立；同時，右拳向前內旋平沖，左拳收於腰間。（圖 5–71、圖 5–71 附圖）

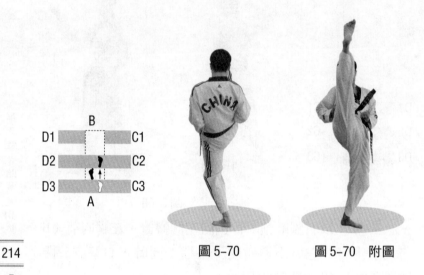

圖 5–70   圖 5–70　附圖

現代跆拳道運動教學與訓練

圖 5–71

圖 5–71　附圖

TAEKWONDO

型 17：以右腿支撐，左腿做前踢動作，兩拳屈肘置於腰間（圖 5–72、圖 5–72 附圖）；左腿下落成左行步站立，左拳向前內旋平沖，右拳收於腰間。（圖 5–73、圖 5–73 附圖）

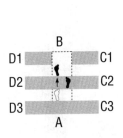

圖 5–72

圖 5–72　附圖

圖 5–73

圖 5–73　附圖

TAEKWONDO

型 18：以左腿支撐，右腿做前踢動作，兩拳屈臂置於腰間（圖 5-74、圖 5-74 附圖）；右腿下落成右行步站立，右拳向前內旋平沖並發聲（咿呀！），左拳收於腰間。（圖 5-75、圖 5-75 附圖）

收勢：同太極一章。

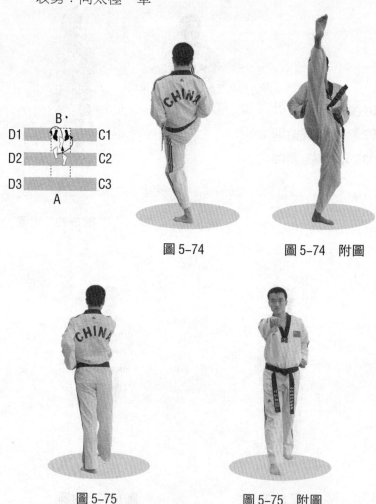

圖 5-74　　　　　　　圖 5-74　附圖

圖 5-75　　　　　　　圖 5-75　附圖

現代跆拳道運動教學與訓練

TAEKWONDO

(三)太極三章

太極三章象徵八卦中的「離」位（圖 5-76），寓意是火，也就是炎熱而光亮的意思。因此，太極三章都是由充滿活力和鬥志的動作組成，主要由下、中段防守和正拳、前踢的進攻動作組成。另外，太極三章還增加了手刀的進攻和防守動作，目的是鍛鍊進攻和防守的敏捷性，太極三章共有20 個動作。

圖 5-76

太極三章動作方法

準備姿勢：同太極一章。

型 1：身體向左側（C1 方向）轉體成前行步站立；左臂下截做左下格擋，右拳收於腰間。（圖 5-77）

圖 5-77

TAEKWONDO

型 2：以左腿支撐，身體重心上提，右腿做前踢動作，兩拳屈肘置於腰間（圖5–78①），右腿下落成右弓步站立；右拳向前內旋平沖，左拳收於腰間（圖5–78②）；然後，左拳向前內旋平沖，右拳外旋收回於腰間。（圖5–78③）

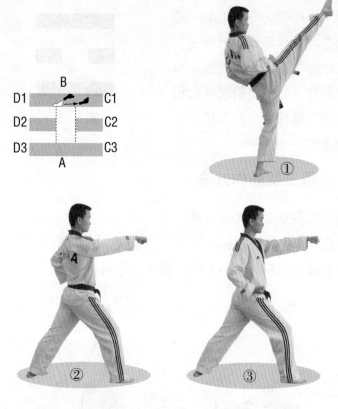

圖 5–78

現代跆拳道運動教學與訓練

　　型 3：以左腳為軸，身體向右後側轉體180°，右腳向前（D1方向）上步成右前行步站立；右臂下截做右下格擋，左拳收於腰間。（圖5–79）

TAEKWONDO

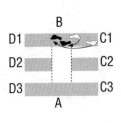

圖 5-79

　　型 4：以右腿支撐，身體重心上提，左腿做前踢動作，兩拳屈肘置於腰間（圖 5-80①），左腿下落成左弓步站立；左拳向前內旋平沖，右拳收於腰間（圖 5-80②），然後，右拳向前內旋平沖，形成連續攻擊，左拳外旋收回於腰間。（圖 5-80③）

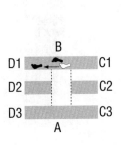

①

TAEKWONDO

圖 5-80

型 5：以右腳為軸，身體向左側轉體 90°，左腳向前
（向 A 方向）上步成左行步站立（圖 5-81①）；隨即右拳
變手刀，由外向內橫砍，高與頸齊，肘關節夾角在 130°左
右，左拳收於腰間。（圖 5-81②）

現代跆拳道運動教學與訓練

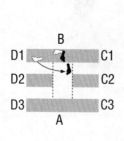

圖 5-81

TAEKWONDO

型 6：右腳向前（A 方向）上步成右行步站立；左拳變手刀，由外向內橫砍，高與頸齊，肘關節夾角在 130° 左右，右拳收於腰間。（圖 5-82）

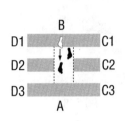

圖 5-82

型 7：以右腳為軸，身體向左側轉體 90°，左腳向前（C2 方向）上步，兩膝微屈成左三七步站立；左手刀向外格擋，高與肩平，右拳收於腰間。（圖 5-83）

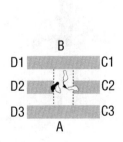

圖 5-83

TAEKWONDO

型 8：左腳向前進半步，成左弓步站立；隨即右拳向前內旋平沖，左手刀變拳收於腰間。（圖 5-84）

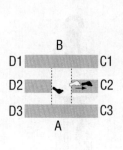

圖 5-84

型 9：以左腳掌為軸，身體向右後側（D2 方向）轉體 180°；同時，右腳微後撤成右三七步，右拳變手刀向外格擋，高與肩平，左拳收於腰間。（圖 5-85）

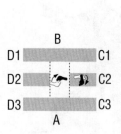

圖 5-85

TAEKWONDO

型 10：右腳向前（D2 方向）進半步成右弓步站立；左拳向前內旋平沖，右手刀變拳收於腰間。（圖 5-86）

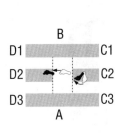

圖 5-86

型 11：以右腳為軸，身體向左側轉體 90°；同時，左腳向前（A 方向）上步成左行步站立；右臂屈肘握拳向內橫格，拳心向內，左拳收於腰間。（圖 5-87）

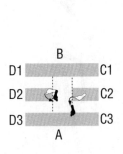

圖 5-87

TAEKWONDO

型 12：右腳向前上步成右行步站立；左臂屈肘，握拳向內橫格，拳心向內，右拳收於腰間。（圖 5-88）

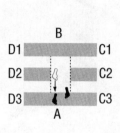

圖 5-88

型 13：以右腳為軸，身體向左後側轉體 270°，左腳向前（D3 方向）上步成左行步站立；左拳下截做左下格擋，右拳收於腰間。（圖 5-89）

現代跆拳道運動教學與訓練

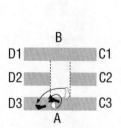

圖 5-89

TAEKWONDO

型 14：左腳支撐，右腳做前踢腿動作，兩拳置於腰間（圖 5-90①），右腿下落成右弓步站立；同時，右拳向前內旋平沖，左拳收於腰間。（圖 5-90②）；隨即左拳向前內旋平沖，右拳收於腰間。（圖 5-90③）

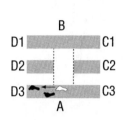

圖 5-90

TAEKWONDO

型 15：以左腳為軸，身體向右後側轉體 180°，右腳向前（C3 方向）上步成右前行步站立；右拳下截做右下格擋，左拳收於腰間。（圖 5-91）

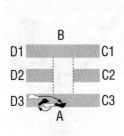

圖 5-91

型 16：右腳支撐，左腳做前踢腿動作，兩拳置於腰間（圖 5-92①），左腳下落成左弓步站立；同時，左拳向前內旋平沖，右拳收於腰間。（圖 5-92②）；隨即右拳向前內旋平沖，左拳收於腰間。（圖 5-92③）

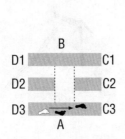

①

TAEKWONDO

圖 5-92

型 17：以右腳為軸，身體向左側轉體 90°，左腳向前（向 B 方向）上步成左行步站立；左拳下截做左下格擋，右拳收於腰間（圖 5-93①、圖 5-93①附圖）；步型不變，右拳向前內旋平沖，左拳收於腰間。（圖 5-93②、圖 5-93②附圖）

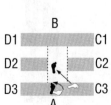

①　　　　①附圖

TAEKWONDO

② ②附圖

圖 5-93

　　型 18：右腳向前（B 方向）上步成右行步站立；右拳下截做右下格擋，左拳收於腰間（圖 5-94①、圖 5-94①附圖）；步型不變，左拳向前內旋平沖，右拳收於腰間。（圖 5-94②、圖 5-94②附圖）

①　　①附圖　　②　　②附圖

圖 5-94

TAEKWONDO

型 19：右腳支撐，左腳做前踢腿動作，兩拳置於腰間
（圖 5-95①、圖 5-95①附圖）；左腿下落成左前行步站
立；左臂下截做左下格擋，右拳收於腰間（圖 5-95②、圖
5-95②附圖）；步型不變，右拳向前內旋平沖，左拳收於
腰間。（圖 5-95③、圖 5-95③附圖）

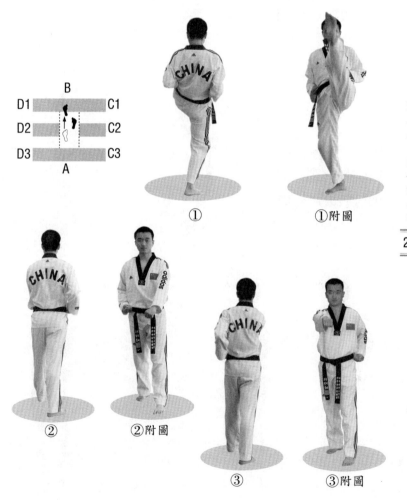

① ①附圖

② ②附圖

③ ③附圖

圖 5-95

TAEKWONDO

型 20：左腳支撐，右腳做前踢腿動作，兩拳置於腰間（圖 5-96①、圖 5-96①附圖）；右腿下落成右前行步站立，右臂下截做右下格擋，左拳收於腰間（圖 5-96②、圖 5-96②附圖）；步型不變，左拳向前內旋平沖並發聲（咿呀！），右拳收於腰間。（圖 5-96③、圖 5-96③附圖）

　　收勢：同太極一章。

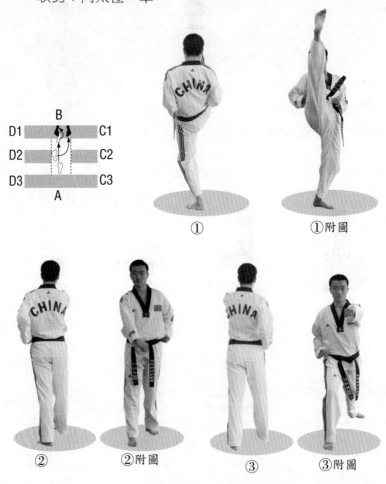

①　①附圖

②　②附圖　③　③附圖

圖 5-96

TAEKWONDO

(四) 太極四章

太極四章象徵八卦中的「震」位（圖 5-97），震為雷，寓意是強大的力量，具有警戒心、虔誠的態度和毅然的權威。太極四章主要是由手刀的攻防、內外的格擋、防守和前踢等腿法組成。另外，太極四章還增加了側踢腿的進攻動作，演練難度較之前三章大一些。太極四章共有 20 個動作，演練時要表現出從容鎮定、威嚴、自信的心理特點。

太極四章動作方法

準備姿勢：同太極一章。

型 1：身體向左側轉體 90°，左腳向前（C1 方向）上步成左三七步站立（圖 5-98①）；同時，兩拳變手刀，左手刀向左側橫截，高與肩平，右手刀置於腹前，掌心向上。（圖 5-98②）

圖 5-97

圖 5-98

TAEKWONDO

型 2：右腳向前（C1 方向）上步成右弓步站立；左手向下按掌（防守對方的前踢進攻），右手成攢手（插掌指尖向前）向前插擊，右臂伸直，左掌置於右腋下。（圖 5-99）

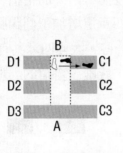

圖 5-99

型 3：以左腳為軸，身體向右後側轉體 180°，右腳向前（D1 方向）上步成右三七步站立（圖 5-100①）；同時，兩拳變手刀，右手向右側橫截，高與肩平，左手刀置於腹前，掌心向上。（圖 5-100②）

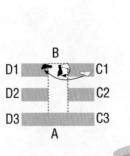

①

②

圖 5-100

TAEKWONDO

型 4：左腳向前（D1 方向）上步成左弓步站立；右手向下按掌（防守對方的前踢進攻），左手成攢手（插掌指尖向前）向前插擊，左臂伸直，右掌置於左腋下。（圖 5-101）

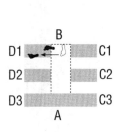

圖 5-101

型 5：以右腳為軸，身體向左側轉體 90°，左腳向前（A 方向）上步成左弓步站立；同時，左臂屈肘上架置於額前上方，右手刀向內橫砍，手心向上（攻擊對方的頸部）。（圖 5-102）

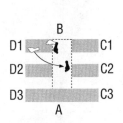

圖 5-102

TAEKWONDO

型6：左腿支撐，右腿向前做前踢腿動作，兩手刀變拳置於腰間（圖5-103①），右腳放鬆下落成右弓步站立；左拳向前內旋平沖，右拳收於腰間。（圖5-103②）

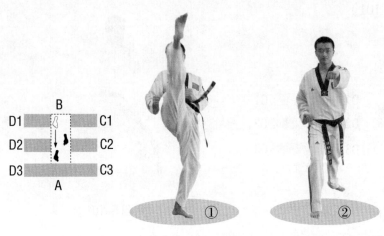

圖5-103

現代跆拳道運動教學與訓練

型7：以右腳為軸，右腳向外旋約90°；同時，左腿向前做側踢動作，力達腳掌，兩拳自然置於體側。（圖5-104）

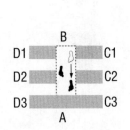

圖5-104

TAEKWONDO

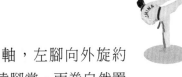

　　型8：左腳放鬆前落，以左腳為軸，左腳向外旋約90°；同時，右腿向前做側踢動作，力達腳掌，兩拳自然置於體側（圖5-105①）；右腳放鬆下落成右三七步；同時，兩拳變手刀，右手刀向右側橫截，高與肩平，左手刀置於腹前，掌心向上。（圖5-105②）

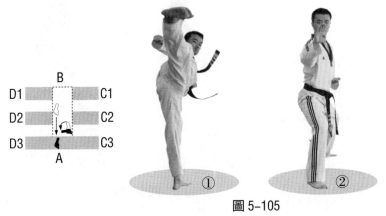

D1　　　　C1
D2　　　　C2
D3　　　　C3

①　　②

圖5-105

　　型9：以右腳為軸，身體向左後側轉體270°，左腳向前（D3方向）上步成左三七步站立；左手刀變拳向外橫截格擋，拳心向下，右手刀變拳收於腰間。（圖5-106）

D1　　　　C1
D2　　　　C2
D3　　　　C3

圖5-106

TAEKWONDO

型 10：左腿支撐，右腿做前踢腿動作，兩拳置於腰間（圖 5-107①）；隨即右腳向後落地，成左三七步站立；右臂屈肘向內格擋，拳心向上，左拳收於腰間。（圖 5-107②）

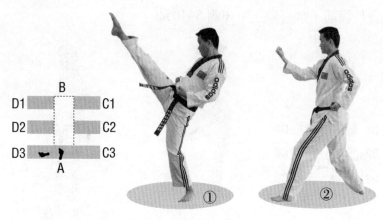

圖 5-107

現代跆拳道運動教學與訓練

型 11：以雙腳為軸，身體向右後側（C3 方向）轉體180°成右三七步站立；重心落於左腳，右臂屈肘向外橫截，做中格擋動作，拳心向下，左拳收於腰間。（圖 5-108）

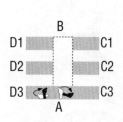

圖 5-108

TAEKWONDO

型 12：右腿支撐，左腿做前踢腿動作，兩拳置於腰間（圖 5-109①）；隨即左腳向後落地，成右三七步站立；左臂屈肘向內格擋，拳心向上，右拳收於腰間。（圖 5-109②）

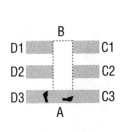

① ②

圖 5-109

型 13：以右腳為軸，身體向左側轉體 90°，左腳向前（向 B 方向）上步成左弓步站立；同時，兩拳變手刀，左臂屈肘上架置於額前上方，右手刀向內橫砍，掌心向上，攻擊對方的頸部。（圖 5-110 及其附圖）

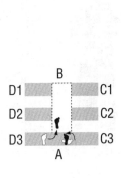

圖 5-110　　　　　　　圖 5-110 附圖

TAEKWONDO

型 14：左腿支撐，右腿做前踢腿動作，兩手刀變拳置於腰間（圖 5-111①及其附圖）；右腿下落成右弓步站立；右臂屈肘向內橫格，拳心向上，左拳收於腰間。（圖 5-111②及其附圖）

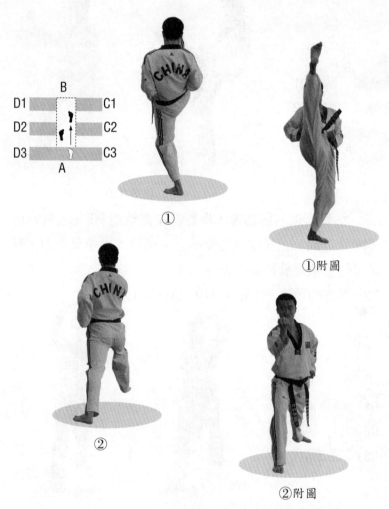

①

①附圖

②

②附圖

圖 5-111

現代跆拳道運動教學與訓練

TAEKWONDO

型 15：以右腳為軸，身體向左側轉體，左腳向前（D2方向）上步成左行步站立；同時，左拳向內橫格，拳心向上，右拳收於腰間。（圖 5-112）

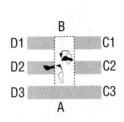

圖 5-112

型 16：步型不變，右拳向前內旋平沖，左拳收於腰間。（圖 5-113）

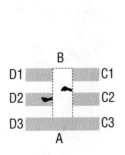

圖 5-113

TAEKWONDO

型 17：以雙腳為軸，身體向右後側（C2 方向）轉體180°成右行步站立；同時，右臂屈肘外截，拳心向上。（圖 5-114）

圖 5-114

型 18：步型不變，左拳向前內旋平沖，右拳收於腰間。（圖 5-115）

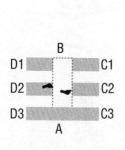

圖 5-115

型 19：以右腳為軸，身體向左側轉體 90°，左腳向前
（B 方向）上步成左弓步站立；左臂屈肘向內橫格（中格
擋），拳心向上，右拳收於腰間（圖 5-116①及其附
圖）；步型不變，右拳向前內旋平沖並發聲，左拳收於腰
間（圖 5-116②及其附圖）；動作不停，左拳向前內旋平
沖，右拳收於腰間。（圖 5-116③及其附圖）

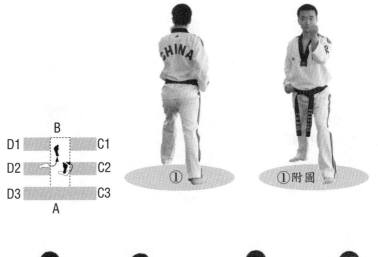

圖 5-116

TAEKWONDO

型 20：左腳不動，右腳向前（B 方向）上步成右弓步站立；右臂屈肘向內橫格（中格擋），拳心向上，左拳收於腰間（圖 5-117①及其附圖）；步型不變，左拳向前內旋平沖，右拳收於腰間（圖 5-117②及其附圖）；動作不停，右拳向前內旋平沖，左拳收於腰間。（圖 5-117③及其附圖）

收勢：同太極一章。

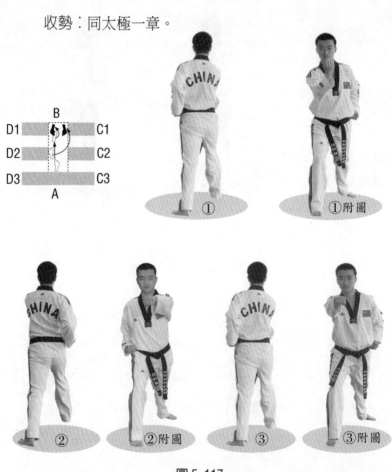

圖 5-117

現代跆拳道運動教學與訓練

TAEKWONDO

（五）太極五章

太極五章象徵八卦中的「巽」位（圖 5–118），巽的寓意為風，風可以分為微風和強風，微風代表著清靜、柔緩，強風代表著迅猛、剛勁、激烈。太極五章前半部分單調安靜，後半部分逐漸強烈，在技術形式上除了保持前四章的技術外，還增加了肘法的攻擊。演練時前半段要突出單調、安靜的動作節奏，後半段則突出強勁有力、氣勢澎湃的節奏特點。太極五章共有 20 個動作。

太極五章動作方法

準備姿勢：同太極一章。

型 1：身體向左側轉體 90°，左腳向前（C1 方向）上步成左弓步站立；左臂下截做左下格擋，右拳收於腰間。（圖 5–119）

圖 5–118

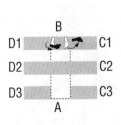

圖 5–119

TAEKWONDO

型2：身體向右側轉體90°；同時，左腳回收成開立步站立，左臂自左下向右、向上、向左弧形擺動成劈拳（錘拳）動作，高與肩平，拳眼向上，目視左拳，右拳收於腰間。（圖5-120）

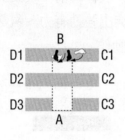

圖5-120

型3：身體向右轉體90°，左腳向前（D1方向）上步成右弓步站立；右臂下截做右下格擋，左拳收於腰間。（圖5-121）

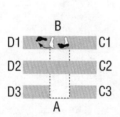

圖5-121

TAEKWONDO

型 4：身體向左側轉體 90°；同時，右腳回收成開立步站立，右臂自右下向左、向上、向右弧形擺動成劈拳（錘拳）動作，高與肩平，拳眼向上，目視右拳，左拳收於腰間。（圖 5-122）

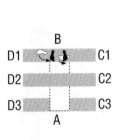

圖 5-122

　　型 5：右腳不動，左腳向前（A 方向）上步成左弓步站立；左拳向內橫格（內中格擋），拳心向上，右拳收於腰間（圖 5-123①）；隨即右拳由外向內橫格，拳心向上，左拳收於腰間。（圖 5-123②）

①　　　　②

圖 5-123

TAEKWONDO

型6：右腿向前做前踢腿動作，兩拳置於腰間（圖5–124①），右腿放鬆下落成右弓步站立；右拳由內向外橫格，拳心向上，左拳收於腰間（圖5–124②③）；隨即左拳由外向內橫格，拳心向上，右拳收於腰間。（圖5–124④）

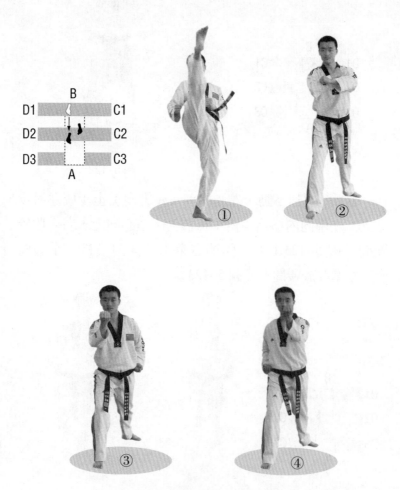

圖5–124

TAEKWONDO

型 7：左腿向前做前踢腿動作，兩拳置於腰間（圖 5－125①），左腿放鬆下落成左弓步站立；左拳由外向內橫格（內中格擋），拳心向上，右拳收於腰間（圖 5－125②③）；隨即右拳由外向內橫格，拳心向上，左拳收於腰間。（圖 5－125④）

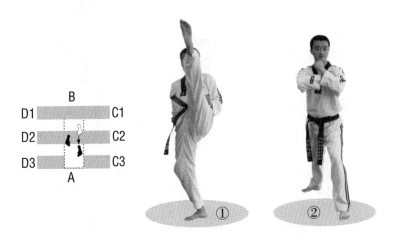

圖 5－125

TAEKWONDO

型8：右腳向前上步成右弓步站立（圖5-126①），右拳由內向外格擋，拳心向上，左拳收於腰間。（圖5-126②）

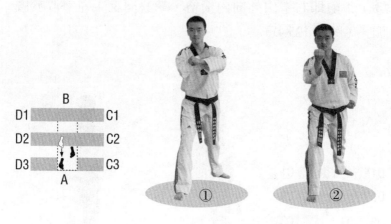

圖5-126

型9：以右腳為軸，身體向左後側轉體270°，左腳向前（D3方向）上步成左三七步站立，隨即左拳變手刀向外橫截，右拳收於腰間。（圖5-127）

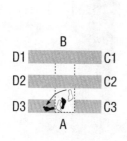

圖5-127

TAEKWONDO

型 10：右腳向前上步成右弓步站立，右臂屈肘夾緊，用肘尖由外向內擺擊，左手附於右拳拳面。（圖 5-128）

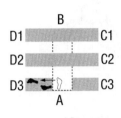

圖 5-128

型 11：以左腳為軸，身體向右後側轉體 180°，右腳向前（C3 方向）上步成右三七步站立，右拳變手刀向外橫截，左拳收於腰間。（圖 5-129）

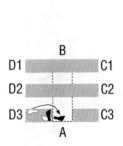

圖 5-129

TAEKWONDO

型 12：左腳向前上步成左弓步站立，左臂屈肘夾緊，用肘尖由外向內擺擊，右手附於左拳拳面。（圖5-130）

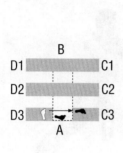

圖5-130

型 13：以右腳為軸，身體向左側轉體90°，左腳向前（B方向）上步成左弓步站立；左拳下截做左下格擋，右拳收於腰間（圖5-131①及其附圖）；步型不變，右拳由外向內格擋，拳心向下，左拳收於腰間。（圖5-131②及其附圖）

現代跆拳道運動教學與訓練

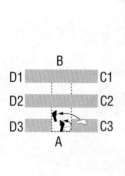

① ①附圖

TAEKWONDO

②　　　　　　　②附圖

圖 5–131

　　型 14：右腿向前做前踢腿動作，兩拳置於腰間（圖 5–132①及其附圖）；右腿放鬆下落成右弓步站立，右拳下截做右下格擋，左拳收於腰間（圖 5–132②及其附圖）；隨即左拳由外向內橫格，拳心向上，右拳收於腰間。（圖 5–132③及其附圖）

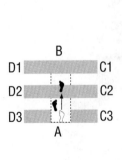

①　　　　　　①附圖

TAEKWONDO

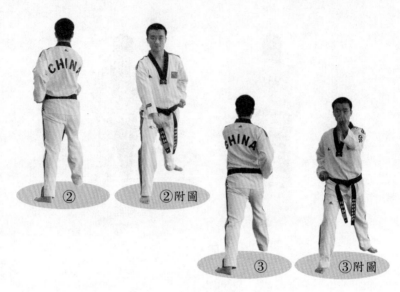

圖 5-132

　　型 15：以右腳為軸，身體向左側轉體 90°，左腳向前
（D2 方向）上步成左弓步站立；左臂屈肘上架於額前上
方，右拳收於腰間。（圖 5-133）

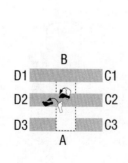

圖 5-133

型 16：以左腳為軸外旋 180°，右腿向前做右側踢腿動作，兩臂自然置於體側（圖 5-134①）；右腳放鬆前落成右弓步站立，隨即左臂屈肘夾緊，用肘尖由外向內擺擊，右手附於左臂。（圖 5-134②）

圖 5-134

型 17：以左腳為軸，身體向右後側轉體 180°，右腳向前（C2 方向）上步成右弓步站立，右臂屈肘上架於額前上方，左拳收於腰間。（圖 5-135）

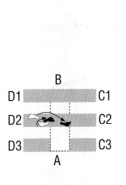

圖 5-135

TAEKWONDO

型 18：以右腳為軸外旋 180°，左腿向前做左側踢腿動作，兩臂自然置於體側（圖 5-136①）；左腳放鬆前落成左弓步站立，隨即右臂屈肘夾緊，用肘尖由外向內擺擊，右手附於左臂。（圖 5-136②、圖 5-136②附圖）

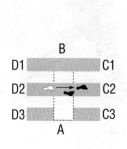

①

②

②附圖

圖 5-136

現代跆拳道運動教學與訓練

TAEKWONDO

型 19：以右腳為軸，身體向左側轉體 90°，左腳向前（B 方向）成左弓步站立，左拳下截做左下格擋，右拳收於腰間（圖 5-137①、圖 5-137①附圖）；步型不變，右拳由外向內做右中格擋，拳心向上，左拳收於腰間。（圖 5-137②、圖 5-137②附圖）

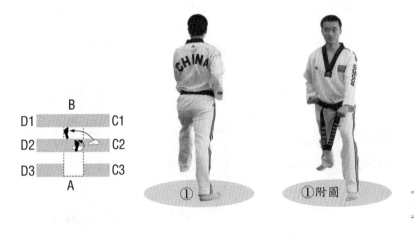

圖 5-137

TAEKWONDO

型 20：左腿支撐，右腿向前做前踢腿動作，兩拳置於腰間（圖 5-138①、圖 5-138①附圖）；右腿放鬆下落，左腳向右腳後側上步，腳尖著地，成交叉步站立；同時，右拳向外彈擊並發聲（咿呀！），拳心朝上，左拳收於腰間。（圖 5-138②、圖 5-138②附圖）

收勢：同太極一章。

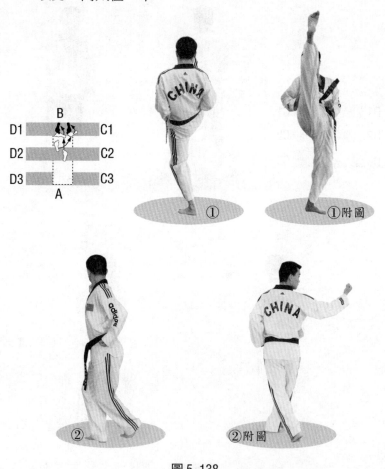

現代跆拳道運動教學與訓練

圖 5-138

TAEKWONDO

(六)太極六章

太極六章象徵八卦中的「坎」位（圖5–139），坎的寓意為像水一樣柔軟、平靜而又洶湧澎湃、一瀉千里、勇往直前。因此，太極六章仿效水的形態，由柔和而又激蕩的動作組成，在演練時要突出勇往直前、勇於進取的精神面貌。太極六章共有23個動作。

太極六章動作方法

準備姿勢：同太極一章。

型1：身體向左側轉體90°，左腳向前（C1方向）上步成左弓步站立，左臂下截做左下格擋，右拳收於腰間。（圖5–140）

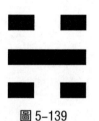

圖 5–139

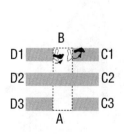

圖 5–140

TAEKWONDO

型 2：右腿向前做前踢腿動作，兩拳置於腰間（圖 5-141①）；右腿放鬆向後落步，左腳稍向後撤成左三七步站立；左拳由外向內橫截做左中格擋，拳心向下，右拳收於腰間。（圖 5-141②）

圖 5-141

現代跆拳道運動教學與訓練

　　型 3：以左腳為軸，身體向右側轉體 180°，右腳向前（D1 方向）上步成右弓步站立，右臂下截做右下格擋，左拳收於腰間。（圖 5-142）

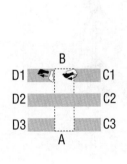

圖 5-142

TAEKWONDO

型 4：左腿向前做前踢腿動作，兩拳置於腰間（圖 5-143①）；左腿放鬆向後落步，右腳稍向後撤成右三七步站立，右拳由外向內橫截做右中格擋，拳心向下，左拳收於腰間。（圖 5-143②）

圖 5-143

型 5：以右腳為軸，身體向左側轉體 90°，左腳向前（A 方向）上步成左弓步站立，右拳變手刀向外橫截，掌心向下，左拳收於腰間。（圖 5-144）

圖 5-144

TAEKWONDO

型6：左腳支撐，右腳向前做橫踢腿動作，兩臂屈肘自然垂於體側。（圖5-145）

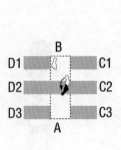

圖5-145

型7：右腳橫踢後下落至左腳後側，身體向左側轉體90°，左腳向前（C2方向）上步成左弓步站立；左臂屈肘外截，拳心向下，右拳收於腰間（圖5-146①②）；步型不變，右拳向前內旋平沖，左拳收於腰間。（圖5-146③）

現代跆拳道運動教學與訓練

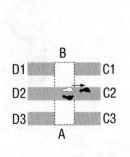

①

TAEKWONDO

②

③

圖 5–146

　　型 8：右腿向前做前踢腿動作，兩拳置於腰間（圖 5–147①）；右腳放鬆向前下落成右弓步站立，左拳向前內旋平沖，右拳收於腰間。（圖 5–147②）

	B	
D1		C1
D2		C2
D3		C3
	A	

①

②

圖 5–147

TAEKWONDO

型 9：以左腳為軸，身體向右後側轉體 180°，右腳向前（D2 方向）上步成右弓步站立，右拳外截，拳心向下，左拳收於腰間（圖 5-148①）；步型不變，左拳向前內旋平沖，右拳收於腰間。（圖 5-148②）

圖 5-148

型 10：左腿向前做前踢腿動作，兩拳置於腰間（圖 5-149①）；左腳放鬆向前下落成左弓步站立，右拳向前內旋平沖，左拳收於腰間。（圖 5-149②）

現代跆拳道運動教學與訓練

圖 5-149

TAEKWONDO

型 11：以右腳為軸，身體向左側轉體 90°（面向 A 方向），左腳向左側上半步成開立步站立；隨即，兩臂由下向上交叉上架於額前上方，左臂在內，右臂在外成十字形格擋（圖 5-150①）；步型不變，兩拳同時由上向下截擊，置於體側，拳眼向前。（圖 5-150②）

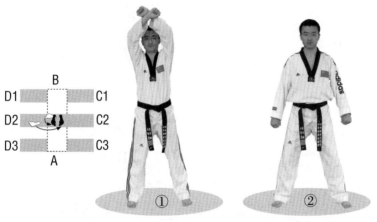

圖 5-150

型 12：左腳不動，右腳向前上步成右弓步站立（圖 5-151①），左拳變手刀向外橫截，掌心向下，右拳收於腰間。（圖 5-151②）

圖 5-151

TAEKWONDO

型 13：左腳向前做橫踢腿動作，兩臂自然置於體側。
（圖 5-152）

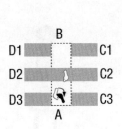

圖 5-152

型 14：左腳放鬆下落靠近右腳，身體向右後側轉體270°，右腳向前（C3 方向）上步成右弓步站立（圖 5-153①）；同時，右拳下截做右下格擋，左拳收於腰間。（圖5-153②）

現代跆拳道運動教學與訓練

圖 5-153

TAEKWONDO

型 15：左腿向前做前踢腿動作，兩拳置於腹前（圖5-154①）；左腳向後落步，右腳在前成右三七步站立，右拳外截，拳心向下，左拳收於腰間。（圖5-154②）

圖 5-154

型 16：以右腳為軸，身體向左後側轉體 180°，左腳向前（D3 方向）上步成左弓步站立，左拳下截，右拳收於腰間。（圖 5-155）

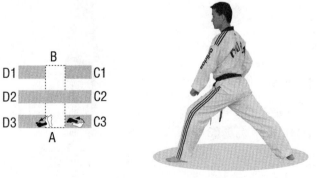

圖 5-155

TAEKWONDO

型 17：右腿向前做前踢動作，兩拳放鬆置於腹前（圖5-156①）；右腳向後落步，左腳在前成左三七步站立，左拳外截，拳心向下，右拳收於腰間。（圖5-156②）

圖 5-156

型 18：以左腳為軸，身體向左側轉體 90°，右腳向後（B 方向）上步成左三七步站立，左拳變手刀向外橫截，右拳變手刀置於腹前，掌心向上。（圖 5-157）

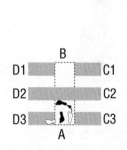

圖 5-157

TAEKWONDO

型 19：左腿向後（B 方向）退一步成右三七步站立，右拳變手刀向外橫截，左拳變手刀置於腹前，掌心向上。（圖 5-158）

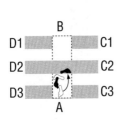

圖 5-158

型 20：右腿向後（B 方向）退一步成左弓步站立，左手刀向前置於胸前，掌心向右，右手刀變拳收於腰間。（圖 5-159）

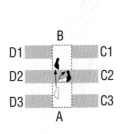

圖 5-159

TAEKWONDO

型 21：步型不變，右拳向前內旋平沖，左手刀變拳回收於腰間。（圖 5-160）

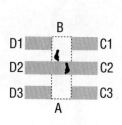

圖 5-160

型 22：左腳向左後側（B 方向）退一步成右弓步站立，右拳變手刀下按防守於胸前，掌心向左，左拳收於腰間。（圖 5-161）

現代跆拳道運動教學與訓練

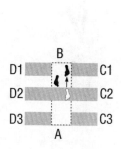

圖 5-161

TAEKWONDO

型 23：步型不變，擰腰轉身，左拳向前內旋平沖並發聲（咿呀！），右拳收於腰間。（圖 5-162）

收勢：同太極一章。

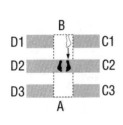

圖 5-162

（七）太極七章

太極七章象徵八卦中的「艮」位（圖 5-163），艮象徵著山，意寓為厚重、堅強、穩重。太極七章的動作要比前六章都複雜得多，演練時，要突出強勁的力度，把山的形態表現出來。另外，要控制好動作節奏。太極七章共有 25 個動作。

圖 5-163

TAEKWONDO

太極七章動作方法

準備姿勢：同太極一章。

型 1：身體向左側（C1 方向）轉體 90°，成左虛步站立，右拳變手刀下擊置於腹前，掌心向左，左拳置於腰間不動。（圖 5-164）

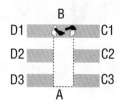

圖 5-164

型 2：右腳向前做前踢腿動作，右手刀變拳置於體側（圖 5-165①）；右腳向後落步，左腳在前成左虛步站立，左臂內截（以手腕內側格擋），右拳收於腰間。（圖 5-165②）

現代跆拳道運動教學與訓練

圖 5-165

TAEKWONDO

型3：以左腳為軸，身體向右後側（D1方向）轉體180°，右腳在前成右虛步站立，左拳變手刀下擊置於腹前，掌心向右，右拳置於腰間不動。（圖5-166）

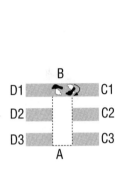

圖5-166

　　型4：左腳向前做前踢腿動作，左手刀變拳置於體側（圖5-167①）；左腳向後落步，右腳在前成右虛步站立，右臂內截（以手腕內側格擋），左拳收於腰間。（圖5-167②）

圖5-167

TAEKWONDO

型 5：身體向左側（A 方向）轉體 90°，左腳向前上步成左三七步站立。兩拳變手刀，左手刀向下砍截，掌心向下；右手刀置於胸前，掌心向上。（圖 5–168）

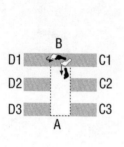

圖 5–168

型 6：右腳向前上步成右三七步站立，右手刀向下砍截，掌心向下；左手刀置於胸前，掌心向上。（圖 5–169）

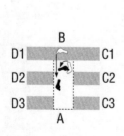

圖 5–169

TAEKWONDO

型 7：以右腳為軸，身體向左側轉體 90°，左腳向前（C2 方向）上步成左虛步站立。右掌下擊，左拳置於右臂下，拳心向下。（圖 5-170）

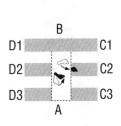

圖 5-170

型 8：步型不變，右掌變拳向外彈擊。（圖 5-171）

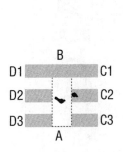

圖 5-171

TAEKWONDO

型 9：以左腳為軸，身體向右後側轉體 180°，右腳在前（D2 方向）成右虛步站立，左拳變掌下擊，右拳置於左臂下，拳心向下。（圖 5-172）

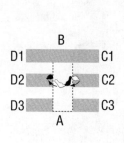

圖 5-172

型 10：步型不變，左掌變拳向外彈擊。（圖 5-173）

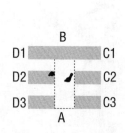

圖 5-173

TAEKWONDO

型 11：右腳不動，左腳向右腳併攏；同時，身體向左側（A 方向）轉體 90°成併步站立，右手握拳置於胸前，左手蓋於右手之上。（圖 5-174）

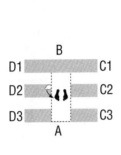

圖 5-174

型 12：左腳向前（A 方向）上步成左弓步站立，在左掌變拳上格的同時右拳下截，拳心向內（圖 5-175①）；步型不變，右拳上格的同時左拳下截，拳心向內。（圖 5-175②）

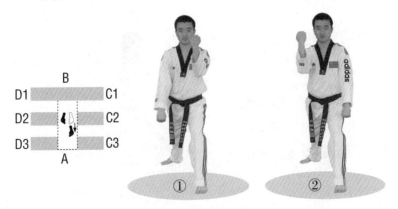

圖 5-175

TAEKWONDO

型 13：右腳向前（A 方向）上步成右弓步站立，在右拳上格的同時左拳下截，拳心向內（圖 5-176①）。步型不變，在左拳上格的同時右拳下截，拳心向內。（圖 5-176②）

圖 5-176

現代跆拳道運動教學與訓練

型 14：以右腳為軸，身體向左後側轉體 270°，左腳向前（D3 方向）上步成左弓步站立，雙拳由下向前上方衝擊，拳心向下。（圖 5-177）

圖 5-177

TAEKWONDO

型 15：右腿屈膝向前撞擊，兩拳下壓，拳心向下（圖 5-178①）；右腳向前落步；同時，左腳向前上步落於右腳後側，腳尖著地成交叉步，雙拳由下向上沖擊，拳心向上。（圖 5-178②）

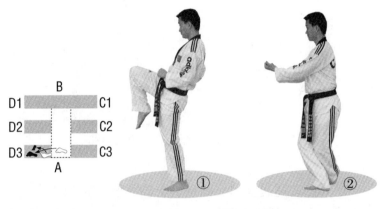

圖 5-178

　　型 16：左腳向後退一步成右弓步站立（圖 5-179①），雙臂交叉成十字向下截拳。（圖 5-179②）

圖 5-179

TAEKWONDO

型 17：以左腳為軸，身體向右後側轉體 180°，右腳向前（C3 方向）上步成右弓步站立，兩拳由下向前上方沖擊，拳心向下。（圖 5-180）

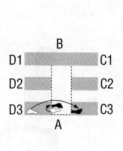

圖 5-180

型 18：左腿屈膝向前撞擊，兩拳下壓，拳心向下（圖 5-181①）；左腳向前落步；同時，右腳向前上步落於左腳後側，腳尖著地成交叉步，雙拳由下向上沖擊，拳心向上。（圖 5-181②）

現代跆拳道運動教學與訓練

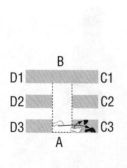

圖 5-181

TAEKWONDO

型 19：右腳向後退一步成左弓步站立（圖 5-182①），雙臂交叉成十字並向下截擊，左臂在外，右臂在內。（圖 5-182②）

圖 5-182

型 20：以右腳為軸，身體向左側轉體 90°，左腳向後撤步，目視 B 方向，成併步站立，左拳向前（B 方向）劈拳，右拳收於腰間。（圖 5-183、圖 5-183 附圖）

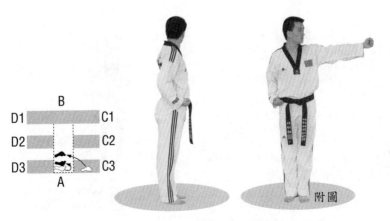

圖 5-183

TAEKWONDO

型 21：右腳向內弧線擺腿（裏合腿），左手在胸前迎擊右腳掌（圖 5-184①、圖 5-184①附圖）；右腳下落成馬步站立，右臂屈肘夾緊以肘尖為力點向內橫擊，左手按於右臂處。（圖 5-184②、圖 5-184②附圖）

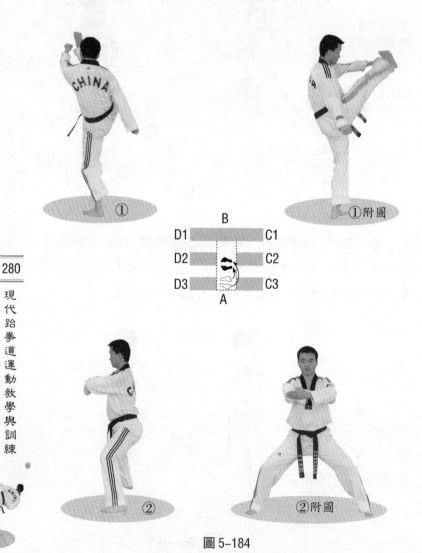

圖 5-184

現代跆拳道運動教學與訓練

TAEKWONDO

型 22：右腳不動，左腳向右腳內側撤步成並立步站立，右拳向下（B 方向）劈拳，左拳收於腰間。（圖 5–185、圖 5–185 附圖）

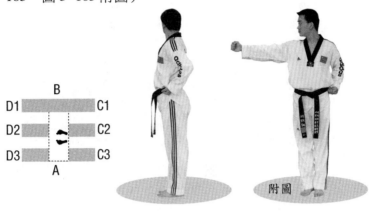

附圖

圖 5–185

型 23：左腳向內弧線擺腿（裏合腿），右手在胸前迎擊左腳掌（圖 5–186①、圖 5–186①附圖）；左腳下落成馬步站立，左臂屈肘夾緊，以肘尖為力點向內橫擊，右手按於左臂處。（圖 5–186②、圖 5–186②附圖）

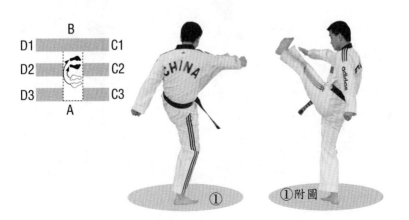

① ①附圖

TAEKWONDO

②　　　　　②附圖

圖 5-186

　　型 24：步型不變，左拳變手刀向外橫截，右拳收於腰間。（圖 5-187、圖 5-187 附圖）

現代跆拳道運動教學與訓練

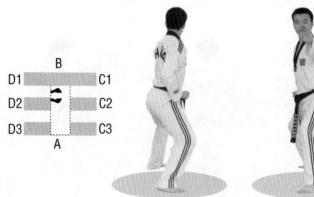

附圖

圖 5-187

TAEKWONDO

型 25：以左腳為軸，身體左轉，右腳向前（D1 方向）上步成馬步站立，右拳向右側內旋平沖並發聲（咿呀！），左拳收於腰間。（圖 5–188、圖 5–188 附圖）

收勢：同太極一章。

圖 5–188

（八）太極八章

太極八章象徵八卦中的「坤」位（圖 5–189），坤象徵著大地，寓意為萬物生長的根源。太極八章為晉級品勢（無段者）的最後一個章節，同時也是入段的開始。太極八章是對前面學過的內容進行整理和複習，故動作重複減少而變化增多，演練時，要體會大地厚德載物的精神。太極八章共有 24 個動作。

太極八章動作方法

準備姿勢：同太極一章。

圖 5–189

TAEKWONDO

型 1：右腳不動，左腳向前（A 方向）上步成左三七步站立，左拳向外格擋，右拳置於胸前（圖 5-190①）；身體重心前移至左腳成左弓步站立，右拳向前內旋平沖，左拳收於腰間。（圖 5-190②）

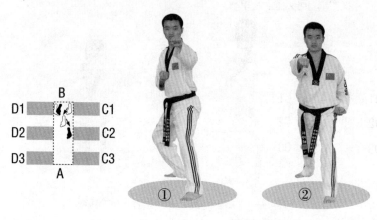

圖 5-190

現代跆拳道運動教學與訓練

型 2：右腿屈膝上擺，左腿順勢向上做騰空前踢並發聲（咿呀！）（圖 5-191①②）；雙腿落地成左弓步站

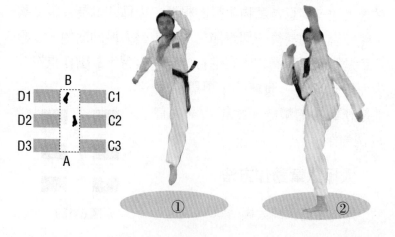

TAEKWONDO

③ ④ ⑤

圖 5-191

立，左臂向內截擊（中格擋），右拳收於腰間（圖 5-191
③）；隨即，右拳內旋平沖，左拳收於腰間（圖 5-191
④）；動作不停，左拳內旋平沖，右拳收於腰間。（圖 5-
191⑤）

　　型 3：右腳向前上步成右弓步站立，右拳向前內旋平
沖，左拳收於腰間。（圖 5-192）

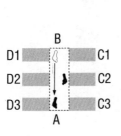

圖 5-192

TAEKWONDO

型4：以右腳為軸，身體向左後側轉體180°（面向 D3 方向），左腳邁向 D3 方向，身體重心落於右腿成右弓步站立，左臂下截，高與髖平；同時，右臂屈肘上格，高與頭平。（圖 5-193）

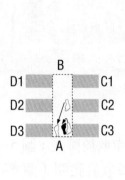

圖 5-193

型5：身體向左側轉體90°，身體重心移至左腿成左弓步站立；右拳由下向上做勾拳動作（動作緩慢而有力），拳心向上，左臂屈肘置於胸前。（圖 5-194）

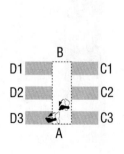

圖 5-194

TAEKWONDO

型 6：左腳向前經右腳（C3 方向）上步成交叉步站立；雙臂向體側格擋，拳心向裏（圖 5-195①）；隨即右腳向後 C3 方向撤步成左弓步站立，右臂下截，高與髖平；同時，左臂屈肘上格，高與頭平。（圖 5-195②）

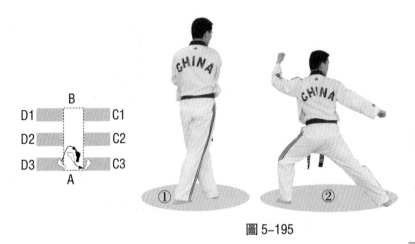

圖 5-195

　　型 7：身體向右側轉體 90°，成右弓步站立，左拳向上做勾拳動作（動作緩慢而有力），右拳置於胸前。（圖 5-196）

圖 5-196

TAEKWONDO

型 8：以左腳為軸，身體向左後側轉體 270°，右腳向後（B 方向）退步成左三七步站立；同時，兩拳變手刀，左手刀向外橫截，右手刀置於胸前，手心向上。（圖 5–197）

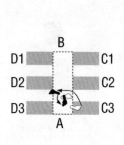

圖 5–197

　　型 9：右腳不動，左腳向前上步成左弓步站立，兩手變拳，右拳向前內旋平沖，左拳置於腰間。（圖 5–198）

現代跆拳道運動教學與訓練

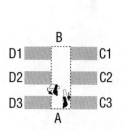

圖 5–198

TAEKWONDO

型 10：右腿向前做前踢腿動作，兩拳置於腰間（圖5-199①）；右腳落回原處的同時左腿向後撤步成右虛步站立；同時，右手刀下截，左手刀收於腰間。（圖5-199②）

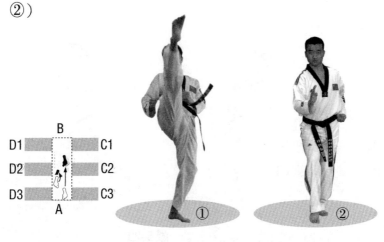

圖 5-199

型 11：以右腳掌為軸，身體向左側轉體 90°，左腳向前（C2 方向）上步成左虛步站立，左手刀向外橫截，右手刀置於胸前。（圖 5-200）

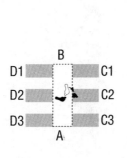

圖 5-200

TAEKWONDO

型 12：左腳向前做前踢腿動作，兩拳置於腰間（圖5-201①）；左腳放鬆前落成左弓步站立，右拳向前內旋平沖，左拳收於腰間。（圖5-201②）

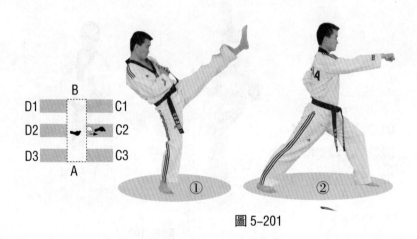

圖 5-201

型 13：右腳不動，左腳稍向後撤步成左虛步站立；左拳變手刀，以掌根為力點由外向內拍擊，右拳置於腰間。（圖 5-202）

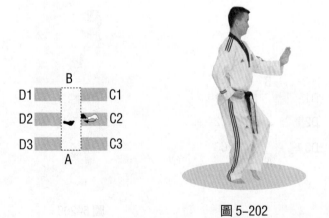

圖 5-202

TAEKWONDO

型 14：以左腳為軸，身體向右後側（D2 方向）轉體180°，成右虛步站立，右手刀向外橫擊，左手刀置於胸前。（圖 5–203）

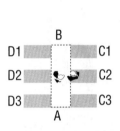

圖 5–203

　　型 15：右腿向前做前踢腿動作，兩手置於腰間（圖5–204①）；右腿向前下落成右弓步站立，兩手刀變拳，左拳向前內旋平沖，右拳收於腰間。（圖 5–204②）

圖 5–204

TAEKWONDO

型 16：左腳不動，右腳稍向後撤步，身體重心移至左腿成右虛步站立，右拳變手刀向下拍擊，左拳收於腰間。（圖 5-205）

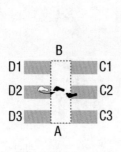

圖 5-205

型 17：左腳不動，身體向右轉體 90°，右腳向前（B方向）上步，成右三七步站立，右手刀變拳向右下格擋，左拳收於腰間。（圖 5-206、圖 5-206 附圖）

現代跆拳道運動教學與訓練

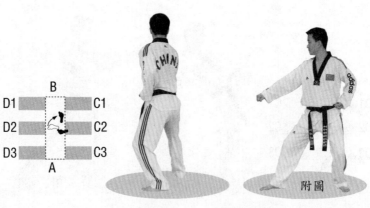

附圖

圖 5-206

TAEKWONDO

型18：左腳向前做前踢腿動作（圖5-207①），在左腳下落的瞬間，身體騰空做右腳前踢動作並發聲（咿呀！）（圖5-207②）；雙腳下落成右弓步站立，右拳由外向內橫格，拳心向上，左拳收於腰間（圖5-207③、圖5-207③附圖）；步型不變，左拳向前內旋平沖，右拳收於腰間。（圖5-207④、圖5-207④附圖）

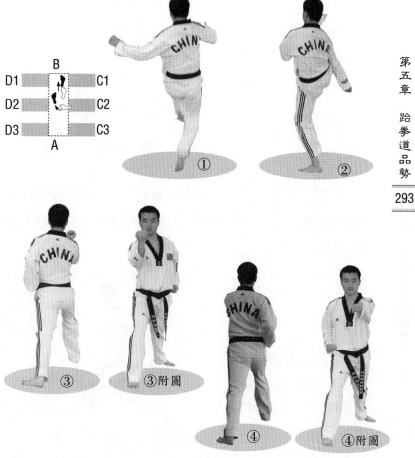

圖 5-207

TAEKWONDO

型 19：以右腳為軸，身體向左後側轉體 270°（面向 C2 方向），左腳向 C1 方向上步成左虛步站立；左拳變手刀向外橫截擊，右拳收於腰間。（圖 5–208）

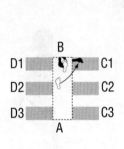

圖 5–208

型 20：左腳向前上步成左弓步站立；左手刀變拳，右臂屈肘夾緊，以肘尖為力點由外向內橫擊，左拳收於腰間。（圖 5–209）

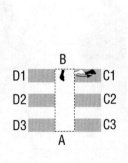

圖 5–209

現代跆拳道運動教學與訓練

TAEKWONDO

型 21：步型不變，右拳向前彈擊，拳心向上，力達拳背（圖 5-210①），隨即左拳向前內旋平沖，右拳收於腰間。（圖 5-210②）

圖 5-210

型 22：身體向右側轉體 180°（面向 D2 方向），右腳稍向後撤步成右虛步站立，右拳變手刀向外橫截，左拳收於腰間。（圖 5-211）

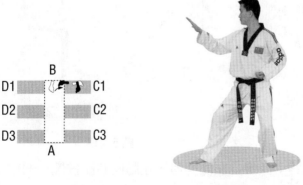

圖 5-211

TAEKWONDO

型 23：右腳向前（D1 方向）上步成右弓步站立，右手刀變拳，左臂屈肘夾緊，以肘尖為力點由外向內橫擊，右拳收於腰間。（圖 5-212）

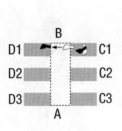

圖 5-212

型 24：步型不變，左拳向前彈擊，拳心向上，力達拳背（圖 5-213①）；隨即，右拳向前內旋平沖並發聲（咿呀！），左拳收於腰間。（圖 5-213②）

現代跆拳道運動教學與訓練

圖 5-213

收勢：身體向左側轉體，左腳向右腳併攏，面向 A 方向，其他同太極一章。

TAEKWONDO

二、入段品勢

入段品勢是晉升至黑帶所練習的品勢。黑帶品勢可分為九個架型，依次是高麗、金剛、太白、平原、十進、地跆、天拳、漢水和一如。同樣，每個架型都有不同的寓意，學習演練時要注意體會每個架型的攻防含義和精神意蘊。

(一)高　麗

高麗型（圖5-214）品勢是以朝鮮古代的一個朝代的名字命名的，英語中單詞「KOREA」也是源於這一朝代，高麗也是朝鮮歷史上一個比較繁榮的朝代，高麗型也體現出了朝鮮民族不屈不撓的民族氣節和精神品質。高麗型品勢共有29個動作。

高麗動作方法

準備姿勢：兩腳左右開立，距離與肩同寬，兩手刀向外提至胸前，目視前方。（圖5-215）

圖 5-214

圖 5-215

TAEKWONDO

型1：身體向左側轉體90°，左腳向前（C1方向）上半步成左行步站立，左手刀向外橫截，右手刀置於胸前。（圖5-216）

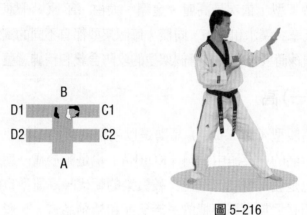

圖5-216

型2：身體向左側轉體，右腿做低位的側踢動作（攻擊膝蓋，圖5-217①）；右腿收回但不落地，再做一個高位的側踢動作（攻擊頭部，圖5-217②）。

現代跆拳道運動教學與訓練

①　　　　　　②

圖5-217

TAEKWONDO

　　型3：右腳下落，身體右轉成右弓步站立，右手刀向前攏手插擊，手心向下（圖5-218①）；雙腳步型不變，雙手變拳，左拳向前內旋平沖，右拳收於腰間。（圖5-218②）

圖5-218

　　型4：右腳稍向後撤步成三七步站立，右拳由外向內橫格（中格擋），拳心向上，左掌變拳收於腰間。（圖5-219）

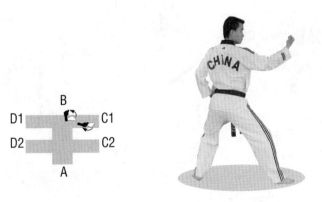

圖5-219

TAEKWONDO

型 5：以左腳為軸，身體向右後側轉體，右腳向 D1 方向移步成右三七步站立，兩拳變手刀，右手刀向外橫截，左手刀置於胸前。（圖 5–220）

圖 5–220

型 6：身體向右側轉體，左腿做低位的側踢動作（攻擊膝蓋，圖 5–221①）；左腿收回但不落地，再做一個高位的側踢動作（攻擊頭部，圖 5–221②）。

現代跆拳道運動教學與訓練

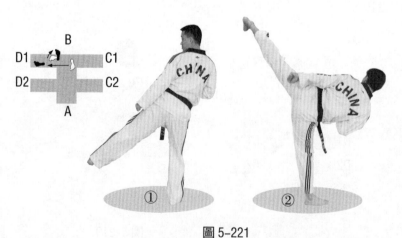

圖 5–221

TAEKWONDO

型 7：左腳下落，身體左轉成左弓步站立，左手刀向前攢手插擊，手心向下（圖 5–222①）；雙腳步型不變，雙手變拳，右拳向前內旋平沖，左拳收於腰間。（圖 5–222②）

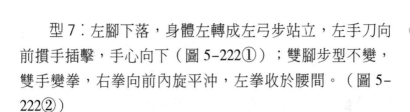

圖 5–222

型 8：左腳稍向後撤步成三七步站立，左拳由外向內橫格（中格擋），拳心向上，右掌變拳收於腰間。（圖 5–223）

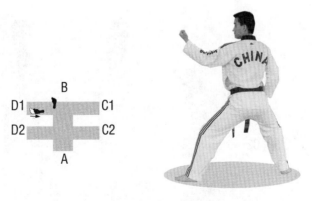

圖 5–223

TAEKWONDO

型 9：以右腳為軸，身體向左側轉體 90°，左腳向前（A 方向）上步成左弓步站立，左手成摜手向下插擊，右拳收於腰間（圖 5-224①）；隨即，右手成弧形手向前上方掐擊，左手變拳收於腰間。（圖 5-224②）

圖 5-224

型 10：右腳向前做前踢腿動作（圖 5-225①）；右腳向前下落成右弓步站立，右手成摜手向下插擊，左拳收於腰間（圖 5-225②）；隨即，左手成弧形手向前上方掐擊，右手變拳收於腰間。（圖 5-225③）

圖 5-225

現代跆拳道運動教學與訓練

TAEKWONDO

型 11：左腳向前做前踢腿動作（圖 5-226①）；左腳向前下落成左弓步站立，左手成攢手向下插擊，右拳收於腰間（圖 5-226②）；隨即，右手成弧形手向前上方掐擊，左手變拳收於腰間。（圖 5-226③）

① ② ③

圖 5-226

型 12：右腿向前做前踢腿動作（圖 5-227①）；右腿下落成右弓步站立，左掌根向下按壓，右手向上托起（圖 5-227②）。同時發聲。

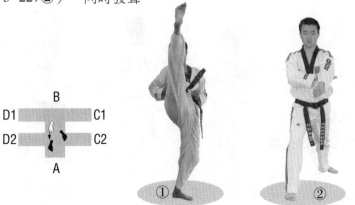

① ②

圖 5-227

TAEKWONDO

型 13：以右腳為軸，身體向左後側轉體 180°（面向 B 方向）；同時，左腳向後撤步成右弓步站立，兩掌變拳分別向身體兩側截拳。（圖 5–228、圖 5–228 附圖）

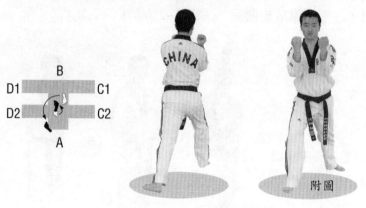

圖 5-228

　　型 14：左腿向前做前踢腿動作（圖 5–229①）；左腿下落成左弓步站立，兩拳變掌，右掌根向下按壓，左掌向上托起。（圖 5–229②、圖 5–229②附圖）

現代跆拳道運動教學與訓練

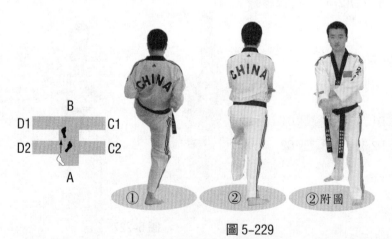

圖 5-229

TAEKWONDO

型 15：步型不變，兩掌變拳向前彈擊，拳心向內。
（圖 5–230、圖 5–230 附圖）

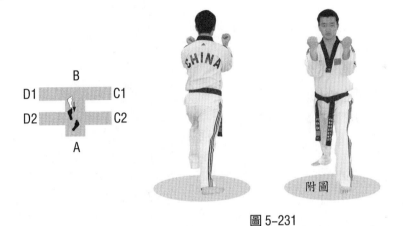

圖 5–231

型 16：以左腳為軸，身體向右後側轉體 180°，左腳向
C2 方向移步成左三七步站立，左拳變手刀向外截擊，右拳
收於腰間。（圖 5–231）

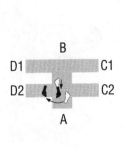

圖 5–231

TAEKWONDO

型 17：步型不變，右拳向前摜拳，左掌迎擊右拳。（圖 5-232）

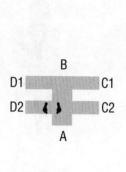

圖 5-232

型 18：右腳經左腳前上步成前交叉步站立，兩拳收於腰間（圖 5-233①）；隨即，左腿向 C2 方向做側踢腿動作。（圖 5-233②）

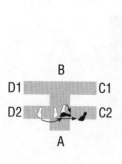

圖 5-233

現代跆拳道運動教學與訓練

TAEKWONDO

型 19：左腿下落，身體向右側轉體（面向 D2 方向），成右弓步站立，左手成攢手向前插擊，右手刀置於左肩前（圖 5-234①）；右腳稍向後撤步，兩手刀變拳，右拳下截，左拳收於腰間。（圖 5-234②）

圖 5-234

　　型 20：左腳向前上步，左手刀屈肘下格，右拳收於腰間（圖 5-235①）；右腳向 D2 方向上步成馬步站立，以右肘向前橫擊，左手支撐右拳。（圖 5-235②）

圖 5-235

TAEKWONDO

型21：兩腳不動，身體重心移至左腿，右拳變手刀由內向外橫截，左拳收於腰間（圖5-236①）；隨即，左拳向前摜拳，右掌迎擊左拳面。（圖5-236②）

圖5-236

型22：左腳經右腳前上步成前交叉步站立，兩拳收於腰間（圖5-237①）；隨即，右腿向前做側踢腿動作。（圖5-237②）

圖5-237

現代跆拳道運動教學與訓練

TAEKWONDO

型 23：右腳向前下落，身體向左側轉體（面向 C2 方向）成左弓步站立，右手成摜手向下插擊，左手刀置於左肩前（圖 5-238①）；左腳向後撤半步，身體重心移至右腿，兩手刀變拳，左拳下截，右拳收於腰間。（圖 5-238②）

圖 5-238

型 24：右腳向前上步，右手刀屈肘下格，左拳收於腰間（圖 5-239①）；左腳向 C2 方向上步成馬步站立，以左肘向前橫擊，右手支撐左拳。（圖 5-239②）

圖 5-239

TAEKWONDO

型25：右腳向左腳併攏成併步站立（面向 A 方向），兩臂由外向內繞環一周，左掌變拳落於右掌心。（圖 5－240）

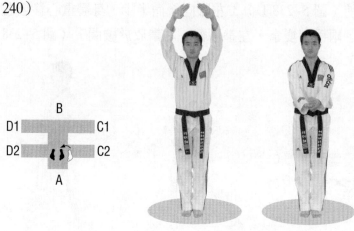

圖 5－240

型26：以右腳為軸，身體向左後側轉體，左腳向 B 方向上步成左弓步站立，左拳變手刀向前上方砍擊，右掌變拳收於腰間（圖 5－241①、圖 5－241①附圖）；步型不變，左手刀向下截擊，右拳收於腰間。（圖 5－241②、圖 5－241②附圖）

現代跆拳道運動教學與訓練

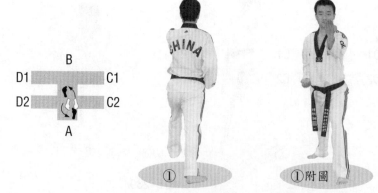

① ①附圖

TAEKWONDO

②　②附圖

圖 5-241

型 27：右腳向前（B 方向）上步成右弓步站立，右拳變手刀向前上方砍擊（圖 5-242①、圖 5-242①附圖）；步型不變，右手刀向下截擊，左拳收於腰間。（圖 5-242②、圖 5-242②附圖）

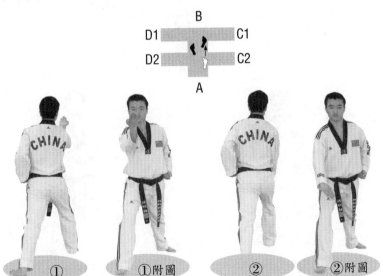

①　①附圖　②　②附圖

圖 5-242

TAEKWONDO

型 28：左腳向前（B 方向）上步成左弓步站立，左拳變手刀由外向內截擊，右拳收於腰間（圖 5-243①、圖 5-243①附圖）；步型不變，左手刀向下截擊，右拳收於腰間。（圖 5-243②、圖 5-243②附圖）

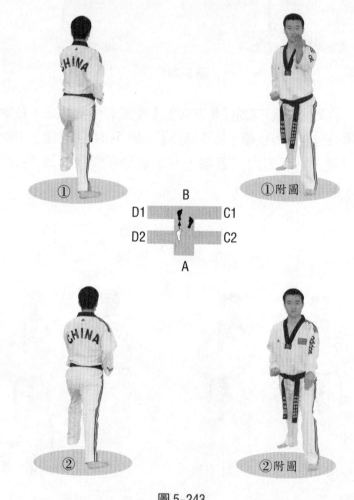

圖 5-243

現代跆拳道運動教學與訓練

TAEKWONDO

型 29：右腳向 D 方向上步成右弓步站立，右手成弧形掌向前上方挌擊並發聲（咿呀！），左拳收於腰間。（圖 5–244、圖 5–244 附圖）

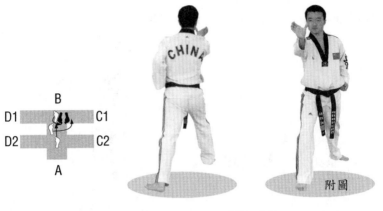

圖 5–244

收勢：以右腳為軸，身體左轉 180°（面向 A 方向），左腳回收成準備姿勢站立。

（二）金　剛

金剛（石），寓意為無比地堅硬，也從另一層面展現了跆拳道運動員拼搏進取、英勇無畏、百折不撓的精神。一般情況下金剛型是晉升黑帶二段所演練的內容。金剛的動作路線為「山」形（圖 5–245）。演練時要突出像山一樣的大氣蓬勃、雄偉矯健、氣勢恢巨集的精神狀態。金剛共有 27 個動作。

圖 5–245

TAEKWONDO

金剛動作方法

準備姿勢：同太極一章。

型1：左腳向前（A方向）上步成左弓步站立，雙手向體前格擋，拳心向內。（圖5–246）

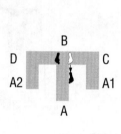

圖5–246

型2：右腳向前（A方向）上步成右弓步站立，右拳變掌，以掌根為力點向前上方推擊，左拳收於腰間。（圖5–247）

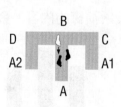

圖5–247

TAEKWONDO

　　型 3：左腳向前（A 方向）上步成左弓步站立，左拳變掌，以掌根為力點向前上方推擊，右掌變拳收於腰間。（圖 5-248）

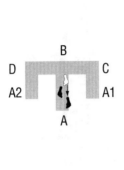

圖 5-248

　　型 4：右腳向前（A 方向）上步成右弓步站立，右拳變掌，以掌根為力點向前上方推擊，左掌變拳收於腰間。（圖 5-249）

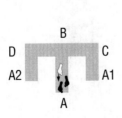

圖 5-249

型5：左腳不動，右腳向後撤步成左三七步（左腿在前）站立，雙手變手刀，左手刀向外截擊，右手刀收於腰間。（圖5-250）

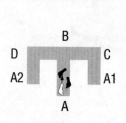

圖5-250

現代跆拳道運動教學與訓練

型6：右腳不動，左腳向後撤步成右三七步站立，右手刀向外截擊，左手刀收於腰間。（圖5-251）

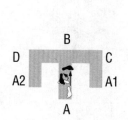

圖5-251

TAEKWONDO

型 7：左腳不動，右腳向後撤步成左三七步站立，左手刀向外截擊，右手刀收於腰間。（圖 5-252）

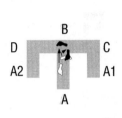

圖 2-252

型 8：右腳不動，左腿提起成獨立步站立，雙手變拳，左拳下截防守，右拳上架於頭右上方。（圖 5-253）

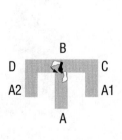

圖 5-253

TAEKWONDO

型 9：右腳不動，左腳下落成馬步站立，右拳由腰間向身體左側沖出，左拳收於腰間。（圖 5-254）

圖 5-254

　　型 10：以左腳為軸，身體向左側轉體 180°，右腳向前（C 方向）上步（圖 5-255①）；然後以右腳為軸，身體向左後側轉體 180° 成馬步站立，動作要連貫（共轉體 360°），右拳由腰間向身體左側平沖，左拳收於腰間。（圖 5-255②）

現代跆拳道運動教學與訓練

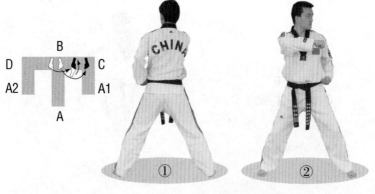

圖 5-255

TAEKWONDO

型 11：以左腳為軸，右腿屈膝上提，上體向右轉體90°（A1 方向，圖 5-256①）；隨即右腳向 C 方向落步成馬步站立，雙臂向外格擋並發聲。（圖 5-256②）

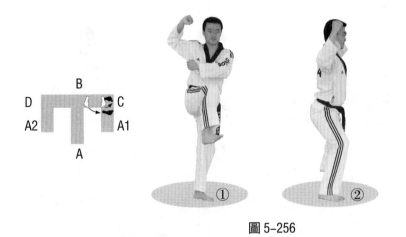

圖 5-256

型 12：以右腳為軸，身體向右側轉體，左腳上步成馬步站立（面向 D 方向），雙臂屈肘於體前格擋。（圖 5-257）

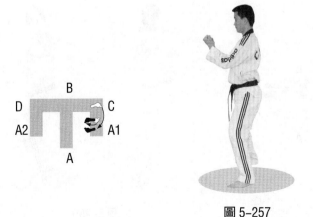

圖 5-257

TAEKWONDO

型 13：右腳不動，左腳回收成開立步站立，雙手握拳成十字交叉並上舉於額前上方（圖 5-258①）；雙臂由上向下、向體側慢慢下落，做雙臂下截防守。（圖 5-258②）

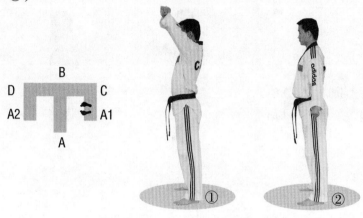

圖 5-258

型 14：以右腳為軸，左腿上提；同時，向右側轉體180°（圖 5-259①）；左腳向（C 方向）下落成馬步站立，雙臂屈肘向外格擋。（圖 5-259②）

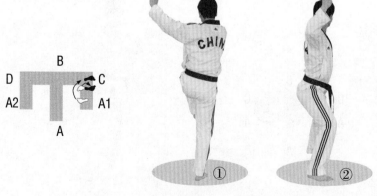

圖 5-259

TAEKWONDO

型 15：左腳不動，右腿屈膝上提；同時，向右轉體 90°成獨立步站立，左臂屈肘上架，右臂下截防守（圖 5-260，此動作演練要緩慢）。

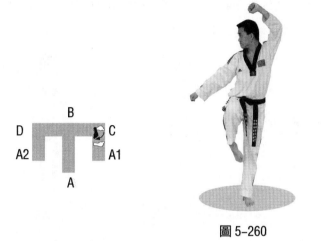

圖 5-260

型 16：左腳不動，右腳向前（D 方向）上步成馬步站立，左拳由腰間向右側平沖，右拳置於腰間。（圖 5-261）

圖 5-261

TAEKWONDO

型 17：以右腳為軸，身體向右側轉體 180°，左腳向前（D 方向）上步（圖 5-262①），然後以左腳為軸，右腳向 D 方向上步，身體向右後側轉體 180°成馬步站立，動作要連貫（共轉體 360°），左拳由腰間向身體右側平沖，右拳收於腰間。（圖 5-262②）

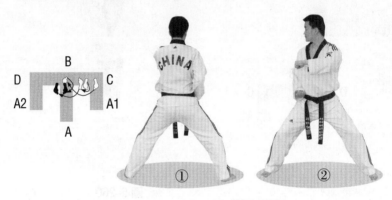

圖 5-262

型 18：左腳不動，右腿屈膝上提成獨立步站立，右拳下截防守，左臂屈肘上架（圖 5-263），左右兩臂動作要同時進行，此動作演練要緩慢。

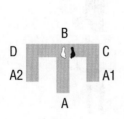

圖 5-263

TAEKWONDO

型 19：左腳不動，右腳向前（D 方向）落步成馬步站立，左拳由腰間向右側平沖，右拳置於腰間。（圖 5-264）

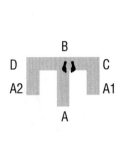

圖 5-264

型 20：以右腳為軸，身體向右側轉體，左腳向前（D 方向）上步，身體向右轉體 180°（圖 5-265①）；然後以左腳為軸，身體向右後側轉體 180°成馬步站立，動作要連貫（共轉體 360°），左拳由腰間向身體右側平沖，右拳收於腰間。（圖 5-265②）

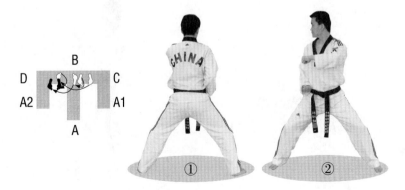

圖 5-265

TAEKWONDO

型21：以右腳為軸，向右側轉體90°；同時，左腿屈膝上提（圖5-266①）；左腳下落成馬步站立（面向D方向），兩臂上提於胸前交叉，然後屈肘向兩側格擋，同時發聲。（圖5-266②）

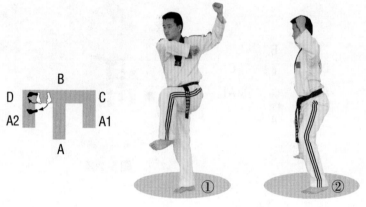

圖5-266

型22：以左腳為軸，身體向左側轉體180°，右腳向A2方向上步成馬步站立（面向C方向），兩臂屈肘於胸前並向外格擋。（圖5-267）

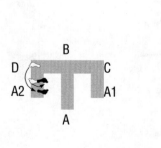

圖5-267

TAEKWONDO

型 23：左腳不動，右腳內收成開立步站立（面向 C 方向），雙臂屈肘成十字防守於額前上方（圖 5-268①）；雙手臂緩慢向下、向兩側格擋。（圖 5-268②）

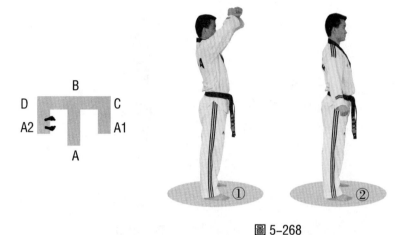

圖 5-268

型 24：以左腳為軸，右腿屈膝上提，身體向左側轉體180°（圖 5-269①），右腿向 D 方向下落成馬步站立，兩臂屈肘上架。（圖 5-269②）

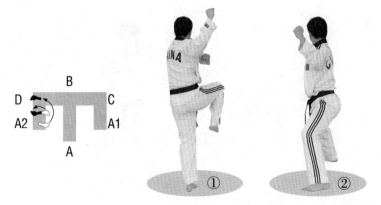

圖 5-269

TAEKWONDO

型 25：以右腳為軸，身體向左後側轉體 90°，左腿屈膝上提成獨立步站立，左臂下截防守，右臂屈肘上架於額前上方。（圖 5-270）

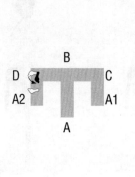

圖 5-270

現代跆拳道運動教學與訓練

　　型 26：右腳不動，左腳向 C 方向上步成馬步站立，右拳由腰間向身體左側平沖，左拳置於腰間。（圖 5-271）

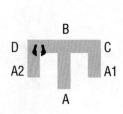

圖 5-271

TAEKWONDO

型 27：以左腳為軸，身體向左側轉體 180°，右腳向前（C 方向）上步（圖 5-272①）；然後以右腳為軸，身體向左後側轉體 180°成馬步站立，動作要連貫（共轉體360°），右拳由腰間向身體左側平沖，左拳收於腰間。（圖 5-272②）

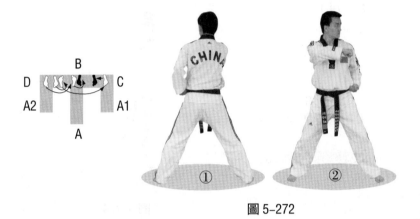

圖 5-272

收勢：右腳不動，左腳回收，面向 A 方向成準備姿勢。

(三) 太　白

太白，寓意為「光」和「神聖的仰望」。太白也是莊嚴、神聖的展示。一般情況下太白是晉升黑帶三段所演練的內容。太白的動作路線為「工」形（圖 5-273）。演練時，要力求做到將莊嚴神聖的精神意蘊與身體的動作融為一體。太白共有 26 個動作。

圖 5-273

TAEKWONDO

太白動作方法

準備姿勢：同太極一章。

型1：身體向左側轉體90°（面向 C1），左腳向前上半步成左虛步站立，雙手變手刀由上向下、向外截擊。（圖 5–274）

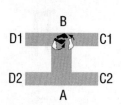

圖 5–274

現代跆拳道運動教學與訓練

型2：右腿向前做前踢腿動作，雙手變拳置於身體兩側（圖 5–275①）；右腿向前下落成右弓步站立，右拳向

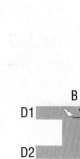

T A E K W O N D O

圖 5-275

前內旋平沖，左拳收於腰間（圖 5-275②）；隨即，左拳向前內旋平沖，右拳收於腰間。（圖 5-275③）

　　型 3：以左腳為軸，身體向右後側（D1 方向）轉體 180°，右腳向前上半步成右虛步站立，雙手變手刀由上向下、向外截擊。（圖 5-276）

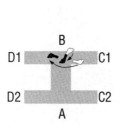

圖 5-276

TAEKWONDO

型 4：左腿向前做前踢腿動作，雙手變拳置於身體兩側（圖 5-277①）；左腿向前下落成左弓步站立，左拳向前內旋平沖，右拳收於腰間（圖 5-277②）；隨即，右拳向前內旋平沖，左拳收於腰間。（圖 5-277③）

①

現代跆拳道運動教學與訓練

②

③

圖 5-277

TAEKWONDO

型5：以右腳為軸，身體向左側轉體90°，左腳向前（A方向）上步成左弓步站立，兩拳變手刀，右手刀由外向內橫向砍擊，左手刀上架於額前上方。（圖5-278）

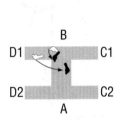

圖5-278

型6：右腳向前（A方向）上步成右弓步站立，右手刀經胸前由外向內拍擋防守（圖5-279①）；隨即，雙手變拳向前內旋平沖，右拳收於腰間。（圖5-279②）

圖5-279

TAEKWONDO

型7：左腳向前（A方向）上步成左弓步站立；同時，左拳變掌，向下拍擋防守後變拳收於腰間，右拳向前內旋平沖。（圖5-280）

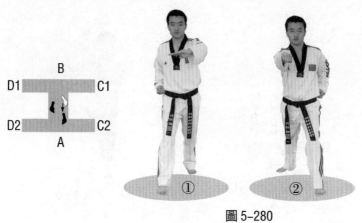

圖5-280

型8：右腳向前（A方向）上步成右弓步站立；同時，右拳變掌，向下拍擋防守後變拳收於腰間，左拳向前內旋平沖，同時發聲。（圖5-281）

現代跆拳道運動教學與訓練

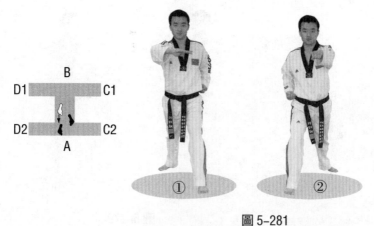

圖5-281

TAEKWONDO

型 9：以右腳為軸，身體向左後側轉體 270°，左腳向 D2 方向移步成左三七步站立，左臂屈肘由內向外格擋，右臂上架於額前上方。（圖 5-282）

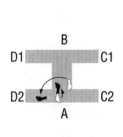

圖 5-282

　　型 10：步型不變，身體稍左轉，右拳向上做勾拳動作，左拳置於胸前。（圖 5-283）

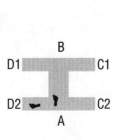

圖 5-283

TAEKWONDO

型 11：步型不變，左拳向體側平沖拳，右拳收於腰間。（圖 5-284）

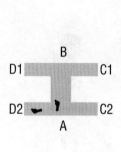

圖 5-284

型 12：右腿不動，左腿屈膝上提成獨立步站立，左拳置於胸前，右拳收於腰間（圖 5-285①）；隨即，左腿向前做側踢腿動作。（圖 5-285②）

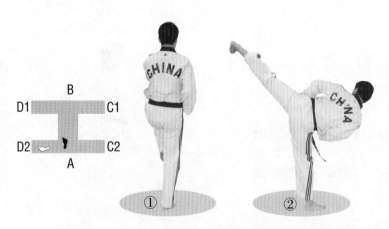

① ②

圖 5-285

TAEKWONDO

型 13：左腳下落，身體向左側轉體成左弓步站立，右臂屈肘，以肘尖為力點由外向內、向前擺擊，左掌按於右拳背。（圖 5–286）

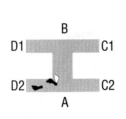

圖 5–286

型 14：以右腳為軸，身體向右側轉體 90°（面向 C2 方向），左腳回收於右腳內側；隨即，右腳向前上步成右虛步站立，右臂屈肘由內向外格擋，左臂屈肘上架於額前上方。（圖 5–287）

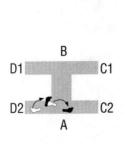

圖 5–287

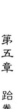

TAEKWONDO

型 15：步型不變，身體稍右轉，左拳向前做勾拳動作，右拳回收至胸前。（圖 5-288）

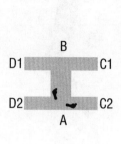

圖 5-288

型 16：步型不變，右拳向體側（C2 方向）平沖，左拳收於腰間。（圖 5-289）

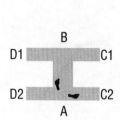

圖 5-289

TAEKWONDO

型 17：左腿不動，右腿屈膝上提成獨立步站立，右拳置於胸前，左拳收於腰間（圖 5-290①）；隨即，右腿向前做側踢腿動作。（5-290②）

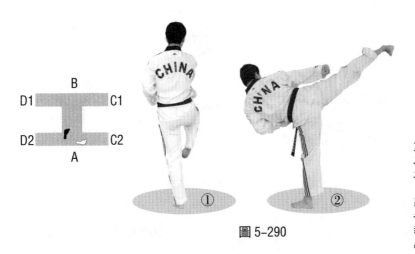

圖 5-290

型 18：右腳下落，身體向右側轉體成右弓步站立，左臂屈肘，以肘尖為力點由外向內、向前擺擊，右掌按於左拳背。（圖 5-291）

圖 5-291

TAEKWONDO

型 19：以左腳為軸，身體向左側轉體，右腳回收於左腳內側，隨即，左腳向前（B方向）上半步成左虛步站立，左拳變手刀由內向外格擋，右手刀收於胸前。（圖5-292）

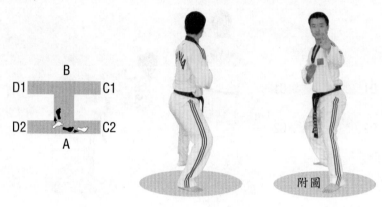

圖 5-292

型 20：左腳不動，右腳向前（B方向）上步成右弓步站立，右手成貫手向前插擊，左手刀置於右臂下。（圖5-293）

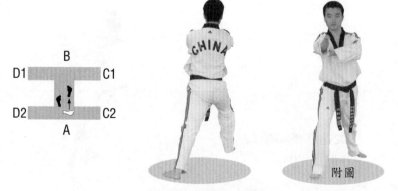

圖 5-293

TAEKWONDO

型 21：身體向左側轉體 90°，右肩下壓右手刀收至體側（圖 5-294①及其附圖）；動作不停，以右腳為軸，身體向左後側轉體，左腳向前（B 方向）上步成左三七步站立，左手變拳向外側格擋，拳心向下，右手變拳收於腰間。（圖 5-294②及其附圖）

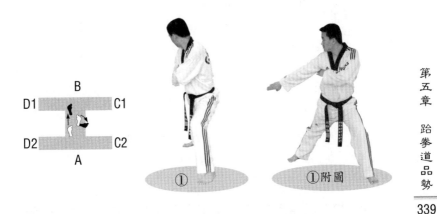

①　　　　　①附圖

②　　　　　②附圖

圖 5-294

TAEKWONDO

型 22：右腳向前（B 方向）上步成弓步站立，右拳向前內旋平沖同時發聲，左拳收於腰間。（圖 5-295）

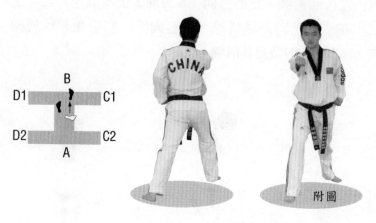

圖 5-295

型 23：以右腳為軸，身體向左後側（C1 方向）轉體270°，左腳向前上步成左弓步站立；在左臂下截的同時右臂屈肘向外橫截。（圖 5-296）

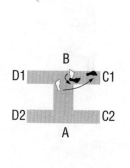

圖 5-296

TAEKWONDO

型 24：右腿向前做前踢腿動作，兩拳置於身體兩側（圖 5-297①）；右腿向前下落成右弓步站立；右拳向前內旋平沖，左拳收於腰間（圖 5-297②）；隨即，左拳前沖，右拳收於腰間。（圖 5-297③）

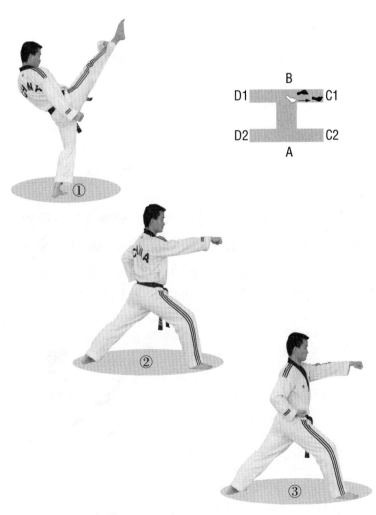

圖 5-297

TAEKWONDO

型 25：以左腳為軸，身體向右後側轉體 180°，右腳向前（D1 方向）上步成右弓步站立；在右臂下截的同時左臂屈肘向外橫截。（圖 5-298）

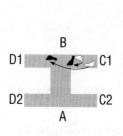

圖 5-298

型 26：左腿向前做前踢腿動作，兩拳置於身體兩側（圖 5-299①）；左腿向前下落成左弓步站立，左拳向前內旋平沖，右拳收於腰間（圖 5-299②）；動作不停，右拳向前內旋平沖，左拳收於腰間。（圖 5-299③）

現代跆拳道運動教學與訓練

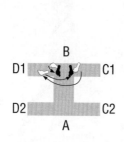

①

TAEKWONDO

圖 5-299

　　收勢：以右腳為軸，身體左轉 90°，面向 A 方向，左腳回收，成準備姿勢站立。

(四)平　原

　　平原（圖 5-300），寓意為人類生活的地方，像土地一樣開闊，同時，平原也象徵著人類征服自然和戰勝自然的勇氣和信心，從另一層面上也反映出跆拳道的博大精深。一般情況下平原型是晉升黑帶四段所演練的內容。平原共有 25 個動作。

圖 5-300

TAEKWONDO

平原動作方法

準備姿勢：兩腳併步站立（面向 A），雙手交疊於腹前，左手在上，右手在下，目視前方。（圖 5–301）

圖 5–301

型 1：右腳向右側（D 方向）上半步成開立步站立，兩手刀向兩側緩慢用力下截，下截的同時緩慢呼氣。（圖 5–302）

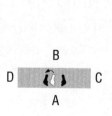

圖 5–302

現代跆拳道運動教學與訓練

TAEKWONDO

型 2：兩手掌心相對，慢慢提起至胸前，緩慢用力向前推出。（圖 5-303）

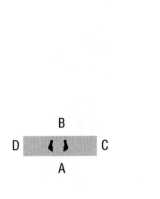

圖 5-303

型 3：左腳不動，右腳向前（D 方向）上步成右三七步站立，右手刀由上向下截擊，左手刀置於腹前。（圖 5-304）

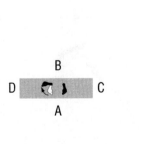

圖 5-304

TAEKWONDO

型4：身體向左側轉體180°（面向 C 方向），成左三七步站立，左手刀由內向外截擊（中段），右手刀變拳收於腰間。（圖5-305）

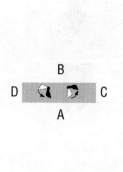

圖 5-305

型5：右腳不動，左腳向前（C 方向）上半步成左弓步站立，右臂屈肘，以肘尖為力點由下向上挑擊，左手刀變拳收於腰間。（圖5-306）

現代跆拳道運動教學與訓練

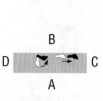

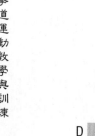

圖 5-306

TAEKWONDO

型 6：右腳向前做前踢腿動作，兩拳置於身體兩側
（圖 5-307①），右腿向前下落，以右腳為軸，身體向左
後側轉體 360°，隨即，左腿向前做後踢動作，兩拳置於胸
前（圖 5-307②）；左腿向前落步成右三七步站立（面向
D 方向），兩拳變手刀，右手刀由內向外截擊（中段），
左手刀置於胸前。（圖 5-307③）

B

D ————— C

A

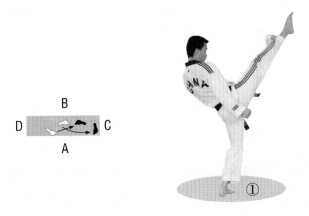

①

②

③

圖 5-307

TAEKWONDO

型7：步型不變，雙手刀舉至頭頂上方（圖5-308①），動作不停，右手由上向下快速砍擊，左手置於胸前。（圖5-308②）

圖5-308

型8：身體重心稍向右移成馬步站立，雙手刀變拳，右手屈臂由內向外格擋，左拳置於胸前。（圖5-309）

圖5-309

現代跆拳道運動教學與訓練

TAEKWONDO

型 9：左腳不動，右腳原地屈膝上提，左拳置於右腋下，右拳置於頭部右側（圖 5–310①）；隨即，右腳向下震腳落步成馬步站立，右拳由外向內格擋，拳面向上，左拳置於胸前。（圖 5–310②）

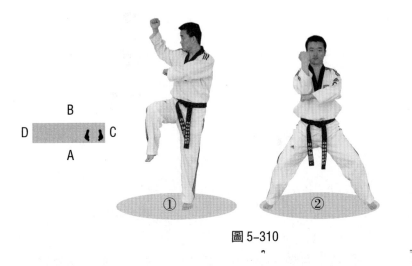

B
D ◀▶ C
A

圖 5–310

型 10：步型不變，右拳回收至胸前，左拳由內向外格擋，拳面向上。（圖 5–311）

B
D ◀▶ C
A

圖 5–311

TAEKWONDO

型 11：右腳不動，左腳經右腳後側上步成交叉步站立，兩手屈臂，以肘尖為力點向身體左右兩側攻擊，兩拳心向下。（圖 5-312）

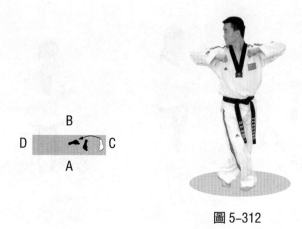

圖 5-312

型 12：右腳向側（D 方向）上步成馬步站立，雙臂由內向外格擋，拳心向內。（圖 5-313）

現代跆拳道運動教學與訓練

圖 5-313

TAEKWONDO

型 13：左腿不動，右腿屈膝上提成獨立步站立，左臂屈肘上架，右臂下截做右下格擋。（圖 5-314）

B

D C

A

圖 5-314

型 14：步型不變，左拳收回腰間，右拳置於胸前。（圖 5-315）

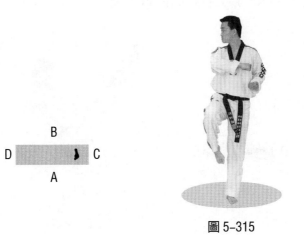

B

D C

A

圖 5-315

TAEKWONDO

型 15：右腿向前（D 方向）做側踢腿動作（圖 5–316
①）；右腿向前下落成右弓步站立，左臂屈肘，以肘尖為
力點由下向上挑擊，右拳收於腰間。（圖 5–316②）

圖 5–316

型 16：左腳向前做前踢腿動作，兩拳置於身體兩側
（圖 5–317①），左腳向前下落，以左腳為軸，身體向右
後側轉體，隨即，右腿向前做後踢動作，兩拳置於胸前
（圖 5–317②）；右腿向前落步成左三七步站立（面向 C

現代跆拳道運動教學與訓練

TAEKWONDO

②

③

圖 5–317

方向），兩拳變手刀，左手刀由內向外截擊（中段），右
手刀置於胸前。（圖 5–317③）

　　型 17：步型不變，雙手刀舉至頭頂上方（圖 5–318
①）；動作不停，左手由上向下快速砍擊，右手置於胸
前。（圖 5–318②）

B
D　　　　C
A

①

②

圖 5–318

TAEKWONDO

型 18：身體重心稍向左移成馬步站立，雙手刀變拳，左手屈臂由內向外格擋，右拳置於胸前。（圖 5-319）

圖 5-319

　　型 19：右腳不動，左腳原地屈膝上提，右拳置於胸前，左拳置於頭部左側上方（圖 5-320①）；隨即，左腳向下震腳落步成馬步站立，左拳由外向內格擋，拳面向上，右拳置於胸前。（圖 5-320②）

現代跆拳道運動教學與訓練

圖 5-320

TAEKWONDO

型 20：步型不變，左拳回收至胸前，右拳由內向外格擋，拳面向上。（圖 5–321）

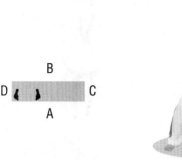

圖 5–321

型 21：左腳不動，右腳經左腳前（C 方向）上步成交叉步站立，兩手屈臂，以肘尖為力點向身體左右兩側攻擊，兩拳拳心向下。（圖 5–322）

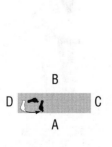

圖 5–322

TAEKWONDO

型 22：左腳向側（C 方向）上步成馬步站立，雙臂由內向外格擋，拳心向內。（圖 5-323）

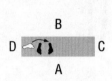

圖 5-323

型 23：右腿不動，左腿屈膝上提成獨立步站立，左臂下截格擋，右臂屈肘上架。（圖 5-324）

現代跆拳道運動教學與訓練

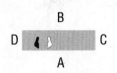

圖 5-324

TAEKWONDO

型 24：步型不變，右拳收回腰間，左拳置於胸前。
（圖 5-325）

圖 5-325

型 25：左腿向前（C 方向）做側踢腿動作（圖 5-326①），左腳向前下落成左弓步站立，右臂屈肘，以肘尖為力點由外向內擺擊，左拳收於腰間。（圖 5-326②）

收勢：以左腳為軸，身體向右側轉體，右腳回收，面向 A 方向成準備姿勢站立。

圖 5-326

TAEKWONDO

（五）十　進

十進（圖5–327），寓意為數字「十」，即十、百、千、萬不斷延伸的意思，同時也代表著無限的發展和壯大。

圖5–327

一般情況下，十進型也是晉升黑帶四段所演練的內容。演練時要注意緩慢與迅急的動作節奏。十進共有31個動作。

十進動作方法

準備姿勢：同太極一章。

型1：步型不變，兩拳握緊提至胸前，經過頭部時向上翻腕做雙臂上格動作（動作要由緩慢到快速），拳心向前。（圖5–328）

現代跆拳道運動教學與訓練

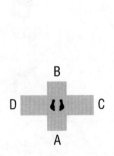

圖5–328

TAEKWONDO

型2：以右腳為軸，身體向左側轉體，左腳向側（C方向）上步成左三七步站立，左臂屈肘向外格擋，右拳變掌置於左肘關節處。（圖5-329）

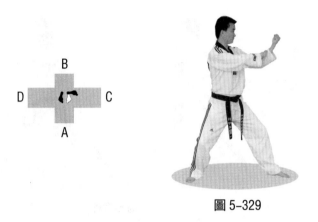

圖5-329

型3：右腳不動，左腳向前上步（動作要緩慢）成左弓步站立，右掌向前插擊，掌心向下，左拳置於腰間。（圖5-330）

圖5-330

TAEKWONDO

型 4：步型不變，左拳向前內旋平沖，右掌變拳收於腰間（圖 5–331①）；隨即，右拳向前平沖，左拳收於腰間。（圖 5–331②）

圖 5–331

型 5：左腳不動，右腳向前（C 方向）上步成馬步站立，兩臂屈肘上舉，並向外格擋（成山形），面向 B 方向。（圖 5–332）

現代跆拳道運動教學與訓練

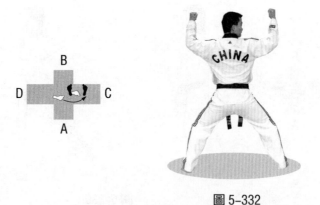

圖 5–332

TAEKWONDO

型6：右腳不動，左腳經右腳向前上步成交叉步站
立，隨即，右腳向前上一步成馬步站立，右拳回收後迅速
向前（C方向）平沖。（圖5-333）

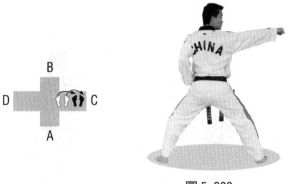

圖5-333

　　型7：以左腳為軸，身體向左側轉體180°，右腳向D
方向上小半步，兩手在胸前交叉（圖5-334①）；右腳向
前上步（D方向）成馬步站立，雙手握拳，以肘尖為力點
向兩側頂肘。（圖5-334②）

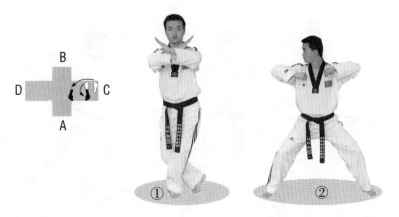

圖5-334

TAEKWONDO

型 8：右腳不動，左腳向後撤半步，成右三七步站立（面向 D 方向），右臂向外格擋，左拳變掌置於右肘關節處。（圖 5–335）

圖 5–335

現代跆拳道運動教學與訓練

型 9：左腳不動，右腳向前上半步（動作要緩慢）成右弓步站立，左掌向前插擊，掌心向下，右拳置於腰間。（圖 5–336）

① ②

圖 5–336

TAEKWONDO

型 10：步型不變，右拳向前內旋平沖，左掌變拳收於腰間（圖 5-337①）；隨即，左拳向前平沖，右拳收於腰間。（圖 5-337②）

圖 5-337

型 11：右腳不動，左腳向前（D 方向）上步成馬步站立，兩臂屈肘上舉，並向外格擋（成山形），面向 B 方向。（圖 5-338）

圖 5-338

TAEKWONDO

型 12：左腳不動，右腳經左腳前上步成交叉步站立，隨即，左腳向前（D 方向）上一步成馬步站立，左拳回收後迅速向前（D 方向）平沖。（圖 5-339）

圖 5-339

型 13：以右腳為軸，身體向右側轉體 180°，左腳向 C 方向上小半步，兩手在胸前交叉（圖 5-340①）；左腳向前（C 方向）上步成馬步站立（面向 A 方向），雙手握拳，以肘尖為力點向兩側頂肘。（圖 5-340②）

現代跆拳道運動教學與訓練

圖 5-340

TAEKWONDO

型 14：左腳不動，右腳向後撤半步，身體向右後轉體成左三七步站立（面向 B 方向），右臂向外格擋，左拳變掌置於右肘關節處。（圖 5–341）

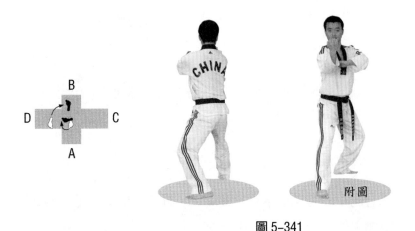

附圖

圖 5–341

型 15：左腳不動，右腳向前上半步（動作要緩慢）成右弓步站立，右拳變掌向內翻腕，左掌經右掌上慢慢穿過（圖 5–342①、圖 5–342①附圖）；隨即，左掌向前插擊，

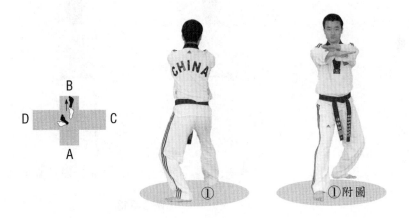

①　　　　　①附圖

TAEKWONDO

圖 5-342

掌心向下，右掌變拳置於腰間。（圖 5-342②、圖 5-342②
附圖）

型 16：步型不變，右拳向前內旋平沖，左掌變拳收於
腰間（圖 5-343①）；隨即，左拳向前平沖，右拳收於腰
間。（圖 5-343②）

現代跆拳道運動教學與訓練

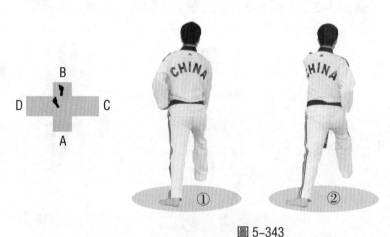

圖 5-343

型 17：右腳不動，左腳向前（B 方向）上步成左三七步站立，兩拳變手刀，左手刀向下截擊，右手刀置於胸前。（圖 5-344、圖 5-344 附圖）

圖 5-344

　型 18：左腳不動，右腳向前（B 方向）上步成右弓步站立，兩手向上推舉至額前防守（演練時動作要緩慢用力）。（圖 5-345、圖 5-345 附圖）

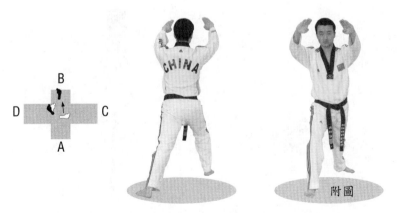

圖 5-345

TAEKWONDO

型 19：左腳不動，右腳稍向內收成馬步站立，身體向左轉（面向 D 方向），兩手先提於胸前（圖 5-346①），隨即，兩手由上向下緩慢下截。（圖 5-346②）

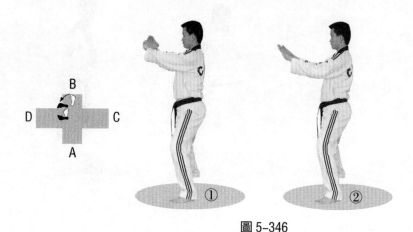

圖 5-346

現代跆拳道運動教學與訓練

　　型 20：步型不變，兩掌收於腹前交叉，掌心向下，緩慢收於體側，面向 D 方向。（圖 5-347）

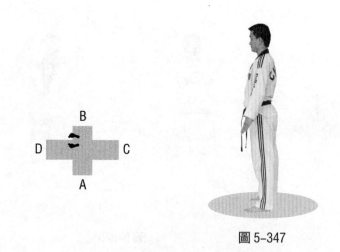

圖 5-347

TAEKWONDO

型 21：步型不變，兩膝慢慢伸直成開立步站立，兩手變拳置於體側。（圖 5–348）

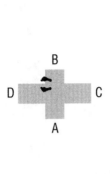

圖 5–348

型 22：右腳不動，身體向左側轉體，左腳向前（A 方向）上半步成左弓步站立，左臂屈肘格擋於胸前，右拳收於腰間。（圖 5–349）

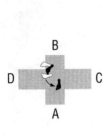

圖 5–349

TAEKWONDO

型 23：步型不變，雙手收於胸前（圖 5–350①），慢慢向前上方推舉防守。（圖 5–350②）

圖 5–350

型 24：右腳向前做前踢腿動作，兩掌變拳收於腰間（圖 5–351①）；右腿向前下落成右弓步站立，左右拳同時向前平沖，右拳在上左拳在下。（圖 5–351②）

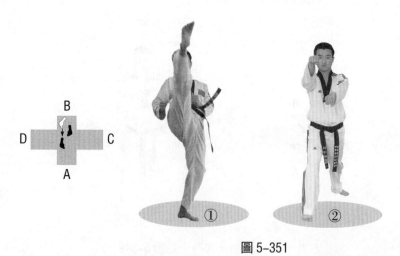

圖 5–351

TAEKWONDO

型 25：左腳向前做前踢腿動作，兩拳收於腰間（圖 5-352①）；左腿向前下落成左弓步站立，左右拳同時向前平沖，左拳在上右拳在下。（圖 5-352②）

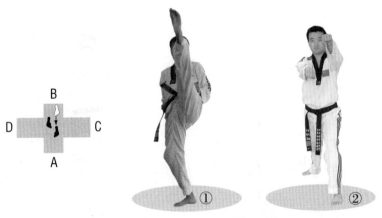

圖 5-352

　　型 26：右腳向前做前踢腿動作，兩拳收於腰間（圖 5-353①）；右腿向前下落，左腳向前上半步落於右腳後成交叉步站立，右手以拳背為力點向前彈擊，左拳置於胸前。（圖 5-353②）

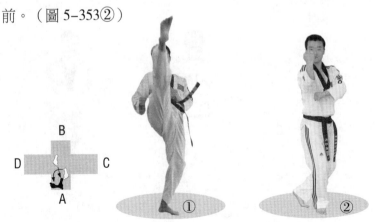

圖 5-353

TAEKWONDO

型 27：右腳不動，身體向左側轉體，左腳向前（B 方向）上步成左弓步站立，兩拳變掌向上慢慢推舉防守。（圖 5–354）

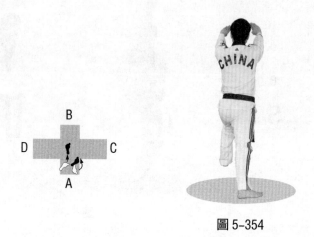

圖 5–354

現代跆拳道運動教學與訓練

型 28：右腳不動，左腳稍向後撤步成左虛步站立，兩掌交叉下截於腹前。（圖 5–355、圖 5–355 附圖）

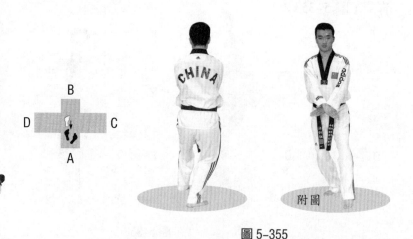

附圖

圖 5–355

TAEKWONDO

型29：右腳向前（B方向）上步成右三七步站立，右手刀向外防於體側（掌心向上），左手刀置於胸前。（圖5–356、圖5–356附圖）

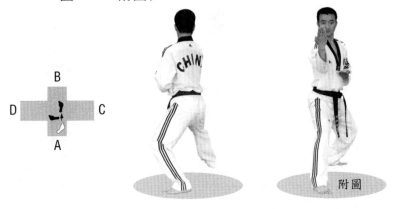

圖 5–356

　型30：左腳向前（B方向）上步成左三七步站立，兩手刀變拳同時向前衝擊（左拳在前，右拳在後）。（圖5–357、圖5–357附圖）

圖 5–357

TAEKWONDO

型 31：右腳向前上步成右三七步站立，兩拳同時向前沖擊（右拳在前，左拳在後）。（圖 5-358、圖 5-358 附圖）

附圖

圖 5-358

收勢：以左腳為軸，身體向左後側轉體 180°（面向 A 方向）；同時，右腳收回成準備姿勢站立。

(六)地 跆

世界上所有的生命都來自於大地，大地是萬物的起源地也是歸宿地，地跆（圖 5-359）寓意為生命的偉大和自然界的浩瀚。一般情況下地跆型也是晉升黑帶四段所演練的內容。地跆品勢手法的動作較多，演練時要注意緩慢用力，認真領悟動作內在的寓意。地跆共有 28 個動作。

地跆動作方法

準備姿勢：同太極一章。

圖 5-359

現代跆拳道運動教學與訓練

型1：身體向左側轉體90°，左腳向前（C方向）上半步成左三七步站立；同時，左臂向外格擋，拳心向上，右拳收於腰間。（圖5–360）

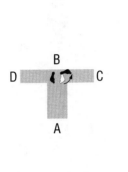

圖5–360

型2：左腳不動，右腳向前上步成右弓步站立；同時，右臂向上格擋，左拳收於腰間（圖5–361①）；右拳下落收於腰間，左拳緩慢向前用力平沖。（圖5–361②）

圖5–361

TAEKWONDO

型3：以左腳為軸，身體向右後側轉體，右腳向前（D方向）上半步成右三七步站立；同時，右臂向外格擋，拳心向上，左拳收於腰間。（圖5-362）

圖 5-362

　　型4：右腳不動，左腳向前上步成左弓步站立；同時，左臂向上格擋，右拳收於腰間（圖5-363①）；左拳下落收於腰間，右拳緩慢向前用力平沖。（圖5-363②）

現代跆拳道運動教學與訓練

①　②

圖 5-363

TAEKWONDO

型 5：以右腳為軸，身體向左側轉體，左腳向 A 方向上步成左弓步站立，左臂下截格擋，右拳收於腰間。（圖5-364）

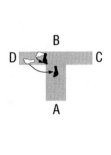

圖 5-364

型 6：右腳不動，身體重心移至右腳，左腳稍向後撤步成左三七步站立，左拳變手刀上架於額前上方，右拳收於腰間。（圖5-365）

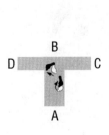

圖 5-365

TAEKWONDO

型 7：右腳向前做前踢腿動作，左掌變拳收於腰間（圖 5-366①）；右腳向前下落成右弓步站立，兩拳變手刀，右手刀下截，左手刀置於腰間。（圖 5-366②）

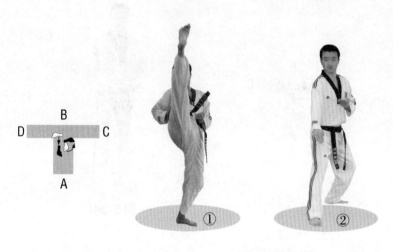

圖 5-366

型 8：步型不變，右手刀變拳向外側格擋，左拳收於腰間。（圖 5-367）

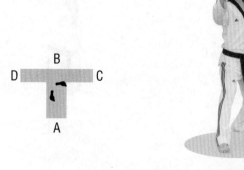

圖 5-367

TAEKWONDO

型 9：左腳向前做前踢腿動作，兩拳收於腰間（圖 5-368①）；左腳向前下落成左弓步站立；兩拳變手刀，左手刀向下截擊，右手刀置於腰間。（圖 5-368②）

圖 5-368

型 10：右腳不動，左腳緩慢前移，身體重心移至右腿，兩掌變拳，左臂屈肘緩慢向前上方格擋，右拳收於腰間。（圖 5-369）

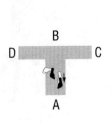

圖 5-369

TAEKWONDO

型 11：右腳向前（Ａ 方向）上步成右弓步站立，左臂不動，右拳向前平沖。（圖 5–370）

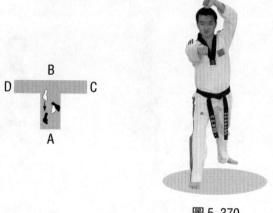

圖 5–370

型 12：步型不變，左臂向內格擋，右手置於腰間（圖 5–371①）；隨即右手臂向外格擋，左手置於右肘關節處。（圖 5–371②）

現代跆拳道運動教學與訓練

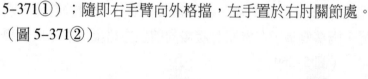

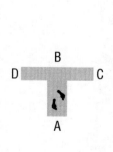

圖 5–371

TAEKWONDO

型 13：左腳不動，右腳向後撤步，左拳變手刀向下截擊防守，右拳置於腰間。（圖 5-372）

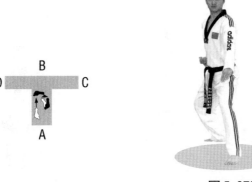

圖 5-372

型 14：右腳向前做前踢腿動作（圖 5-373①）；右腳落回原處成左弓步站立，右拳向前內旋平沖，左掌變拳收於腰間（圖 5-373②）；動作不停，左拳向前內旋平沖，右拳收於腰間。（圖 5-373③）

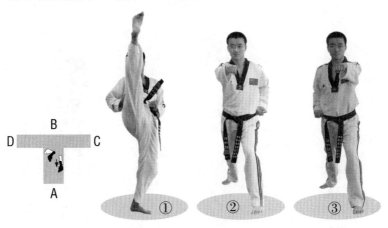

圖 5-373

TAEKWONDO

型 15：右腳不動，身體向左側轉體 90°（面向 C），左腳向後撤步成馬步站立，雙臂屈肘上舉置於額前上方（牛形防禦）。（圖 5-374、圖 5-374 附圖）

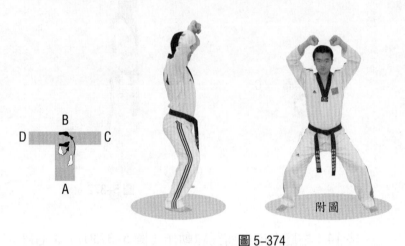

圖 5-374

型 16：步型不變，左手臂向下格擋（面向 B 方向），右拳收於腰間。（圖 5-375、圖 5-375 附圖）

現代跆拳道運動教學與訓練

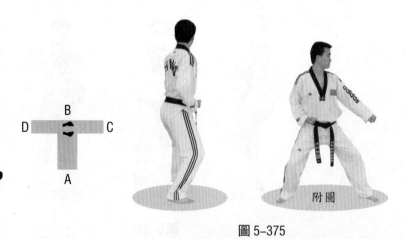

圖 5-375

TAEKWONDO

型 17：步型不變，身體向右側轉體 180°（面向 A 方向），右拳變手刀向外格擋，左拳置於腰間。（圖 5–376）

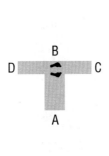

圖 5–376

型 18：步型不變（面向 A 方向），左手以拳輪為力點向右掌心砸擊並發聲。（圖 5–377）

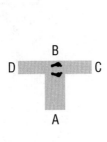

圖 5–377

TAEKWONDO

型 19：左腳不動，右腳屈膝上提成獨立步站立，右掌變拳向下截擊。（圖 5–378）

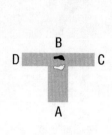

圖 5–378

型 20：右拳置於身體左側，左拳收於腰間（圖 5–379①），右腳向前做側踢腿動作。（圖 5–379②）

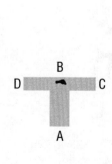

① ②

圖 5–379

型 21：右腳向前下落的同時，迅速提起左腳，左臂向下截擊。（圖 5-380）

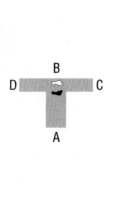

圖 5-380

型 22：左拳置於身體右側，右拳收於腰間。（面向 B 方向，圖 5-381）

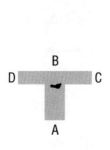

圖 5-381

TAEKWONDO

型 23：左腳向前左側踢腿動作（圖 5-382①）。左腳向前落步成左弓步站立；同時，左拳向前平沖，右拳收於腰間。（圖 5-382②）

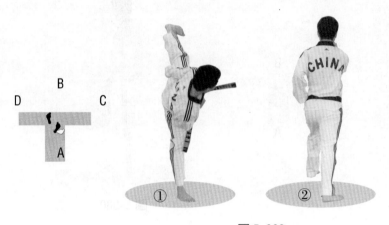

圖 5-382

現代跆拳道運動教學與訓練

型 24：右腳向前上步成右弓步站立，右拳向前內旋平沖並發聲，左拳收於腰間。（圖 5-383）

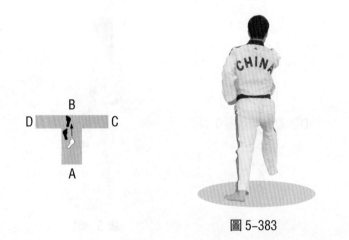

圖 5-383

TAEKWONDO

型 25：以右腳為軸，身體向左後側轉體 270°（面向 C），左腳向 C 方向上步成左三七步站立，兩拳變手刀，左手刀向下截擊，右手刀置於胸前。（圖 5–384）

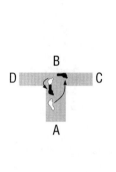

圖 5–384

　　型 26：右腳向前上步成右三七步站立，右手刀向外截擊，左手刀置於胸前。（圖 5–385）

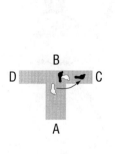

圖 5–385

TAEKWONDO

型 27：以左腳為軸，身體向右後方轉體 180°，右腳向前（D 方向）上步成右三七步站立，右手刀下截，左手刀置於胸前。（圖 5–386）

圖 5–386

型 28：左腳向前（D 方向）上步成左三七步站立，左手刀外截，右手刀置於胸前。（圖 5–387）

收勢：以右腳為軸，左腳向後撤步，身體向左後側轉體 180°，成準備姿勢站立。

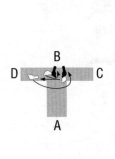

圖 5–387

TAEKWONDO

(七)天　拳

古代人把天作為地上萬物的統治者，同時也作為修身的基點。天拳（圖 5-388）的「天」，寓意為無限廣闊和深遠。一般情況下，天拳是晉升黑帶五段所演練的內容。演練時要注意緩慢的勁力和迅疾的動作相結合，掌握好動作節奏。天拳共有 27 個動作。

圖 5-388

天拳動作方法

準備姿勢：兩腳成併步站立（面向 A 方向），兩掌交叉置於腹前（左掌在上，右掌在下），目視前方。（圖 5-389）

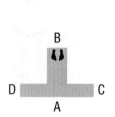

圖 5-389

TAEKWONDO

型1：步型不變，兩掌慢慢上提至胸前（圖 5-390①）；隨即，兩手向外翻腕，雙臂緩慢向兩側伸展平推。（成側平舉，圖 5-390②）

圖 5-390

現代跆拳道運動教學與訓練

型2：步型不變（圖 5-391①），兩臂緩慢向側上方撐起（成山形防禦），掌心向上。（圖 5-391②）

圖 5-391

TAEKWONDO

型 3：左腳向後撤半步成右三七步站立，兩掌變拳由上向下，再向上、向前做勾拳動作。（圖 5-392）

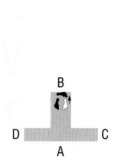

圖 5-393

型 4：身體重心前移，左拳變手刀由內向外格擋，右拳收於腰間。（圖 5-393）

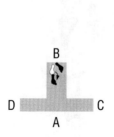

圖 5-393

TAEKWONDO

型5：左腳向前（A方向）上步成左弓步站立（圖5-394①），右拳向前內旋平沖，左掌變拳收於腰間。（圖5-394②）

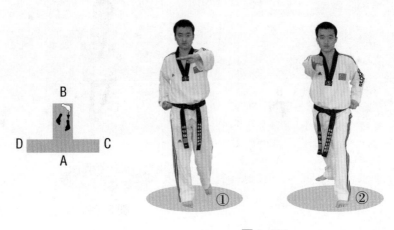

圖5-394

型6：右拳回收至腰間後變手刀向外截擊，左拳收於腰間。（圖5-395）

現代跆拳道運動教學與訓練

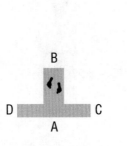

圖5-395

TAEKWONDO

型 7：右腳向前上步成右弓步站立（圖 5-396①），左拳向前內旋平沖，右掌變拳收於腰間。（圖 5-396②）

圖 5-396

　　型 8：左拳收回後變手刀向外截擊，右拳收於腰間。（圖 5-397）

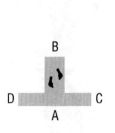

圖 5-397

型 9：右腿不動，左腿向前做側踢腿動作並發聲，左掌變拳收於腰間（圖 5-398①）；左腿向前下落成左弓步站立，左拳下截防守，右拳收於腰間。（圖 5-398②）

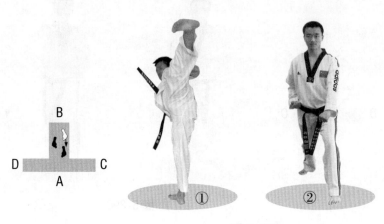

圖 5-398

型 10：右腳向前上步成右弓步站立，右拳內旋平沖，左拳收於腰間。（圖 5-399）

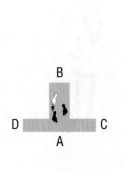

圖 5-399

TAEKWONDO

型 11：身體向右側轉體，左腳向前（D 方向）上步成左三七步站立，左拳屈肘向外格擋，拳心向內，右拳收於腰間。（圖 5-400）

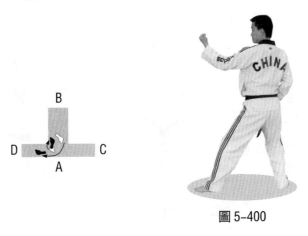

圖 5-400

型 12：步型不變，左拳回收的同時右拳向前格擋（圖 5-401①），隨即，左拳向前平沖並成馬步站立，右拳收於腰間。（圖 5-401②）

圖 5-401

TAEKWONDO

型 13：左拳由下向上、向前格擋（圖 5-402①）；同時，右腳向前上步成右三七步站立，右拳向右側平沖，左拳收於腰間。（圖 5-402②）

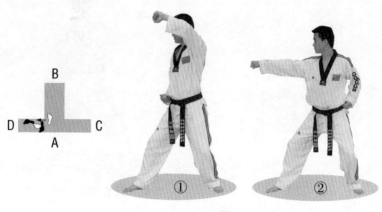

圖 5-402

型 14：以左腿為軸，身體向右側轉體 180°，右腳向前上步成右三七步站立，右拳屈肘向外格擋，拳心向內，左拳收於腰間。（圖 5-403）

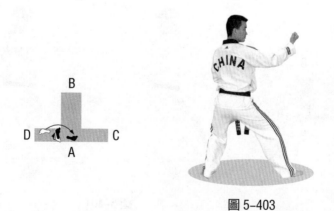

圖 5-403

現代跆拳道運動教學與訓練

TAEKWONDO

型 15：步型不變，在右拳回收的同時左拳向前格擋（圖 5-404①），隨即，身體稍左轉成馬步站立，右拳向前平沖，左拳收於腰間。（圖 5-404②）

圖 5-404

型 16：左腳向前（C 方向）上步成左三七步站立（圖 5-405①）；左拳向額前上方格擋後再向前平沖，右拳收於腰間。（圖 5-405②）

圖 5-405

TAEKWONDO

型 17：左腳向左後側（B 方向）移步，身體向左側轉體 90°成左弓步站立；右拳向外側格擋，拳心向內，左拳收於腰間。（圖 5–406、圖 5–406 附圖）

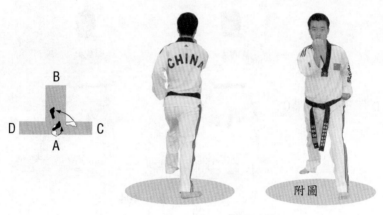

附圖

圖 5–406

型 18：步型不變，左拳向前平沖，右拳收於腰間。（圖 5–407）

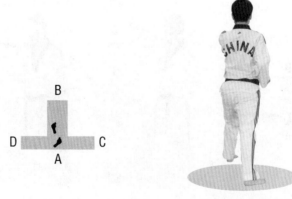

圖 5–407

現代跆拳道運動教學與訓練

TAEKWONDO

型 19：右腿向前做前踢腿動作，兩拳收於腰間（圖 5-408①）；右腳向前下落成右弓步站立，右拳向前平沖，左拳收於腰間。（圖 5-408②）

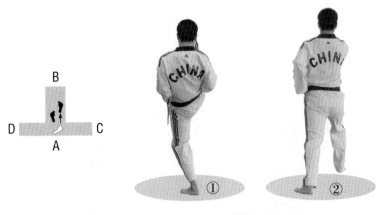

圖 5-408

型 20：左腳不動，右腳稍向後退半步成右三七步站立，兩拳變手刀，右手刀下截，左手置於腰間防守。（圖 5-409、圖 5-409 附圖）

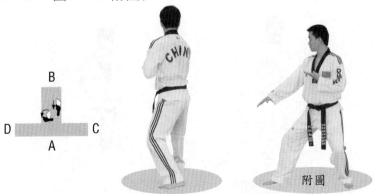

附圖

圖 5-409

TAEKWONDO

型 21：右腳向前上半步，左腳隨即跟上，右掌變拳向外做中格擋，左掌置於胸前（圖 5-410①、圖 5-410①附圖）；動作不停，右拳回收至左肩後向下格擋，左掌變拳收於腰間。（圖 5-410②、圖 5-410②附圖）

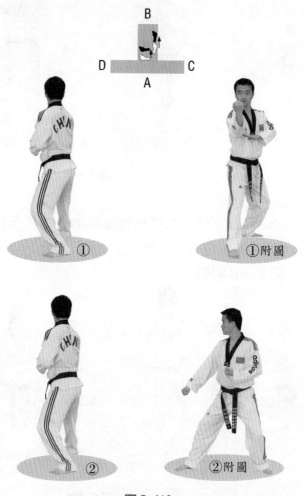

圖 5-410

TAEKWONDO

型22：右腳向前上半步成馬步站立，左臂屈肘上架，右拳向右側沖擊，目視右拳。（圖5-411、圖5-411附圖）

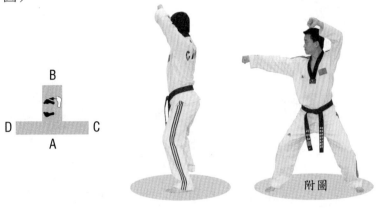

附圖

圖5-411

型23：身體向右側轉體；同時，左腳上提騰空跳起（圖5-412①）；動作不停，右腿在空中做裹合腿動作（圖5-412②、圖5-412②附圖）；左手掌與右腳掌在空中相擊，身體在空中旋轉360°後下落成馬步站立（面向D方向），左臂上架，右拳向側前方平沖。（圖5-412③）

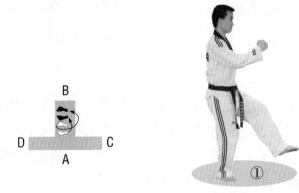

TAEKWONDO

②   ②附圖   ③

圖 5-412

　　型 24：兩腳不動，身體重心移至右腿，成右弓步站立，左手掌下截，掌心向下，右手掌側上舉，掌心向上，目視左側方。（圖 5-413）

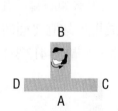

圖 5-413

　　型 25：兩腳不動，身體重心移至左腿成左弓步站立（面向 B 方向）。左手掌側上舉，掌心向上；右手掌下截，掌心向下。目視右側（B 方向）方。（演練時要緩慢用力，圖 5-414、圖 5-414 附圖）

TAEKWONDO

圖 5-414

型 26：以左腳為軸，右腳提起身體向左側轉體，左腳向右腳併攏成併步站立（面向 A 方向），雙手掌慢慢經胸前向上、向外側劃弧（山形防禦，圖 5-415①）；右腳向前上步成右虛步站立，右手掌下防，左手掌上防。（圖 5-415②）

圖 5-415

TAEKWONDO

型 27：左腳收回於右腳內側成併步站立，兩手由胸前向上、向外、向兩側劃弧（山形防禦，圖 5-416①）；左腳向前上步成左虛步站立，右手掌上防，左手掌下防。（圖 5-416②）

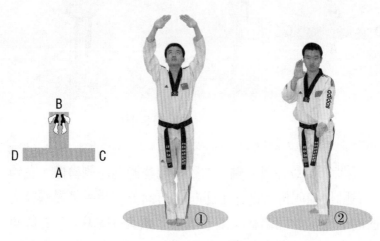

圖 5-416

收勢：右腳不動，左腳收回，成準備姿勢站立。

（八）漢　水

水是生命的源泉，適應性也很強，它既可以安靜平和，又可以波濤洶湧，一瀉千丈。水的寬容和不屈不撓就像跆拳道的精神一樣。一般情況下漢水（圖 5-417）是晉升黑帶六段所演練的內容。演練時要注意柔中帶剛的動作特點。漢水共有 27 個動作。

圖 5-417

現代跆拳道運動教學與訓練

TAEKWONDO

漢水動作方法

準備姿勢：兩腳成併步站立（面向 A 方向），雙掌交叉置於腹前（左掌在上，右掌在下），目視前方。（圖 5-418）

圖 5-418

型 1：左腳向前上步成左弓步站立，兩手以手刀背部（拇指一側）為力點向外防守。（圖 5-419）

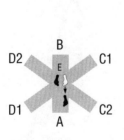

圖 5-419

TAEKWONDO

型2：右腳向前上步成右弓步站立，兩手刀變拳由外向內攻擊，力達拳輪。（圖5-420）

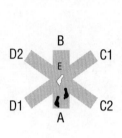

圖5-420

型3：右腳向後（B方向）撤步成右弓步站立，右臂屈肘上防，左臂下截，目視A方向。（圖5-421）

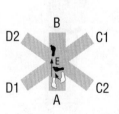

圖5-421

TAEKWONDO

型 4：以兩腳為軸，身體重心移至左腿成左弓步站立，右拳向前內旋平沖，左拳收於腰間。（圖 5-422）

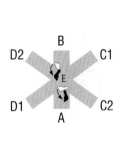

圖 5-422

型 5：左腳向後（B 方向）撤步成左弓步站立，左臂屈肘上防，右臂下截，目視 A 方向。（圖 5-423）

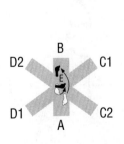

圖 5-423

TAEKWONDO

型6：以兩腳為軸，身體重心移至右腿成右弓步站立，左拳向前內旋平沖，右拳收於腰間。（圖5-424）

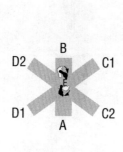

圖 5-424

現代跆拳道運動教學與訓練

型7：左腳不動，右腳向後撤步成右弓步站立，左臂屈肘上防，右臂下截，目視 A 方向。（圖5-425）

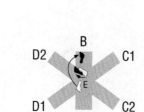

圖 5-425

TAEKWONDO

型 8：以兩腳為軸，身體重心移至左腿成左弓步站立，右拳向前內旋平沖，左拳收於腰間。（圖 5-426）

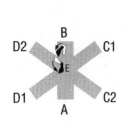

圖 5-426

型 9：右腳向前上步成右弓步站立，兩拳變手刀，以手刀背部為力點向外格擋。（圖 5-427）

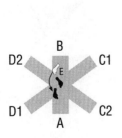

圖 5-427

TAEKWONDO

型 10：左腳向前（C2 方向）上步成左弓步站立，左手成貫手向前插擊，右手刀置於左腋下防守。（圖 5-428）

圖 5-428

現代跆拳道運動教學與訓練

型 11：右腳向左腳內側上步成併步，兩膝微屈，兩手變勾拳向前攻擊。（圖 5-429）

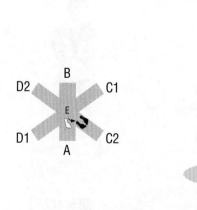

圖 5-429

TAEKWONDO

型 12：身體向左側轉體；同時，左腳向後撤步成馬步站立（面向 C1），右拳向下格擋，左拳變掌置於右拳上方。（圖 5-430、圖 5-430 附圖）

D2　B　C1

E

D1　A　C2

附圖

圖 5-430

　　型 13：身體向右側轉體，右腳向後撤步成左三七步站立（面向 A），左手刀下截，右拳變手刀上架於頭部右上方。（圖 5-431）

D2　B　C1

E

D1　A　C2

圖 5-431

TAEKWONDO

型 14：右腳不動，左腳屈膝上提成獨立步站立（面向 C1 方向），兩掌變拳，右拳收於腰間，左拳屈肘置於胸前（圖 5-432①）；左腿向前做側踢腿動作。（圖 5-432②）

圖 5-432

型 15：左腳向前落步成左弓步站立，兩拳變手刀，右手刀向前橫砍，左手刀上架於額前上方。（圖 5-433）

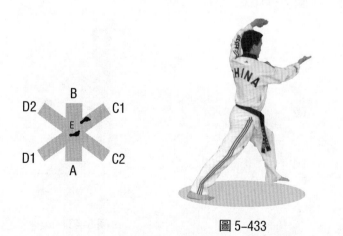

圖 5-433

TAEKWONDO

型 16：右腳向前做前踢腿動作，兩掌變拳收於腰間（圖 5-434①）；右腳向前下落，左腳從右腳後側上步成交叉步站立（面向 C1 方向），右拳向右側彈擊並發聲，左拳收於腰間。（圖 5-434②）

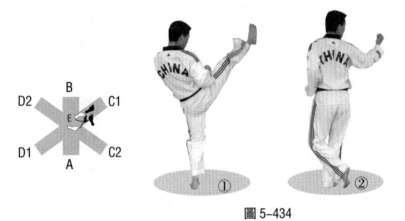

圖 5-434

　　型 17：左腳向前（D1 方向）上步成馬步站立，兩拳變手刀，左手刀由內向外橫擊，右手刀置於腹前。（圖 5-435）

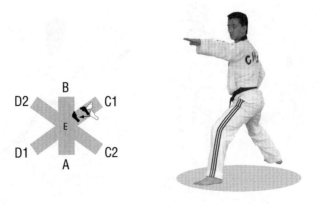

圖 5-435

TAEKWONDO

型 18：右腳由外向內做擺踢（裏合腿），左掌拍擊右腳內側（圖 5-436①），右腳向前下落成馬步站立，右肘以肘尖為力點向前橫擊，左掌附於右前臂。（圖 5-436②）

圖 5-436

　　型 19：左腳向右腳內側併步（圖 5-437①）；隨即，右腳向前上步成右弓步站立（面向 D1 方向），右掌以掌根為力點向前攻擊，左掌置於胸前。（圖 5-437②）

現代跆拳道運動教學與訓練

圖 5-437

TAEKWONDO

型 20：左腳向前上步成併步站立，兩掌變拳向上做勾拳動作。（圖 5-438）

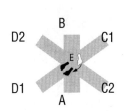

圖 5-438

型 21：右腳向右側移步成馬步站立（面向 D2），兩拳變掌，左臂下截，右掌置於左臂上方。（圖 5-439）

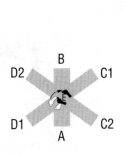

圖 5-439

TAEKWONDO

型 22：身體向左側轉體 90°，左腳向後（C1 方向）撤步成右三七步站立（目視 D1 方向），左手刀上架於頭頂，右手刀下截。（圖 5–440）

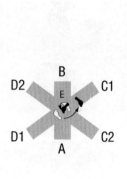 

圖 5–440

型 23：左腳不動，右腿屈膝上提成獨立步站立（面向 D2 方向）；兩掌變拳，左拳收於腰間，右拳屈肘置於胸前（圖 5–441①）；右腿向前做側踢腿動作。（圖 5–441②）

現代跆拳道運動教學與訓練

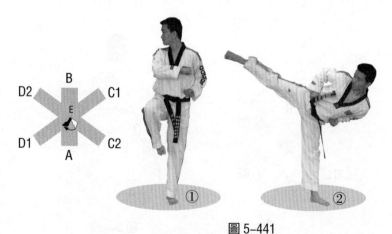

圖 5–441

TAEKWONDO

型 24：右腳向前落步成右弓步站立；兩拳手刀，左手刀向前橫砍，右手刀上架於額前上方。（圖 5-442）

圖 5-442

　　型 25：左腳向前做前踢腿動作，兩掌變拳收於腰間（圖 5-443①）；左腳向前下落，右腳向左腳後側上步成交叉步站立，左拳向左側彈擊並發聲，右拳收於腰間。（圖 5-443②）

圖 5-443

型 26：左腳向前（D2 方向）上步成馬步站立（面向 B 方向），兩拳變手刀，右手刀由內向外橫擊，左手刀置於腹前。（圖 5-444）

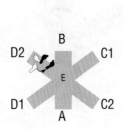

圖 5-444

型 27：以右腳為軸，身體向右側轉體 180°；同時，左腿向內做擺踢（裏和腿）動作，右掌拍擊左腳內側（圖 5-445①）；左腳向前下落成馬步站立（面向 D1 方向），左肘向前擺擊，右手掌附於左前臂。（圖 5-445②）

收勢：右腳收回成併步，面向 A 方向成準備姿勢站立。

現代跆拳道運動教學與訓練

圖 5-445

TAEKWONDO

（九）一　如

一如（圖 5-446）來源於佛教，在朝鮮歷史上的新羅時期有一位高僧法號元曉，他所提做出的「必生則種種法生，必滅則骷體不二」「神所告誡人類的三界，唯有心存而已，如何能忌得了」這一思想被稱為「一如一則」思想學說。一如是精神修練的階段達到了身體、物質、精神的合一，在這一階段，跆拳道的終極理念得到了完成，達到了較高的境界。

一如型品勢共有 23 個動作，一般情況下一如是晉升高段位所演練的內容，演練時要注意精神與動作的合一。

一如動作方法

準備姿勢：兩腿成併步站立（面向 A1 方向），雙手抱拳慢慢提至胸前，目視前方。（圖 5-447）

圖 5-446

圖 5-447

TAEKWONDO

型 1：左腳向前上步成左三七步站立，兩拳變手刀由後向前側防。（圖 5-448）

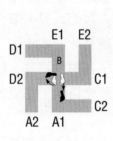

圖 5-448

現代跆拳道運動教學與訓練

型 2：右腳向前上步成右弓步站立，兩掌變拳，右拳向前平沖，左拳收於腰間。（圖 5-449）

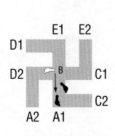

圖 5-449

TAEKWONDO

型 3：左腳向 C2 方向移步成左三七步站立，右臂屈肘上架於頭部右上方，左臂下截。（圖 5-450）

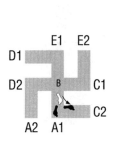

圖 5-450

型 4：左腳向 E1 方向移步成左三七步站立，兩拳變手刀同時用力，左手刀外格，右手刀置於胸前。（圖 5-451、圖 5-451 附圖）

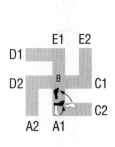

附圖

圖 5-451

TAEKWONDO

型 5：兩腳不動，身體重心移至左腳，兩掌變拳，右拳向前平沖，左拳收於腰間。（圖 5-452）

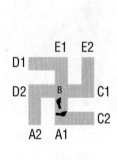

圖 5-452

型 6：右腳向前（E1 方向）上步，隨即，左腳屈膝上提扣於左腿膕窩處，成獨立步站立，右手刀向前插擊並發聲，左掌置於右肘關節處。（圖 5-453、圖 5-453 附圖）

現代跆拳道運動教學與訓練

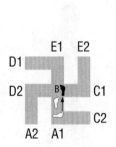

附圖

圖 5-453

TAEKWONDO

型 7：左腳向前（D2）做側踢腿動作，兩掌變拳置於腰間。（圖 5-454）

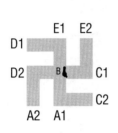

圖 5-454

型 8：左腳向前下落成左三七步站立（面向 E1），雙手交叉上架於額前上方。（圖 5-455）

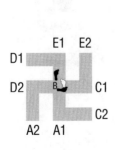

圖 5-455

TAEKWONDO

型 9：右腳向前上步成右弓步站立，右拳向前內旋平沖，左拳收於腰間。（圖 5–456）

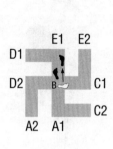

5–456

型 10：右腳不動，左腳向 D1 方向移步成左三七步站立，右臂屈肘上架，左臂下截。（圖 5–457）

現代跆拳道運動教學與訓練

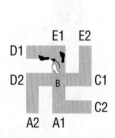

圖 5–457

TAEKWONDO

型 11：右腳不動，左腳向 A1 方向移步成左三七步站立，兩拳變手刀同時用力，右手刀外格，左手刀置於胸前。（圖 5–458）

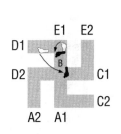

圖 5–458

型 12：兩腳不動，身體重心前移，兩掌變拳，右拳向前平沖，左拳收腰間。（圖 5–459）

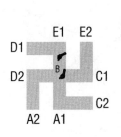

圖 4–459

TAEKWONDO

型 13：右腳向前上步，隨即左腳屈膝上提，扣於右腿膕窩處成獨立步站立，兩拳變手刀，右手刀向前插擊並發聲，左手刀置於右肘關節下。（圖 5-460）

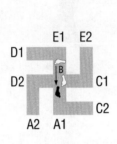

圖 5-460

型 14：左腿向 C1 方向做側踢腿動作。（圖 5-461）

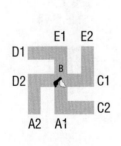

圖 5-461

TAEKWONDO

型 15：左腳向前下落成左三七步站立，兩手交叉上架
於額前上方。（圖 5-462）

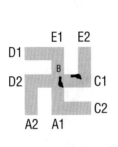

圖 5-463

型 16：右腳向前上步成右弓步站立，右拳向前平沖，
左拳收於腰間。（圖 5-463）

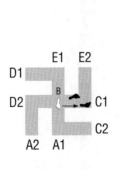

圖 5-463

TAEKWONDO

型 17：左腳向 E2 方向上步成左三七步站立，右臂屈肘上架，左臂下截。（圖 5-464）

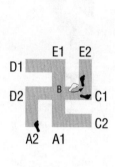

圖 5-464

型 18：身體向左側轉體 180°（面向 D2 方向），右腳不動，左腳緩慢向右腳併攏，兩拳收於腰間。（圖 5-465）

現代跆拳道運動教學與訓練

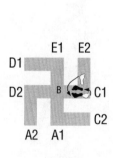

圖 5-465

TAEKWONDO

型 19：右腿向前做前踢腿動作（圖 5-466①）；待右腿下落瞬間，左腿向前做騰空側踢動作（圖 5-466②）；兩腳落地後成左三七步站立，兩手臂交叉上架於額前上方。（圖 5-466③）

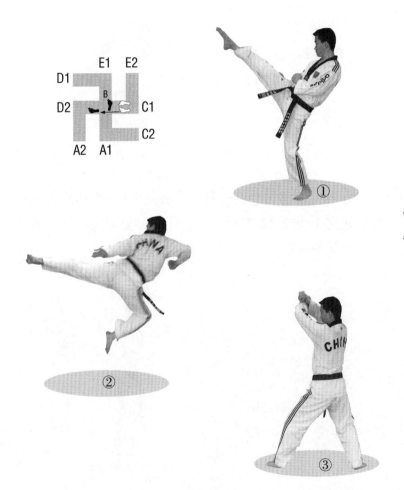

圖 5-466

TAEKWONDO

型 20：右腳向前（D2 方向）上步成右弓步站立，右拳向前內旋平沖，左拳收於腰間。（圖 5-467）

圖 5-467

型 21：身體向左側轉體，左腳向 A2 方向移步成左三七步站立（面向 A2 方向），右臂屈肘上架，左臂下截防守。（圖 5-468）

現代跆拳道運動教學與訓練

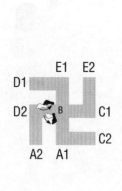

圖 5-468

TAEKWONDO

型 22：以右腳為軸，身體向左後側轉體 180°，左腳向右腳內側靠近成併步站立（面向 C1），兩拳收於腰間。（圖 5-469）

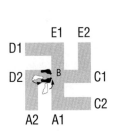

圖 5-469

型 23：左腿向前做前踢腿動作（圖 5-470①）；左腿下落瞬間，右腿向前做騰空側踢動作（圖 5-470②）；兩腳落地後成右三七步站立，兩手臂交叉上架於額前上方。（圖 5-470③）

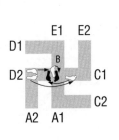

①

TAEKWONDO

②　③

圖 5-470

　　收勢：以左腳為軸，身體向右後側轉體 180°，右腳向
左腳靠近成併步站立，面向 A1 方向成準備姿勢站立。

現代跆拳道運動教學與訓練

TAEKWONDO

第六章
跆拳道教學與訓練

教學是在教育目的的規範下，教師的「教」與學生的「學」共同組成的一種教育活動。在我國，教學是以知識的授受為基礎的，透過教學，學生在教師有計劃、有步驟地積極引導下，主動地掌握系統的科學文化知識和技能，發展智力、體力，陶冶品德、美感，形成全面發展的個性❶。

跆拳道教學也是一樣，它既有體育的特點，也有教學的本質，它需要以教育學、體育理論、跆拳道項目理論為基礎，突出運動技能形成的一般規律，同時還要瞭解人體機能活動變化的特點。由反覆的身體練習調動學生認知、情感、技能的學習積極性，從而完成本項目的教學任務。

第一節　跆拳道教學的基本原則與注意事項

教學原則是有效進行教學必須遵守的基本要求。它既指導教師的「教」，也指導學生的「學」，應貫徹於教學過程的各個方面和始終❷。跆拳道屬於對抗性運動項目，

TAEKWONDO

在教學實踐中，只有遵循跆拳道教學的基本規律，瞭解和掌握跆拳道教學的基本原則才能達到教學的目的，提高教學的品質。

一、跆拳道教學的基本原則

(一)禮始禮終、以德爲本、德藝雙修

跆拳道的教學過程不僅是傳授運動技術的過程，還是傳授道德精神的過程。跆拳道課開始和結束時都要進行師生之間的敬禮和向國旗的敬禮，學生之間在切磋、協作前和結束後都要敬禮。這無疑對培養學生的愛國主義精神有著積極的作用，也培養了學生之間的團結合作和互相尊重的精神。

「未曾學藝先學禮，未曾習武先習德」，武德教育應貫穿跆拳道教學的整個過程，使武德教育與社會行為規範緊密結合，使學生明確學習的目的，培養學生尊師重教、講禮守信、見義勇為、匡扶正義的道德情操。

(二)動作規範、突出教學目標

在跆拳道教學中，教師與學生都要樹立一絲不苟、求真務實的態度。學生在學習時要注意動作的規範性，嚴格動作的運行路線、技術要領、發力特點等，努力做到動作規範、路線清晰、發力準確，教師在教學中，要不厭其煩地糾正學生的錯誤動作，學生要一絲不苟地學習，直到掌握爲止，否則，一旦造成錯誤動作定型，糾正起來就很難了，這也會影響進一步的學習。

另外，在整個教學中要以點帶面、觸類旁通，特別是在初級階段，一定要抓住教學的重點和難點，由刻意引導，逐步拓展學生的思維空間，精益求精，切勿貪多求快。在跆拳道競技訓練時，要突出「比賽的需要就是訓練的核心」這一原則，訓練中要充分考慮比賽的重點技術，切勿脫離比賽要求。

(三)突出重點技術、強調團結合作精神

　　突出重點技術是指要瞭解比賽的前沿動態，總結那些較為實用、得分率較高的技術，圍繞著這些技術進行有計劃的教學訓練，提高競技水準。

　　跆拳道是兩人的對抗性項目，雙人配合練習在教學訓練中是必不可缺的，也是必需的訓練手段，俗話說「要想練得好就得有人餵」，雙人配合的形式多種多樣，有攻防技術練習、打靶練習、餵招練習、條件實戰等等。要想進行這些技術的教學，就必須要求練習者與陪練者有良好的團結合作精神，只有這樣才能夠完成教學和訓練任務，有效提高競技水準。

(四)循序漸進、因材施教

　　上文提到跆拳道教學是一個系統的工程，在這個工程中的每一個細節都要遵循運動機能形成的客觀規律，遵循循序漸進的原則。教學中要從最基本的手型、步型、步法、腿法等開始，要先學習技術再學習戰術，遵循從簡單到複雜、從單一到多樣的原則，突出直觀性、系統性和科學性，切不可捨本逐末。跆拳道的教學步驟可概括為五點：

1. 學會動作；
2. 強化體會技術及用力技巧；
3. 配合運用；
4. 條件實戰；
5. 實戰。

另外，學生在學習時會有一定的個體差異，教師應注意這一現象，根據學生的實際情況採用相應的教學方法，活躍學生的思維，針對他們的特點因材施教，發展個人技術專長。

（五）理論與實踐相結合

理論聯繫實際是人類進行認識和學習應遵循的一個重要原則，也是在教學中應遵循的一般規律，跆拳道的教學也要遵循理論與實踐相結合的原則，教師在講解示範時要生動地聯繫實戰或比賽，進行有針對性的啟發和誘導，培養學生應有的實戰意識。

二、跆拳道教學的注意事項

跆拳道是直接身體接觸的對抗項目，教師在教學中要特別注意儘量避免運動損傷的發聲，上課前要充分做好準備活動，認真檢查護具器材，嚴肅課堂紀律，練習時明確練習方法、目的、要求及安全事項，

在實戰和條件實戰時要充分考慮學生的差異，將技術水準相當的同學分到一組進行練習，避免以強對弱的現象發生（本書在第七章第二節運動損傷的預防與處理中將重點論述相關知識）。

第二節 跆拳道教學的階段劃分與要求

一、跆拳道教學的階段劃分

根據跆拳道的學習特點和運動技能形式的生理學規律，跆拳道的學習可以大致劃分為三個階段。

第一階段：初型概念階段

初型概念階段也稱泛化階段。在這一階段，學生的大腦皮質興奮過程廣泛擴散，動作表像比較模糊，以視覺表像為主，肌肉的本體感覺只是處於感覺的邊緣，動作的控制和調節易受內處因素的干擾。尚未形成完整的動力定型，學習中較易出現動作緊張、不協調和錯誤動作，因此，教師在教學中尤其要注意強調細節，講解示範要簡練，突出重點，從不同角度讓學生在學習時對動作的各個環節有一個清楚的認識。

這一階段的學習目標是學習基本理論知識、基本功、基本技術動作。此時應加強基本功訓練，掌握理論知識、動作原理，特別是掌握準確的基本動作，它是決定擊打的力量、速度及攻防轉換等制勝對方的重要因素。

第二階段：培養攻防意識和戰術意識階段

這一階段也稱為提高階段或分化階段。在這一階段，

學生的大腦皮質的興奮與抑制過程開始分化，興奮相對集中，內抑制逐步發展鞏固。一些錯誤的動作得到了糾正，能夠正確地完成基本動作。

此時，要在鞏固基本動作、不斷提高專項素質、熟練掌握多種技術動作及組合的前提下，透過進攻、防守及防守反擊的訓練，逐漸培養攻防意識，為進一步提高競技水準做好準備。另外，還要注重戰術意識的培養，因為戰術意識是一名運動員走向成熟的標誌，在訓練中注重戰術意識的培養與練習，對提高運動員自身的競技水準有很大的促進作用。

第三階段：提高個人技術特長、形成個人技術打法階段

這一階段也稱為鞏固階段或熟練階段。由前兩個階段的學習，學生已經建立的條件反射不斷得到鞏固，形成了良好的動力定型，此時大腦皮質的興奮和抑制在時間和空間上更加集中和精確，內抑制非常牢固，學生的個人技、戰術水準有所提高，抗干擾能力有所加強，技術動作達到了高度的自動化。形成了個人的技術特色。

這時教練員應因材施教，培養個人的技術「絕招」；在全面提高掌握攻防技術的前提下，形成個人技術特長，不斷提高專項素質、增強打擊力量。

另外，值得注意的是對已經形成的動作要提高難度繼續強化鞏固，加深學生的理性認識，對動作的細節要精益求精，從而逐步走向成熟。

二、跆拳道教學階段的要求

第一階段：打好基礎

　　跆拳道教學與訓練是一個既複雜又系統的過程，在這個過程中首要的一條就是練好專項素質和基本功。為此，初級階段的訓練應以練好專項素質和基本技術為主要目的。專項素質包括力量、速度、靈敏、協調、柔韌等素質，基本功包括基本的站立姿勢、步法、基本進攻技術和基本防守技術等。在練習專項身體素質之前，首先要提高一般身體素質（包括跑、跳、力量等）。

　　在具備一般身體素質的基礎上，透過嚴格的跆拳道基本功、基本技術訓練，提高專項素質。在掌握了正確的基本動作並具備了專項身體素質的基礎上，逐步提高進攻技術的速度、力量，增加攻擊的實效性，提高抗擊打能力和實戰意識，為深入學習做好準備。

第二階段：熟練掌握攻防技術

　　有了一定的跆拳道基礎後，在繼續鞏固技術動作的前提下，逐漸過渡到掌握攻防技術階段，全面系統地學習跆拳道實戰的攻防技術及戰術。由簡單的單個技術練習過渡到組合的攻防技術練習，形成個人的技術特點。

　　學習時要從動作原理入手，瞭解動作的本質，體會攻防含義，從理論上去認識和掌握招式組合規律。還要根據自己的不足進行一些針對性的練習，如：力量弱者要安排一定時間與數量的力量練習；技術動作不規範者要反覆糾

正錯誤動作，直到能夠完成正確的技術動作為止，為進一步的學習及進行實戰訓練打好基礎。

第三階段：由實戰積累經驗、檢驗成果，形成個人技術專長

跆拳道運動是雙方鬥智、較技的對抗性項目，是以擊敗對手來取得比賽勝利的，練習的效果與水準都要由實戰來檢驗。高水準的跆拳道訓練，應當以實戰需要為尺規，實戰的原則要先從本隊與自己水準相近的隊友進行交手，以克服自己的膽怯心理。在實戰中由自己的感覺及教練員的提示來發現問題，改進關鍵技術環節，使之合理、有效、實用。透過實戰，不斷地總結經驗教訓，不斷地完善自己，提高技術水準。另外，要善於總結和發現，針對自己的特點形成個人的技術風格，也就是所謂的「絕招」，這樣才能使自己成為一名優秀的跆拳道運動員。

第三節　跆拳道教學與訓練的方法概述

教學方法是為完成教學任務而採用的方法。它包括教師教的方法和學生學的方法，是教師引導學生掌握知識技能、獲得身心發展而共同活動的方法❸。

一、跆拳道教學方法

跆拳道的教學方法有以下幾種：

（一）示範教學法

示範教學法是教師以自身完成技術動作為範例，學生由視覺感知來學習動作的方法。示範教學法是跆拳道教學中最常用的方法之一，教師由技術示範同時配合講解使學生瞭解技術動作的概念，明確技術動作的各個環節從而達到學習的目的。在示範教學中應注意以下幾點：

1. 首先教師要熟練技術動作的各個環節，確保動作的準確性、規範性。

2. 教師進行示範時要注意「示範面」的問題。示範面是指教師示範時學生觀察教師的角度，可分為正面、背面、側面和鏡面示範。

（1）正面示範是指教師與學生相對站立，此時教師所做的技術示範稱為正面示範。

（2）背面示範是指教師背向學生站立，此時教師所做的示範動作稱為背面示範。

（3）側面示範是指教師側向學生站立，此時教師所做的示範動作稱為側面示範。

（4）鏡面示範是指教師與學生相對站立，此時教師示範的方向與學生是一致的（好像學生對著鏡子練習一樣），稱為鏡面示範。

3. 教師示範的方法要突出多樣性與針對性。示範時也可以利用多媒體等手段進行，但要充分考慮到速度、角度等因素。示範時動作不宜過快，要針對性地突出動作的要點與重要環節。

4. 示範教學要與語言講解相結合，啟發、誘導學生掌

握技術動作及其原理。

(二) 講解教學法

講解教學法是教師利用語言向學生描述動作要領、教學任務、練習方法、易犯錯誤等相關教學環節，啟發和引導學生形成正確的動作概念，從而掌握技術動作的方法。講解教學時教師應注意以下幾點：

1. 教師的語言要簡短、精練富有啟發性，邏輯性要強，突出「精講多練」的原則。

2. 講解與示範要有機結合，做到有目的、有代表性、有針對性地進行講解。

(三) 分解教學法

分解教學法是將一個動作按照身體活動的部位和動作技術結構劃分為幾個部分，然後逐一進行教學示範的方法。最後達到完整掌握動作的目的。分解教學法運用時要注意以下幾點：

1. 分解教學法適用於難度較高、較複雜的動作，劃分動作時要遵循人體運動的規律和動作的結構特徵，要便於動作的銜接。另外，要向學生講明動作之間的聯繫。

2. 分解教學和練習後要儘快使用完整教學，否則會影響學生完成動作的連貫性。

(四) 完整教學法

完整教學法是指從技術動作或戰術配合的開始到結束，不分部分和環節完整地進行教學和訓練的方法。

完整教學法的特點是保持動作結構的完整性，易於形成整體概念，但缺點是在初學階段採用完整教學法對於學生來說難度較大，不易掌握。因此，在實際教學時要將完整教學法與分解教學法結合運用。運用完整教學法時應注意以下幾點：

1. 充分把握動作的節奏，做到快與慢的結合，即初期時動作要慢一些，待學生掌握分解動作後再提高示範和練習的速度。

2. 對於複雜和難度較大的技術動作，一般要先作分解教學然後再作完整教學。

(五)模擬教學法

類比教學法是根據學生的實際情況，類比實戰或比賽中可能出現的技、戰術及場景氣氛等相關因素，針對性地進行教學和訓練的方法。運用模擬教學時應注意以下幾點：

1. 模擬的環境或對手要有真實感。

2. 要根據學生的實際情況有針對性地進行模擬教學與訓練，要設計好教學任務，如解決學生心理的承受能力、某一技術和戰術問題或模擬某一對手等。

二、跆拳道訓練法

(一)分解訓練法

分解訓練法與分解教學法相同，都是以掌握、強化和提高動作質量為目的，因此，在此不做補充。

（二）完整訓練法

完整訓練法與完整教學法相同，在此不做補充。

（三）重複訓練法

重複訓練法是指多次重複同一練習，兩次（組）練習之間安排相對充分休息的練習方法❹。

由同一動作或同組動作的反覆練習，不斷強化運動員的條件反射過程，有利於運動員掌握和鞏固技術動作。

另外，由相對穩定的負荷強度的多次刺激，可使機體儘快產生較高的適應機制，有利於運動員發展和提高身體素質。在跆拳道訓練中，重複訓練法是作基本的訓練方法之一，它可以應用於每一個身體訓練、技術和戰術訓練。按單次練習的時間長短，可將重複訓練法分為短時間重複訓練法、中時間重複訓練法和長時間重複訓練法三種。（表6-1）

短時間重複訓練法可以最大程度地提高運動員機體的高磷化物系統的儲能和供能能力，最大程度地提高運動員完成專項技術動作中有關肌群的收縮能力和爆發力，訓練實踐中可用於強化單招和組合技術的速度和爆發力。運用時一般採取極限強度，一般練習的時間控制在30秒鐘內，每一組練習的負荷強度要保持相對穩定，突出負荷強度大、動作速度快、間歇時間充分的特點，如10秒鐘的快速橫踢腿練習、10秒鐘的規定技術組合練習等。

中時間重複訓練法可以最大程度的發展運動員機體的乳酸能系統的儲能和供能能力，也就是說可以最大限度地

表 6-1　重複訓練法的基本類型及其特點

類型要素	短時間重複訓練	中時間重複訓練	長時間重複訓練
負荷時間	<30 秒	30 秒～2 分鐘	2～5 分鐘
負荷強度	最大	次大	較大
間歇時間	相對充分	相對充分	相對充分
間歇方式	走步、按摩	走、坐、按摩	走、坐、臥、按摩
供能形式	磷酸鹽代謝系統為主功能	糖酵解為主的混合代謝功能	無氧有氧比例均衡的混合代謝功能

註：依胡亦海，1998，引自全國體院校教材委員會‧體育院校通用教材　運動訓練學‧北京：人民體育出版社，2000:155.

發展運動員在完成技、戰術時肌肉收縮的速度耐力和力量耐力，提高運動員在乳酸供能狀態下的耐酸能力。

一般練習的時間控制在 30 秒～3 分鐘，負荷心率應達到 170～190 次／分鐘，組間休息要充分，練習的組數要因人而異，如 2 分鐘的反應打靶練習，重複練習數組。

長時間重複訓練法可以提高運動員的有氧和無氧混合代謝能力，提高在有氧和無氧代謝條件下的速度耐力和力量耐力以及運動員在完成技、戰術過程中的抗疲勞能力。

練習時間控制在 3～6 分鐘甚至更長時間，每組練習要有充分的休息時間，如 5 分鐘一組的條件實戰練習，完成數組。

(四)間歇訓練法

間歇訓練法是，指對多次練習時的間歇時間作出嚴格

規定，使機體處於不完全恢復狀態下，反覆進行練習的訓練方法❺。間歇訓練法可分為三種類型，即高強性間歇訓練方法、強化性間歇訓練方法和發展性間歇訓練方法。（表6-2）

表6-2　間歇訓練法的基本類型及其特點

要素 \ 類型	高強性間歇訓練	強化性間歇訓練		發展性間歇訓練
		A型	B型	
負荷時間	<40秒	40～90秒	90～180秒	>5分鐘
負荷強度	大	大	較大	中
心率指標	190次	180次	170次	160次左右
間歇時間	很不充分	不充分		不充分
間歇方式	走、慢跑	走、輕跑		走、輕跑
每次心率	120～140次	120～140次		120次
供能形式	糖酵解功能為主的混合代謝功能	糖酵解功能為主的混合代謝功能		有氧代謝為主的混合代謝功能

　　註：依胡亦海，1998，引自全國體院校教材委員會‧體育院校通用教材　運動訓練學‧北京：人民體育出版社，2000:159.

　　高強性間歇訓練法可以發展運動員機體的高能磷化物系統與乳酸能系統混合供能能力，強化腿法技術及組合技術的突擊性攻擊效果，適用於速度快、爆發力強、持續時間較短、對抗較激烈的攻防技、戰術訓練，訓練實踐應用時的負荷控制應在接近練習者的最大極限，其心率指標應在190次以上；負荷時間較短，應在10秒～1分鐘之內；間歇

時間極不充分，待心率降至 140 次左右（休息 30～40 秒）開始下一次練習，根據運動員的訓練水準確定練習組數。

強化性間歇訓練法可以發展運動員機體乳酸能系統的供能能力，提高運動員在激烈對抗和困難的比賽條件下技、戰術動作的穩定性及實效性，提高機體耐酸能力。強化性間歇訓練適用於高強度、高密度的攻防技術訓練，訓練實踐中運動員的負荷強度應控制在本人負荷能力的 90% 以上，心率應控制在 170～180 次／分鐘，負荷時間在 1～4 分鐘，待心率降至 120 次左右進行下一次練習。

如：進行一人對多人的車輪戰，規定打 5 局每局 3 分鐘，局間休息 30 秒鐘。

發展性間歇訓練法是發展有氧代謝系統供能能力、有氧代謝下運動強度以及心臟功能的一種重要訓練方法，適用於跆拳道技術中步法、腿法等技術的組合，使其與發展專項耐力訓練及在無氧和有氧條件下代謝系統的供能能力結合起來。此方法在訓練實踐中運動員的心率控制在 160 次／分鐘左右，負荷時間在 5 分鐘以上，待心率降至 120 次／分鐘開始下一次練習。

（五）變換訓練法

變換訓練法是指變換運動負荷、練習內容、練習形式以及條件，以提高運動員的積極性、趣味性、適應性及應變能力的訓練方法❻。變換訓練法也是跆拳道訓練中常用的方法之一，按其內容可分為三種，即負荷變換訓練法、內容變換訓練法和形式變換訓練法。（表 6-3）

負荷變換法可用於身體素質訓練，也可以用於技、戰

表 6-3　變換訓練法的基本類型及其特點

要素＼類型	負荷變換訓練	內容變換訓練	形式變換訓練
負荷強度	變化最大	可變或不變	可變可不變
動作結構	相對固定	變換	固定或變換
供能形式	可在多種代謝形式之間變換	以某種代謝形式供能為主	以某種代謝形式供能為主

註：依胡亦海，1998，引自全國體院校教材委員會‧體育院校通用教材　運動訓練學‧北京：人民體育出版社，2000:167.

術訓練，應用時要根據跆拳道比賽的特徵，結合重複、間歇等訓練方法在不改變技術動作外形的前提下，由變換練習強度、次數、時間、組數以及間歇時間和形式等因素滿足專項訓練的要求。

內容變換訓練法可使運動員各種身體素質、各種技術和戰術的攻防訓練得到全面的發展，應用時，練習的動作結構可為變異組合，也可為固定組合，如變換素質練習、變換技術練習、變換戰術練習和變換技術和戰術動作配合練習等。變換的核心是要圍繞著練習的性質，要符合專項的特點及運動競賽的客觀規律。

形式變換訓練法的運用是在不同形式的訓練作用下，提高運動員的訓練興趣，提高訓練課的質量，高效率地完成訓練任務。形式變換的內容主要有環境變換、時間變換、內容變換、組織形式和訓練氣氛的變換等。透過多種形式的變換使各種技術銜接起來，刺激運動員訓練的積極性，使運動員全身心地投入到訓練中，提高運動成績。

TAEKWONDO

（六）循環訓練法

循環訓練法是指根據訓練的具體任務，將練習手段設置為若干個練習站，運動員按照既定的順序和路線，依次完成每站練習任務的訓練方法❼。循環訓練法是將其他訓練法綜合運用進行練習的組織形式，按照組織練習的間歇負荷特徵，可以將循環訓練法分為三種，即循環重複訓練、循環間歇訓練和循環持續訓練法。（表6-4）

表 6-41　循環訓練法的基本類型及其特點

類型 要素	循環重複訓練	循環間歇訓練	循環持續訓練
循環過程	間歇且充分	間歇不充分	基本無間歇
負荷強度	最大	次大	較小
負荷性質	速度、爆發力	速度耐力、力量耐力	耐力
供能形式	以磷酸原代謝系統供能為主	以糖酵解代謝系統供能為主	以有氧代謝系統供能為主

註：依胡亦海，1998，引自全國體院校教材委員會·體育院校通用教材　運動訓練學·北京：人民體育出版社，2000:170.

循環重複訓練法在跆拳道訓練中，重點是發展運動員的速度素質和速度力量素質，提高運動員在大強度情況下運用技、戰術的能力。在訓練實踐中常常將技術動作訓練、身體素質訓練和能量代謝系統的訓練結合起來，進行綜合性的訓練。圖6-1所示這種練習的負荷強度最大，每站間的間歇要充分。

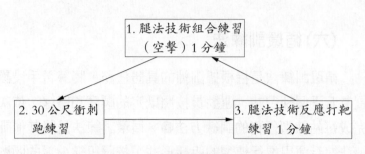

圖 6-1　循環重複訓練法模式圖

　　循環間歇訓練法的練習負荷量較大，但每站練習後的間歇時間較短，使運動員的機體處於不完全恢復的狀態下就進行下一站的練習，這種訓練法方法的目的是提高乳酸系統供能能力和無氧、有氧混合供能能力，提高速度力量、速度耐力和力量耐力以及運動員在疲勞狀態下完成技、戰術的能力。

　　在實踐中常把大強度的技術練習與身體練習配合起來進行訓練，如：先進行 1 分鐘的反應打靶練習，然後完成腹背肌練習各 30 次，完成後再進行兩人一組的條件實戰（1 分鐘），最後再進行蹲起橫踢練習 30 次。上述練習內容組間休息 5～10 秒鐘，完成四個練習內容為一大組，組間休息時間的設置要與比賽局間休息相近。（圖 6-2）

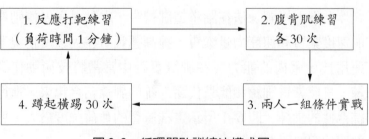

圖 6-2　循環間歇訓練法模式圖

循環持續訓練法是按照持續訓練法的要求，各組之間不安排間歇時間，用較長的時間連續進行練習的方法。這種訓練方法在跆拳道中主要用於發展一般耐力、力量耐力及專項耐力，從而提高技、戰術之間的銜接能力。如在技術訓練時，安排3～6個練習站，依次是橫踢、前腿橫踢、雙飛踢、下劈踢、後踢、後旋踢六種腿法空擊或打靶練習，循環數組。（圖6-3）

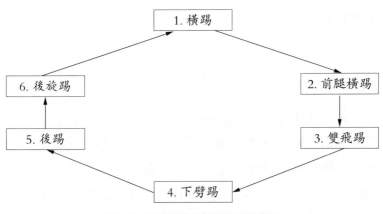

圖6-3　循環持續訓練法模式圖

（七）比賽訓練法

　　比賽訓練法是指在模擬真實、嚴格的比賽條件下，按比賽規則和方式進行訓練的方法。比賽訓練法是檢驗運動員體、技、心、智各種競技能力的有效手段，也是提高運動員練習與比賽相銜接能力的重要訓練過程。按比賽的性質可將比賽訓練法劃分為四種，即教學性比賽方法、檢查性比賽方法、模擬性比賽方法和適應性比賽方法。（表6-5）

TAEKWONDO

表 6-5　比賽訓練法的基本類型及其特點

基本類型	教學性比賽	檢查性比賽	模擬性比賽	適應性比賽
比賽規則	正式規則或 自定規則	正式規則或 自定規則	正式規則	正式規則
比賽環境	相對封閉	封閉或開放	封閉或開放	開放
比賽過程	可人為中斷	不可中斷	不可中斷	不可中斷
比賽對手	隊友或對手	對手	隊友或對手	對手
比賽裁判	臨時指定	正式指定	臨時或正式 指定	正式指定

　　註：依胡亦海，1998，引自全國體院校教材委員會‧體育院校通用教材　運動訓練學‧北京：人民體育出版社，2000:174.

　　教學性比賽是指在訓練條件下，根據教學的規律或原理、專項比賽的基本規則或部分規則，進行專項練習的方法。教學比賽可以是本隊內部的對抗也可以是兄弟隊伍之間的對抗，比賽時可以進行針對性的條件限制，也可以進行正式的競賽。由教學比賽可以激發運動員的訓練激情，激發運動員的競爭意識，挖掘運動員的潛力，檢驗階段性的訓練成果。

　　檢查性比賽是指模擬在真實的比賽條件下，嚴格按照比賽規則，對賽前訓練過程的訓練品質進行檢驗的訓練方法。在訓練實踐中，教練員可由此方法檢驗運動員的運動成績、訓練水準、技術品質、影響因素、技術和戰術水準等，由檢查性比賽尋找訓練中的不足以及失敗原因，然後進行針對性的改進，提高專項競技水準。

　　模擬性比賽是指在訓練的條件下，模擬真實比賽的環

現代跆拳道運動教學與訓練

境或對手，並嚴格按照比賽規則進行比賽的訓練方法。透過模擬對手可以對對手的打法、技術特長等有一個預期的適應，找出對手的弱點，並針對性地制定相應的戰略戰術，做到「知彼知己，百戰不殆」。由模擬訓練環境可以有意識地提高運動員排除不良因素干擾的能力，形成穩定的心理狀態，為參加重大比賽奠定基礎。

適應性比賽是指在真實的比賽條件下，力求儘快適應重大比賽環境的訓練方法。適應性比賽是在真實的比賽環境下進行的，在適應性比賽中要制定一套完整的方案，包括賽前準備、賽中實施和賽間調整等，在跆拳道比賽中，賽前準備包括場地的適應、環境的適應、比賽時間的適應等幾個方面，賽中實施包括運動員對所能出現的不良因素的排除，賽間調整包括運動員對影響比賽不良因素的調節和自己已有良好狀態的發揮等。

第四節　跆拳道訓練實踐中常用的方法示例

跆拳道訓練實踐中的方法很多，較為常用的有三類：一、專項素質綜合訓練；二、攻防技術動作空擊訓練；三、利用器材的輔助訓練。

專項素質綜合訓練包括提膝與跳躍的訓練、行進間的準備活動訓練、條件實戰訓練等，攻防技術空擊訓練包括空擊練習和結合步法進行的戰術性空擊練習等，利用器材輔助訓練包括利用腳靶、沙袋、護具等進行的訓練。

一、專項素質綜合訓練

專項素質綜合練習法可細分為八種，即提膝和跳躍訓練、輔助支撐強化訓練、腰腿力量訓練、行進間準備活動訓練、攻防意識訓練、條件實戰訓練、實戰訓練和抗阻力訓練。

（一）提膝和跳躍訓練

提膝訓練有兩種形式：一種是單腿連續進行，如左腿6次完成後再換右腿做6次，總數量為12次；另一種是左右腿交替進行，如左腿2次，然後右腿2次，左右交替進行總數為12次。

提膝訓練的主要作用是培養連續起腿的意識、身體的靈活性及反應能力；跳躍練習包括抱腿跳、分腿跳、屈腿跳、弓步跳等，主要目的是進行身體的全面練習，發展速度力量，提高啟動速度。提膝訓練、跳躍訓練與短距離的衝刺跑結合效果更佳。實踐中主要的形式如下：

1.提膝訓練

（1）正向單腿連續提膝練習：練習者站立，右（左）腿蹬地連續上提，如右腿5次，然後左腿5次，共做10次。（圖6-4）

（2）正向左右交替提膝：練習者站立，左、右腿交替上提，如左腿2次，然後右腿2次，共做10次。

（3）側向提膝練習

方法與正向相同，但方向為側向。（圖6-5）

圖 6-4

圖 6-5

（4）提膝練習數次連接 30 公尺衝刺跑。

（5）背向單腿或交替提膝數次轉身 30 公尺衝刺跑。

（6）背向單腿或交替提膝，聽見教練員口令或信號時轉身 30 公尺衝刺跑。

（7）俯臥撐，聽教練員信號後做單腿或交替提膝練習。

TAEKWONDO

（8）抱腿跳連接單腿或交替提膝。（圖6-6）

（9）跳馬後單腿或交替提膝。（圖6-7）

（10）單腿或交替提膝接觸同伴雙手或腳靶。（圖6-8）

（11）雙腿低位提膝聽信號轉身衝刺跑。（圖6-9）

圖 6-6

現代跆拳道運動教學與訓練

圖 6-7

TAEKWONDO

圖 6-8

圖 6-9

（12）克服阻力提膝：一名隊員在身後拉住練習者的腰部，練習者用力向前提膝。（圖 6-10）

上述提膝練習動作要快，高度要超過腰部，多組重複。在訓練實踐中可以有目的地與跑、跳動作結合進行練習。

圖 6-10

2.跳躍訓練

（1）抱腿跳：身體直立（圖 6-11①），兩腳同時蹬地起跳，身體騰空時兩腿上提，努力將大腿外側貼近胸部，兩手由兩側抱兩小腿；隨即放鬆落地，如此連續反覆進行（圖 6-11②）；練習時一般 10～30 次為宜，做 2～6 組，組間休息 1～2 分鐘。

TAEKWONDO

圖 6-11

（2）弓步跳：身體直立（圖6-12①），兩腳同時蹬地起跳，身體騰空時兩腿成弓步，兩腿打開幅度要大（圖6-12②）；隨即放鬆落地，如此，左右交替反覆練習；練習時每組以10～30次為宜，做2～6組，組間休息1～2分鐘。

（3）屈腿跳：身體直立（圖6-13①），兩腳同時蹬地起跳，身體騰空時收腹屈腿，用兩手掌拍擊腳尖（圖6-

現代跆拳道運動教學與訓練

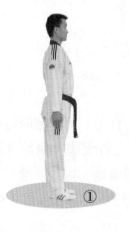

圖 6-12

TAEKWONDO

圖 6-13

13②）；隨即放鬆落地，如此連續反覆練習；練習時每組以 10～30 次為宜，做 2～6 組，組間休息 1～2 分鐘。

　　（4）分腿跳：身體直立（圖 6-14①），兩腳同時蹬地起跳，身體騰空時兩腿側平舉，兩腿打開幅度要大（圖 6-14②）；隨即放鬆落地，如此連續反覆練習；練習時每組以 10～30 次為宜，做 2～6 組，組間休息 1～2 分鐘。

圖 6-14

TAEKWONDO

（5）立臥□跳：身體前俯，雙手和腳尖支撐身體，做俯臥撐一次（圖6-15①），隨即收腹屈髖，兩腳回收至身體中間位置，同時蹬地跳起，身體騰空同時做挺身動作（圖6-15②），然後放鬆落地。兩腳落地後，屈髖俯腰，兩手置於兩腳兩側支撐，兩腿向後伸髖展體後伸，落地支撐，如此連續反覆練習。練習時每組以10～30次為宜，做2～6組，組間休息1～2分鐘。

圖6-15

（6）原地360°旋轉跳：身體直立（圖6-16①），兩腳同時蹬地起跳（圖6-16②），做360°轉體（圖6-16③），隨即放鬆落地，如此連續反覆練習。練習時每組以10～30次為宜，做2～6組，組間休息1～2分鐘。

（7）跨越障礙跳：一名同伴並腿坐好，練習者縱跳左右跨越其雙腿（圖6-17①②）。30～50次一組，做2～6

TAEKWONDO

圖 6-16

圖 6-17

組，組間休息 1～2 分鐘。

　　跳躍練習時，起跳要迅速，身體要協調，速度要快。

訓練實踐時，跳躍訓練可以與提膝、衝刺跑結合。

TAEKWONDO

（二）輔助支撐強化訓練

輔助支撐強化訓練，主要是為了使學生正確地掌握動作路線和要領，採取輔助支撐的練習方法，如手扶欄杆進行橫踢分解訓練（圖6-18①②③）、手扶同伴進行後踢分解訓練（圖6-19①②）等。這種訓練方法的目的是使學生瞭解正確的動作概念，強化動作品質。

圖6-18

現代跆拳道運動教學與訓練

TAEKWONDO

①　　　　②

圖 6-19

(三)腰腿力量訓練

1. 腹肌力量練習

（1）兩頭起練習：身體仰臥，雙手和雙腳同時提起在空中接觸，或右手觸左腳，左手觸右腳。（圖 6-20①②③）

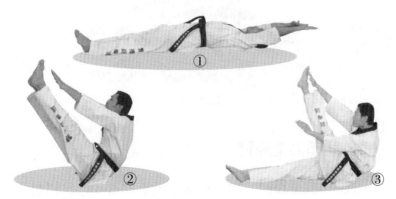

①

②　　　　③

圖 6-20

TAEKWONDO

（2）仰臥起坐：由同伴將練習者雙腳控制在一定的高度，練習者由仰臥坐起用雙手觸及同伴的頭部。（圖6-21①②）

圖6-21

2. 背肌力量訓練。（圖6-22）

圖6-22

3. 腿部力量練習

（1）負重深蹲：肩負槓鈴（或重物），做深蹲起練習。（圖6-23①②）

TAEKWONDO

圖 6-23

（2）蛙跳練習：雙腿屈膝全蹲，連續蹬地向前跳躍，跳起時儘量展體。（圖 6-24①②）

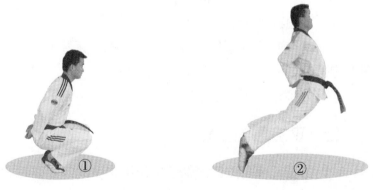

圖 6-24

(四)行進間準備活動訓練

行進間準備活動訓練主要是安排在準備活動的過程中，練習的目的是活動關節，提高身體靈活性和復習鞏固基本技術動作。訓練實踐中的形式舉例如下：

TAEKWONDO

1. 行進間前後滑步練習。

2. 兩人一組，一攻一防做行進間步法練習。如一人向前滑步進攻，另一人向後滑步防守。

3. 行進間跳起空中轉髖練習。（圖6-25）

圖6-25

4. 行進間360°轉體練習。

5. 行進間腿法練習。

6. 行進間反擊腿法練習。

7. 兩人一組，一攻一防做行進間攻防練習。如一人向前做前腿橫踢進攻，另一人做後腿橫踢反擊。

8. 行進間組合動作空擊練習。

9. 行進間腳靶或護具練習。一人餵靶或護具，另一人做行進間練習。

10. 行進間自由攻防練習。

(五)攻防意識訓練

攻防意識訓練可以由陪練者的餵引來完成。主要形式如下：

1. 一方拿靶或護具，另一方運用進攻動作擊打。

2. 一方拿靶或護具，另一方運用反擊動作擊打。

3. 一方餵靶或護具，另一方根據不同的靶位進行反應擊打。

4. 兩人一組，互相巧摸對方的頭或肩練習。

5. 雙方在遠距離不接觸的情況下，一方進攻，另一方

現代跆拳道運動教學與訓練

根據對方的動作做防守反擊。

(六)條件實戰訓練

條件實戰是指在設定一定的因素限制情況下進行實戰練習的方法。如：在訓練中一方進攻，另一方只能做防守反擊。再如：一方使用橫踢進攻，另一方只能使用後旋踢反擊。主要的形式如下：

1. 一方強化進攻技術，另一方強化防守技術。

2. 一方強化進攻技術，另一方強化防守反擊技術。

3. 為了練習某一進攻技術動作，限制配合者進攻技術，不限制反擊技術。

4. 為了練習某一進攻技術和反擊技術，雙方限制進攻的技術都一樣。

5. 為了練習某一個進攻組合技術和一個反擊技術組合技術，限制配合者的進攻技術。

進行條件實戰時，一定要明確練習的目的，要有針對性，處理好主練與配合者的關係，條件反射環境要真實，主練者要攻防到位，陪練者不能完全配合，要有實戰意識。

(七)實戰訓練

實戰訓練是檢驗訓練成果的有效手段，要在穿護具的情況下進行。實戰訓練的形式有以下幾種：

1. 男女配對實戰。目的是提高女隊員的技術水準。

2. 不同級別配對實戰。目的是提高運動員的適應能力。

3. 車輪戰。提高和強化練習者的實戰能力和體力下降時的技、戰術能力。

4. 變換時間實戰。在訓練中把實戰的時間拉長或縮短，如正式比賽時的時間為 3 分鐘一局，而訓練要求是 6 分鐘或 9 分鐘一局，或 1 分鐘或 30 秒鐘一局，主要目的是提高練習者的連續作戰能力和有效擊打能力。

(八)抗阻力訓練

抗阻力訓練一般是採取沙袋負重或皮條的方法，目的是提高動作的速度、力量和耐力。主要形式有：

1. 皮條練習。腳踝綁上皮條，做各種腿法練習（圖6-26），如橫踢、側踢、後踢等。

2. 沙袋負重練習。在沙袋負重的前提下，做腿法練習。（圖6-27）

3. 連續性的腳把或護具練習。一人拿靶或護具，練習者做連續性的腿法練習。（圖6-28①②）

現代跆拳道運動教學與訓練

圖 6-26

圖 6-27

①

②

圖 6-28

TAEKWONDO

二、攻防動作空擊訓練

攻防動作空擊的練習形式有以下幾種：
（一）原地單個技術攻防練習。
（二）原地組合技術攻防練習。
（三）行進間空擊練習。
（四）兩人一組，在不接觸的前提下，運用攻防技術進行空擊練習。

三、利用器材的輔助訓練

跆拳道訓練中的主要輔助器材有腳靶、護具和沙袋，訓練時可以針對相應的訓練目的，採取相應的器材進行訓練。具體形式舉例如下：

（一）腳靶和護具

腳靶訓練可以提高練習者的打擊力量、準確性以及反應意識。護具訓練與腳靶訓練的區別在於護具訓練可以提高練習者擊打人體的感覺，具有一定的針對性。常用的訓練方法有以下幾種：

1.原地腳靶或護具練習。 一人拿靶或穿護具，練習者運用攻防技術進行擊打。

2.行進間腳靶或護具練習。 一人行進間拿靶或穿護具，練習者運用攻防技術進行擊打。

3.自由反應練習。 配合者隨意出靶或護具，練習者根據不同的靶位和角度運用不同的技術進行擊打。這種方法的重點是訓練練習者的反應意識與應變能力。

TAEKWONDO

4.腳靶或護具多人練習。腳靶和護具多人訓練的形式
有兩種：一種是循環練習，另一種是變換練習。由於腳靶
和護具的練習方法相同在此不再做示範。

（1）同一技術循環練習

如：橫踢→橫踢（圖 6-29①）或下劈→下劈（圖 6-29
②）；也可以一名隊友在前面拿靶，其他人站成一隊，第
一名隊友踢完後站到排尾，輪換第二名隊友踢，第二名隊

①

②

圖 6-29

TAEKWONDO

友踢完後也站到隊尾，輪換第三名隊友踢。依次循環練習。

要點：兩個靶之間的距離要適中，不宜過近或過遠。

（2）組合技術循環練習

如：橫踢→下劈踢（圖6-30），兩名隊友各拿不同的靶位，練習者根據具體情況進行腿法組合打靶。

要點：這是多種技術的組合拿靶練習，拿靶時注意距離適中，技術的設計要合理。

圖 6-30

（二）沙　袋

擊打沙袋可以最大限度地發展練習者的打擊力量，練習的形式有三種：

1.原地打沙袋練習

主要練習目的是提高打擊力量，體會發力要領及擊打感覺。可以單獨練習，也可以兩人輪換練習。（圖6-31）

現代跆拳道運動教學與訓練

TAEKWONDO

圖 6–31

2. 結合各種步法做攻防練習

訓練中,練習者根據不同的距離,結合相應的步法做攻防練習。

3. 假想練習

訓練中,練習者將沙袋假設為實戰中的對手,想像可

TAEKWONDO

能出現的不同情況，運用相應的技術擊打沙袋。

第五節　跆拳道課的結構劃分與教案示例

一、跆拳道課結構的劃分

按照運動訓練的生理學規律，一般性的跆拳道課可以分為三個部分、九個訓練過程（圖6-32）。一般情況下準

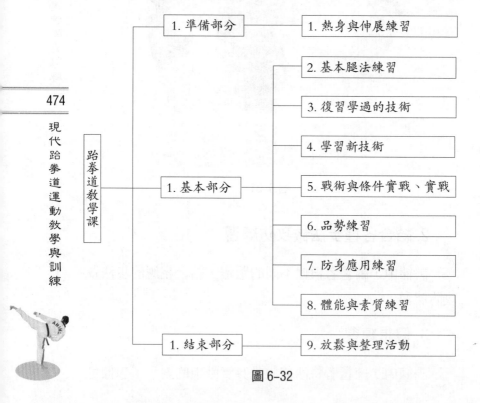

現代跆拳道運動教學與訓練

```
跆拳道教學課 ┬ 1. 準備部分 ── 1. 熱身與伸展練習
            │              ┌ 2. 基本腿法練習
            │              ├ 3. 復習學過的技術
            │              ├ 4. 學習新技術
            ├ 1. 基本部分 ─┼ 5. 戰術與條件實戰、實戰
            │              ├ 6. 品勢練習
            │              ├ 7. 防身應用練習
            │              └ 8. 體能與素質練習
            └ 1. 結束部分 ── 9. 放鬆與整理活動
```

圖 6-32

TAEKWONDO

備部分所占比例是整個課時的 20%～30%，基本部分所占比例是整個課時的 60%～70%，結束部分所占的比例是整個課時的 10%。準備部分的內容可以包括兩個層次：第一，點名、檢查服裝、宣佈課的任務與要求；第二，準備活動，內容包括一般性的準備活動和專項性的準備活動兩種，一般性的準備活動包括走、跑練習和遊戲等，專項性準備活動是針對本次課的任務設計的有針對性的準備練習。基本部分是整個教學的重點，也是教學訓練的重要部分。結束部分是組織學生進行放鬆和使機體恢復到安靜狀態的過程，同時也是教師總結和佈置作業的階段。

圖 6-32 所示的是一般性的教學課所包含的內容，在實際教學訓練中，也可以根據需要或訓練任務調整這九個過程，但準備部分中的熱身與拉伸練習和結束部分的放鬆與整理活動是必不可少的內容。

【註釋】

❶　王道俊，王漢瀾‧教育學‧北京：人民教育出版社，1989：178.

❷　同❶，220.

❸　王道俊，王漢瀾‧教育學‧北京：人民教育出版社，1989：242.

❹　全國體育院校教材委員會‧體育院校通用教材　運動訓練學‧北京：人民體育出版社，2000:155.

❺　全國體育院校教材委員會‧體育院校通用教材　運動訓練學‧北京：人民體育出版社，2000:158.

❻　全國體育院校教材委員會‧體育院校通用教材　運動訓練學‧北京：人民體育出版社，2000:166.

❼　全國體育院校教材委員會‧體育院校通用教材　運動訓練學‧北京：人民體育出版社，2000:169.

二、跆拳道課教案示例

課的名稱：跆拳道教學課
上課時間：第×週　第×次課　　×年×月×日
任課教師：×××

教學內容	跆拳道：1. 復習鞏固基本腿法，重點體會腿法組合的連貫性及攻防意識。2. 學習後踢腿技術。3. 條件性的攻防練習。4. 復習品勢與防身技術。
本課目標	1. 認知目標：透過教學使學生對跆拳道運動有進一步的了解，培養學生學習興趣。 2. 技能目標：透過教學使95%以上的學生能夠在教師的指導下完成學習任務。 3. 情感目標：透過教學培養學生自強、自立、不怕苦的意志品質，加強武德教育，最大限度地激發學生的學習興趣。

順序與時間	課的內容及負荷量		教學組織與方法
準備部分 50分鐘	一、課前組織 ㈠ 整隊集合，師生問好。 ㈡ 提出本課教學目標與要求，檢查服裝，安排見習生。	2分鐘	一、課前組織 ㈠ 隊形 ×××××××× ☆××××××× △ ㈡ 要求：快、靜、齊
	二、課前組織 ㈠ 關節操 1. 頭部運動（2×8拍） 2. 體轉運動（2×8拍） 3. 肩部運動（2×8拍） 4. 腰部運動（2×8拍） 5. 膝部運動（2×8拍） 6. 踝關節、腕關節運動（2×8拍）	8分鐘	二、熱身運動 ㈠ 關節操隊形 ×××××× ×××××× ×××××× ×××××× △
	㈡ 繞場地慢跑熱身		㈡ 慢跑隊形 ×××××× ×××××× △ ㈢ 要求：精力集中、精神飽滿。

註：△爲教師，☆爲隊長，×爲學生

教學內容	跆拳道：1. 復習鞏固基本腿法，重點體會腿法組合的連貫性及攻防意識。2. 學習後踢腿技術。3. 條件性的攻防練習。4. 復習品勢與防身技術。	
本課目標	1. 認知目標：透過教學使學生對跆拳道運動有進一步的了解，培養學生學習興趣。 2. 技能目標：透過教學使95%以上的學生能夠在教師的指導下完成學習任務。 3. 情感目標：透過教學培養學生自強、自立、不怕苦的意志品質，加強武德教育，最大限度地激發學生的學習興趣。	

順序與時間	課的內容及負荷量		教學組織與方法
準備部分 50 分鐘	三、柔韌性練習 ㈠ 馬步拉伸（2×8拍） ㈡ 腰部柔韌性練習（2×8拍） 1. 轉腰練習（2×8拍） 2. 涮腰練習（2×8拍） ㈢ 下肢柔韌性練習 1. 弓步壓腿（4×8拍） 2. 仆步壓腿（4×8拍） 3. 虛步壓腿（4×8拍） 4. 坐位拉伸（4×8拍） 5. 橫豎叉（4×8拍）	5 分鐘	三、柔韌性練習 ㈠ 隊形 （○ △ 圖示） ㈡ 要求：以教師為圓心圍成一圈，全班統一練習。
	四、專項準備活動 ㈠ 步法練習 1. 兩人一組進行步法攻防練習 2. 根據信號做步法移動練習 ㈡ 專項身體訓練 1. 抱腿跳8次×30公尺衝刺跑 2. 分腿跳8次×30公尺衝刺跑 3. 屈腿跳8次×30公尺衝刺跑 4. 抱、屈、分組合跳6次×30公尺衝刺跑 5. 左右單腿提膝12次×30公尺衝刺跑 6. 左腿兩次、右腿兩次12次×30公尺衝刺跑	10 分鐘	四、專項準備活動 ㈠ 步法練習隊形 ×××××× ×××××× ×××××× ×××××× △

TAEKWONDO

教學內容	跆拳道：1. 復習鞏固基本腿法，重點體會腿法組合的連貫性及攻防意識。2. 學習後踢腿技術。3. 條件性的攻防練習。4. 復習品勢與防身技術。
本課目標	1. 認知目標：透過教學使學生對跆拳道運動有進一步的了解，培養學生學習興趣。 2. 技能目標：透過教學使 95%以上的學生能夠在教師的指導下完成學習任務。 3. 情感目標：透過教學培養學生自強、自立、不怕苦的意志品質，加強武德教育，最大限度地激發學生的學習興趣。

順序與時間	課的內容及負荷量		教學組織與方法
準備部分 50 分鐘	(三) 復習提高跆拳道基本腿腿法空擊練習（20×6組） 要求：1. 圍繞前踢、橫踢、下劈踢等基本腿法進行練習，以組合技術為主；2. 結合步法、動作規範、發力準確	5 分鐘	(二) 專項身體訓練隊形 ××××× ⟶ ××××× ⟶ △ (三) 組織形式及教法 1. 組織形成 行進間練習，兩人一組，互相觀摩糾正練習。 2. 教學方法 (1)及時發現練習中的錯誤並進行糾正；(2)尋找優秀者進行示範，有目的地講解。
基本部分 50 分鐘	一、學習後踢腿技術 （以左實戰姿勢為例） 1. 轉身提膝 要點：提腿時大小腿應充分回收，蓄力待發	20 分鐘	一、學習後踢技術組織形式及教法 (一) 組織形式 ××××××××× ××××××××× △ (二) 教學方法 1. 講解法：講解動作路線、動作要領及發力順序等。 2. 示範法：採用慢速和正常速度的示範。 3. 分解教學法：將後踢腿分解為轉身提膝、踢擊和收回還原三個階段。 要求：聲音洪亮、精神飽滿。

現代跆拳道運動教學與訓練

TAEKWONDO

教學內容	跆拳道：1. 復習鞏固基本腿法，重點體會腿法組合的連貫性及攻防意識。2. 學習後踢腿技術。3. 條件性的攻防練習。4. 復習品勢與防身技術。	
本課目標	1. 認知目標：透過教學使學生對跆拳道運動有進一步的了解，培養學生學習興趣。 2. 技能目標：透過教學使 95%以上的學生能夠在教師的指導下完成學習任務。 3. 情感目標：透過教學培養學生自強、自立、不怕苦的意志品質，加強武德教育，最大限度地激發學生的學習興趣。	
順序與時間	課的內容及負荷量	教學組織與方法
基本部分 50 分鐘	2. 踢擊  要點：①後踢時上體與踢出腿應在同一平面內，要控制住肩部不要隨之轉動；出腿時提膝腿要與支撐腿夾緊；②轉身、提腿、後踢三個動作要連貫有力。 3. 回收還原。  要點：動作完成後，上體右轉，右腳向前落步成右實戰姿勢站立。 教學重點：提膝腿要與支撐腿夾緊，避免外翻，力達腳掌。 教學難點：動作路線的準確性。	20 分鐘	

教學內容	跆拳道：1.復習鞏固基本腿法，重點體會腿法組合的連貫性及攻防意識。2.學習後踢腿技術。3.條件性的攻防練習。4.復習品勢與防身技術。
本課目標	1.認知目標：透過教學使學生對跆拳道運動有進一步的了解，培養學生學習興趣。 2.技能目標：透過教學使95%以上的學生能夠在教師的指導下完成學習任務。 3.情感目標：透過教學培養學生自強、自立、不怕苦的意志品質，加強武德教育，最大限度地激發學生的學習興趣。

順序與時間	課的內容及負荷量		教學組織與方法
基本部分 50分鐘	二、學習後踢腿技術完整動作 ㈠速度由慢到快完整地模仿練習 ㈡結合步法進行完整技術練習 要求：動作要連貫，力點準確 （30次×4組） 教學重點：用心順達、路線正確 教學難點：動作連貫、力點準確	5分鐘	二、學習後踢技術完整動作的組織形式及教法 ㈠組織形式 　××××××××× 　××××××××× 　　　△ ㈡教學方法 1.講解法：講解動作的節奏和發力要點等。 2.示範法：採用慢速和正常速度的示範。 3.完整教學法：完整地進行後踢腿教學。 4.預防和糾正錯誤法：對學生容易出現的錯誤進行提前講解，出現後及時糾正。 5.進行分解練習時，兩人一組，練習者扶同伴雙肩，反覆重複提膝、踢擊和收回動作。 ㈢後踢完整動作組織形式 　××××××××× 　××××××××× 　　　△
	三、條件實戰練習 ㈠條件限制 1.一方主動進攻，另一方防守反擊。		三、條件實戰組織形式及教法 ㈠組織形式 兩人一組，全班分成兩大組，交替上場練習。

現代跆拳道運動教學與訓練

TAEKWONDO

教學內容	跆拳道：1. 復習鞏固基本腿法，重點體會腿法組合的連貫性及攻防意識。2. 學習後踢腿技術。3. 條件性的攻防練習。4. 復習品勢與防身技術。	
本課目標	1. 認知目標：透過教學使學生對跆拳道運動有進一步的了解，培養學生學習興趣。 2. 技能目標：透過教學使 95%以上的學生能夠在教師的指導下完成學習任務。 3. 情感目標：透過教學培養學生自強、自立、不怕苦的意志品質，加強武德教育，最大限度地激發學生的學習興趣。	
順序與時間	課的內容及負荷量	教學組織與方法
基本部分	2. 一方運用橫踢進攻，另一方運用下劈踢反擊。 (二) 要求 抓住進攻和反擊的時機，處理好進攻反擊的節奏。 (三) 負荷時間 1 分鐘／組×4 組。	5分鐘	♀ ♀ ♀ ♀ ♀ △ ♂ ♂ ♂ ♂ ♂ (一) 教法 1. 兩組之間互相觀摩交流和互相評價 2. 教師做重點點評
	四、品勢及防身自衛技術練習 (一)復習品勢太極六章。 (二)復習防身自衛術（對手抓住衣領時的反擊技術）。	5分鐘	四、品勢及防身技術練習組織形式及教學方法 (一) 組織形式 1. 品勢練習成四列橫隊，全班統一進行；2. 防身術練習時兩人一組，互相練習，隊形同上。 (二) 教學方法 1. 教師巡迴輔導，個別糾正；2.抓住共性統一進行講解。
	五、專項素質練習 (一) 蹲起橫踢 30 次。 (二) 360°旋轉 20 次×2 組。	5分鐘	五、專項素質練習時要求學生全力以赴，保證質量，隊形如下：×××××××× ×××××××× △
結束部分 15分鐘	一、放鬆練習 (一) 方法 1. 揉捏按摩上肢。 2. 甩臂。 3. 仰臥抖腿。	10分鐘	一、結束部分組織形式及教法 (一)組織形式 ×××××××× ×××××××× △

TAEKWONDO

教學 內容	跆拳道：1. 復習鞏固基本腿法，重點體會腿法組合的連貫性及攻防意識。2. 學習後踢腿技術。3. 條件性的攻防練習。4. 復習品勢與防身技術。
本課 目標	1. 認知目標：透過教學使學生對跆拳道運動有進一步的了解，培養學生學習興趣。 2. 技能目標：透過教學使95%以上的學生能夠在教師的指導下完成學習任務。 3. 情感目標：透過教學培養學生自強、自立、不怕苦的意志品質，加強武德教育，最大限度地激發學生的學習興趣。

順序與 時間	課的內容及負荷量		教學組織與方法
結束 部分	4. 仰臥放鬆 ㈡ 要求 練習時要求思想放鬆，排除雜念。	8 分 鐘	㈡ 教法 1. 兩人一組互相揉捏甩臂練習。 2. 教師語言提示。
	二、小結講評 ㈠任務完成情況。 ㈡練習中存在的問題及要求。 ㈢布置課後作業。 ㈣收回器材，師生再見。	2 分 鐘	教師講評、學生認真聽並記錄，隊形如下： ××××× ××××× △

現代跆拳道運動教學與訓練

	指　標	預計完成情況	實際完成情況
教學預 計與完 成情況	技術教學效果	良　好	
	學生的學習效果	98%的學生能夠在教師的指導下完成教學任務	
	課堂氣氛	活　躍	
	預計負荷情況	負荷量：中→小， 負荷強度：中→大→小	
	預計心率情況	平均心律　90～120次／分 最高心律160～180次／分	

第七章
跆拳道訓練時應注意的問題

跆拳道訓練過程是以運動員為主體，在教練的專門指導下和各方面人員的積極參與下，為提高運動員的競技能力和運動成績而專門組織的一種體育教育過程。這一過程不僅包括身體素質訓練、技術訓練、戰術訓練、心理訓練、智慧訓練，還包括運動員的選材和醫務監督等。

另外，在跆拳道的全過程訓練中，還需要多方面人員的參與，其中包括管理人員、科研人員、領隊、隊醫以及後勤保障人員。本章將重點就訓練、選材以及醫務監督等問題進行論述。

第一節　跆拳道運動員選材與訓練的一般要求

隨著跆拳道技術體系的日益完善，基礎訓練顯得尤為重要。為此，我們透過對北京市什剎海體校跆拳道隊和瀋陽體育學院競技體校跆拳道隊等典型學校的調查，試圖以選材、身體素質、基礎技術訓練、心理訓練等方面為切入點，對跆拳道基礎訓練理論與實踐相關問題進行探討，以

期望為訓練實踐提供理論參考。

成功的訓練經驗告訴我們，跆拳道的訓練必須堅持「全面身心訓練」的原則，做到五抓：即抓啟蒙訓練的年齡、抓住跆拳道選材關、抓好身體素質的訓練、抓實基礎技術的訓練和抓穩心理的訓練。

一、抓啓蒙訓練的年齡

多大年齡開始從事跆拳道基礎訓練好呢？我們曾對韓國及我國的 30 名優秀跆拳道運動員作過調查研究，並得出結論：7—9 歲是進行跆拳道啟蒙訓練的最佳年齡。韓國優秀運動員的成長過程表明，進入專項訓練的平均年齡為 11.93 歲，專項訓練的年限平均為 3.33 年；在國家級比賽中取得名次的平均年齡為 15.35 歲，所需訓練年限平均為 6.4 年，退役的平均年齡為 24.26 歲。（圖 7-1）

當然，上述資料僅供參考，但它也從另一個角度說明了一個問題：啟蒙訓練起始年齡的合理確定，將有助於跆拳道訓練的系統性和科學性，有助於優秀跆拳道運動員個人潛能的發揮，有助於業餘體校跆拳道訓練與優秀運動隊

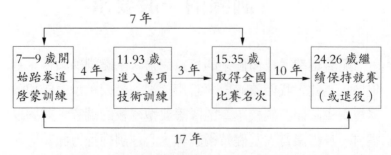

圖 7-1　跆拳道基礎訓練年齡階段劃分模式圖

TAEKWONDO

訓練年齡的銜接。另外還發現，因為業餘體校跆拳道隊受名額或編制的限制，入隊時多數都要經過目測和實測的選材過程，而一般跆拳道館、校多以營利為目的，入校前並不過選材關。業餘體校的啟蒙訓練效果明顯好於跆拳道館、校。

二、抓跆拳道的選材關

跆拳道選材是創造優異成績的前提條件，好的選材是訓練成功的一半，有的教練員卻經常忽略了這個環節。依據選材的基本要素，可將跆拳道的選材概括為遺傳選材、年齡選材和競技能力選材三個方面。根據走訪和實地調查，在實踐操作中，我們將跆拳道選材概括為四個測試指標，即形態指標、機能指標、素質指標和心理指標。

(一)形態指標

形態指標在實際操作中也稱為形態選材，是指由研究跆拳道運動員的外部特徵進行選材，它適用於訓練早期的運動員，身體形態可以為運動能力、身體素質、運動技術和身體機能等方面的情況提供有價值的資訊。

1.外形

首先靠教練員的目測，要注意五官端正，上下肢比例勻稱，體重適度，兩腿要直，骨骼肌肉發達，無明顯「O」或「X」型腿，脊柱應有正常生理彎曲度、無側彎，腰圍較小。總之，在選材時就要充分考慮到那些有利於跆拳道技術發揮的形態特徵。

2. 身 高

在選材中對跆拳道運動員的身高要求尤其重要，原因是身高可以直接決定實戰中距離的優勢。

目前預測身高的方法多種多樣，這裏介紹幾種常用的方法。這些方法是利用父母的身高來預測子女的身高。有關專家研究表明，身高在所有體態特徵中遺傳係數大約為90%。因此參照父母的身高，可以推測子女未來身高的趨向。（表7-1）

表7-1 父母遺傳對後代身高的影響

父母身高（公分）	子女未來趨向
父母都高 （父 180 以上　母 170 以上）	很高和高的可能性很大，中和矮的可能性極小
父母都中等 （父 170～179　母 160～169）	長高和中等的可能性較大，長矮的可能性很小
父母都矮 （父 170 以下　母 160 以下）	長中和長矮的可能性較大，長高的可能性很小
父母中一人高一人矮	長中的可能性較大，長高的可能性次之，長矮的可能性較小
父母中一人中一人矮	長中的可能性較大，長矮和長高的可能性比較小
父母中一人高一人中	長高的可能性很大，長中的可能性次之，長矮的可能性很小

還有人根據數理統計的原理，將子女和父母身高關係總結為下列的預測公式：（單位公分）

$$兒子身高 = 56.699 + 0.419 \times 父親身高 + 0.265 \times 母親身高$$

$$\text{女兒身高} = 40.089 + 0.306 \times \text{父親身高} + 0.431$$
$$\times \text{母親身高}$$

原民主德國的格利姆認為，父母出生地距離越遠，子女的平均身高就越高。另外，由父母的長相也可以預測子女未來的身高。如果被預測者的長相像父親，那麼他的身高就可能接近其父親；如果被預測者的長相像母親，那麼他的身高就可能接近其母親。

3. 其他

中小級別的運動員體形屬於中胚性外胚層型，骨骼肌肉欠發達，身材較為修長，軀幹較為單薄，四肢較細。大級別運動員體形屬於外胚性中胚型，隨著級別的增大，四肢較為粗壯。

在同一體重級別中進行選材時，要注意不同等級運動員的身體形態特徵，注意髖部窄小、臀部肌肉向上緊縮、踝圍小跟腱粗而長、足弓高的運動員，這樣有利於腿法爆發力的發揮和專項身體素質的訓練。

（二）機能指標

身體機能是提高運動水準的重要因素，是運動能力的基礎。競技跆拳道比賽時運動強度很大。因此，再選材時需要注意選那些心肺功能好的運動員，而且是經過試訓一段時間而表現出來機能好的運動員。

1. 健康

選材時要選那些身體健康者，再選時應進一步確認。

TAEKWONDO

首先個人應無既往重大病史，同時，從遺傳學角度看，身體形態和身體機能的遺傳較大，因此，再選時也要注意親代（如父母）身體健康者，甚至要注意其家族有無既往病史，如有無家族性的心臟病及先天性貧血症等疾病。

2. 心率

心率反映心臟功能和運動員承受體力負荷的能力。選材時應選取安靜時脈搏次數少、心跳清晰有力、節律好的對象。8—10歲的兒童，每分鐘脈搏在80～90次為佳，界限值可參見表7–2。

表7–2　中國少年兒童脈搏的界限值（歲）

性別	界限	7	8	9	10	11	12	13	14	15	16	17	18—25
男	上限	108	107	106	105	104	103	102	101	100	99	98	96
女	上限	109	108	107	106	105	104	103	102	101	100	99	97

當負荷後，恢復到原有水準的時間越短越好；當脈搏達180次／分的時候，恢復到120次／分約需5分鐘，少於5分鐘說明機能水準較高。

3. 生化指標測評

生化指標測評，主要包括血乳酸測試和血睪酮測試。跆拳道比賽時運動員的代謝水準是以無氧代謝為主，血乳酸測試是體育界廣泛使用的測試無氧供能能力的方法，它能準確反映選拔物件的無氧供能水準。血睪酮也是測試的重要指標之一，尤其在搏擊格鬥項目中。

有關研究表明，血睾酮與運動能力有密切關係，對提高力量、速度、耐力等素質有明顯的作用。血睾酮高的運動員運動能力強，這一點在格鬥類項目上顯得更為突出。

(三)素質指標

素質指標在跆拳道的早期選材中顯得尤為重要，在被選物件還沒有接受跆拳道訓練時，不具備專項身體素質的能力，此時進行一般的素質測試，是評定被選物件的重要指標。

對跆拳道專項水準起主導作用的因素有五種，依次為力量、速度、靈敏、柔韌和耐力，選材時要特別注意相對速度快、協調性高、爆發力和彈跳力強、速度耐力好的物件，各項素質測試內容和方法如下：

1.速 度

速度是一種在最短時間內完成動作的能力。對跆拳道項目至關重要的是動作速度和反應速度，可用通過某段距離所用的時間來表示，也可用單位時間裏移動的距離來表示。速度素質發展的敏感期較早，在 10—13 歲。一般男、女 13 歲時已分別發展了 86% 和 97%。這一時期的男女運動員經過一段訓練，選材時要求相對有所提高。（表 7-3）

另外，除了看短距離跑完成的時間等指標外，還要注意觀察其跆拳道動作的速度。如測定 10 秒橫踢腿次數，一般應在 20 次以上。同時還可以觀察其動作的協調性和爆發力。還可以設計一定的動作組合讓測試者練習，然後看完成的速度。

TAEKWONDO

表 7-3　速度指標評價表

內容		成績		成績
30 公尺跑要求分別達到或優於	男	5 秒	女	5.4 秒
60 公尺跑要求分別達到或優於	男	9 秒	女	9.5 秒
100 公尺跑要求分別達到或優於	男	15 秒	女	16.4 秒

2. 柔 韌

柔韌性是由一定的關節或關節的聯合活動範圍及肌肉的伸展性來表現的。技術動作完成的品質還直接取決於某些關節柔韌的程度，柔韌性是跆拳道運動員重要的身體素質之一，選拔時主要觀察腿、腰及踝關節的柔韌性，這些指標可由壓腿、下叉等方法測試。

3. 力 量

力量是肌肉緊張和收縮時所表現的對抗力和克服身體重量的做功能力。跆拳道腿法擊打效果如何，身體對抗能力的好壞，這些都要靠力量素質。進行選拔時要注意爆發力和彈跳力兩個方面。

爆發力好的運動員起動快，動作富有彈性而且輕巧。這在 30 公尺衝刺跑、60 公尺衝刺跑與立定跳遠、立定三級跳等練習中能體現出來。另外，還可以結合專項，做 10 秒鐘快速橫踢腿來觀察。

4. 靈 敏

靈敏是運動員運動技能的集中表現，與反應及協調性

緊密相關。簡單測試方法有：

（1）背向給信號，讓受試者做轉身跑，觀察其頭腦反應速度；

（2）10 秒鐘的立臥撐次數，一般青少年以 8 次／10 秒以上為佳。

5. 耐 力

耐力是指運動員長時間進行肌肉活動的能力。一般採用 800 公尺（女子）和 1500 公尺（男子）的成績來衡量，也可用 15 分鐘跑的距離來評價。（表 7–4）

表 7–4　15 分鐘跑的距離評價表

性別	年齡（歲）	好	中	差
男	7	2600 公尺以上	2600～2200 公尺	2200 公尺以下
	8	2800 公尺以上	2800～2300 公尺	2300 公尺以下
	9	3000 公尺以上	3000～2400 公尺	2400 公尺以下
	10	3200 公尺以上	3200～2600 公尺	2600 公尺以下
	11	3300 公尺以上	3300～2700 公尺	2700 公尺以下
	12	3400 公尺以上	3400～2800 公尺	2800 公尺以下
	13	3500 公尺以上	3500～2900 公尺	2900 公尺以下
女	7	2300 公尺以上	2300～2000 公尺	2000 公尺以下
	8	2400 公尺以上	2400～2100 公尺	2100 公尺以下
	9	2500 公尺以上	2600～2300 公尺	2300 公尺以下
	10	2800 公尺以上	2800～2400 公尺	2400 公尺以下
	11	3000 公尺以上	3000～2500 公尺	2500 公尺以下
	12	3100 公尺以上	3100～2600 公尺	2600 公尺以下
	13	3200 公尺以上	3200～2700 公尺	2700 公尺以下

TAEKWONDO

另外，選拔時還要注意運動員的專項耐力，通常是讓運動員進行多組數的技術組合，測試脈搏變化與恢復時間。

(四)心理指標

心理選材是指運用現代心理學的理論，從心理素質方面選拔優秀運動員的方法。心理選材包括運動員心理能力和個性心理特徵兩個方面。運動員的氣質、反應、個性都在很大程度上受先天因素的影響，因此，在選材時要特別重視。實踐中的測試方法有以下幾種：

1. 測試反應能力及注意力集中程度

即從發出信號的瞬間到完成應答反應瞬間的速度。測試的方法有兩種：

（1）讓受試者排成橫隊，然後按教練員向左、向右、向前、向後無規則的手勢向反方向跑動。（2）測試者以哨聲或「1、2、3」口令來指揮，受試者成縱隊慢跑，當聽到一聲哨響或「1」的口令時，繼續前跑；聽到兩聲哨響或「2」的口令時，轉體 180°跑；聽到三聲哨響或「3」的口令時，轉體 360°跑，由以上方法可測得選拔物件的反應能力及注意力集中的程度。

2. 表現能力、心理素質與個性特徵

反映優秀跆拳道運動員心理測評能力的指標有視－動連續簡單反應時、四肢選擇反應時、時空判斷、空間長度判斷、綜合反應、操作思維和距離感等。表現能力是一種

外在的表現形式，往往可以代表心理的活動，可由以下方法測試：（1）表演唱歌、跳舞或模仿象形舞蹈或模仿動作做遊戲；（2）學習簡易的但受試者都沒學過的跆拳道動作組合，經過同等的教學環節，如教練員領做 3 遍，然後讓受試者個別表演。

跆拳道比賽時要求運動員頭腦靈活、反應迅速。對於這一點有些運動員在兒童時代就已具備並表現出天賦。如有的兒童很善於表現自我，人越多越放鬆，這正是跆拳道優秀運動員所需要的，將來有可能成為「比賽型」的運動員。反之，有的兒童就不愛表演，表演時往往怯場，這種現象屬表現慾及表現能力均差者，將來可能成為「訓練型」的運動員，難以冒尖，在選拔時要予以注意。

有關研究表明，優秀的跆拳道運動員神經類型大多屬於靈活型或穩定型。優秀的跆拳道運動員的個性特徵表現為：在個性的意志特徵上，一般好強、固執、獨立、積極、支配性和主動性較強、冒險而少顧忌；在個性情緒特徵上表現為輕鬆興奮、自信心強、情緒穩定而成熟等，這些特徵在選材時應引起注意。

3. 意志品質

意志品質是反映運動員思想意識的重要指標。常用測試方法有：

（1）原地雙腳向上連續縱跳 30 秒×5 組，觀察縱跳品質並計算次數；（2）透過實戰對抗或耐力訓練觀察運動員的意志品質，教練員可以由運動員的表現觀察其心理狀況及自我調控能力。

TAEKWONDO

(五)智能指標

在高水準的競技比賽中，運動員不僅要表現出良好的技術素質，還要表現出超人的智慧素質，這樣才能獨立分析場上對手的特點，貫徹教練員的戰術意圖，採取相應的技、戰術打法，從而贏取比賽的勝利。智能選材在跆拳道選材中也有十分重要的意義。有關學者研究顯示，運動員選材時，智商（IQ）下限定為 95 左右為宜。測試時主要使用韋克斯勒智力成人量表（中國修訂）。

以上重點論述了跆拳道選材時的注意事項，廣大教練員在中級選拔和高級選拔時，還要注意對被選運動員的技、戰術和專項綜合能力進行測試，選拔時要充分觀察運動員的實戰能力以及在實戰中所表現出的各項指標。

三、抓好身體素質的訓練

身體素質分為一般和專項兩種，在基礎訓練時期二者兼顧會取得最佳的訓練效果。按照我們的訓練安排，一般身體素質占 55％，而專項素質占 45％。一般身體素質訓練中多借用田徑、體操和舉重項目的一些內容和方法，如透過短距離跑來提高運動員腿法動作的頻率和速度，避免拖泥帶水的現象；由長距離跑來提高運動員的耐力和意志品質等。

身體素質發展是有不均衡性，有快有慢，有先有後，還有穩定發展時期。這一點教練員要充分考慮。有關研究表明，我國城市男女不同年齡階段身體素質的發展情況如表 7-5 所示。

表 7-5　中國城市男女不同年齡階段身體素質的發展情況（歲）

內容	男			女			
	快速增長	緩慢增長	穩定	快速增長	停滯下降	緩慢增長	穩定
1分鐘仰臥起坐	7-13	14-18	19以後	7-11	12-16	14-18	19以後
60公尺跑	7-14	15-18	19以後	7-12	15-16	17-20	21以後
屈臂垂懸	7-16	17-21	22以後	7-10	11-17	18-21	21以後
立定跳遠	7-15	16-21	22以後	7-13	14-16	17-18	19以後
400公尺跑	7-14	15-20	21以後	7-11	12-16	17-20	21以後

註：引自《中國青少年兒童身體形態、機能與素質的研究》，1997。

根據原蘇聯沃爾科夫和法爾費利的研究，各身體素質的敏感發展期如表 7-6 所示。

表 7-6　身體素質的敏感年齡

身體素質	敏感發展期（歲）
速　度	10-13
力　量	13-17
爆發力	12-13
耐　力	10、13、16
靈　敏	13-14
柔　韌	11-13

根據上述資訊，教練員要不誤時機地、有針對性地加以訓練，這一點對運動員運動生涯的延續和可塑性的提高是十分重要的。

四、抓實基礎技術的訓練

安排基礎技術訓練，必須從長計議，有戰略意識。成功的訓練經驗表明，基礎技術的好壞直接影響更高層次的訓練和比賽，這說明技術訓練的重要性。因此，狠抓技術訓練，使其形成正確的技術概念，保證動作質量尤為重要。如果忽視了這一點，一旦形成錯誤的動作定型，就會嚴重地影響技術水準的提高和創新。實踐訓練中有這樣一種現象：有許多教練員寧肯花更多力氣和時間自己從小培養一批小隊員，也不願意去接收那些基礎技術差、已形成不良習慣的隊員，其原因也就在於此。

對跆拳道技術訓練的要求，應因階段不同而有所區別。在初級階段一定要遵照循序漸進、由淺入深、由簡到繁、由易到難的訓練原則，同時要做到一正、二細、三深入。

所謂正，就是講究動作的一板一眼，動作規範。如橫踢，開始就應把動作路線、發力點等弄清楚，做規範，不允許附加任何小動作。常規的訓練方法是分解練習、慢速練習、完整練習，適當增加力量的練習，此時教練員的及時語言提示和觸摸式的糾正十分重要。

所謂細，就是對訓練要耐心和細心。一個動作在初級階段易出現泛化現象，有時持續的時間還比較長，常規的訓練方法有正誤對比、對著鏡子練習、觀看錄影慢動作和慢速多次數練習等。此時需要教練員及時指導和糾正，不厭其煩地抓好每一個技術動作。

所謂深入，就是從多方位和多角度地去完善技術，即意識與動作的結合。大家知道，同樣一個技術動作，對不

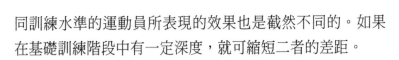

同訓練水準的運動員所表現的效果也是截然不同的。如果在基礎訓練階段中有一定深度，就可縮短二者的差距。

五、抓穩心理的訓練

上述四個環節的訓練都是圍繞身體和技術進行的，這只反映了訓練的一個方面，另一個方面就是心理訓練，這也是基礎訓練中容易忽視的問題。

人作為一個整體是由生理和心理兩大部分構成的，跆拳道訓練同樣需要遵循身心協調發展這樣一個規律，忽視了任何一方面都會影響訓練效果和運動成績。大量運動實踐的經驗和教訓也證明了這一點。

抓跆拳道運動員的心理訓練必須與身體訓練同步，也就是說心理訓練內容應與身體訓練內容相吻合，如在素質訓練和掌握技術過程中身體必然產生渴、累、酸、痛等生理上的反應，而在這個過程中又是進行意志品質、堅定信心、克服疲勞訓練和教育的最佳時機。

心理訓練不同於一般的政治思想工作，政治思想工作多採用說服、教育和批評等形式，即擺事實、講道理，主要是解決認識和行為問題。心理訓練是用疏導、支持、同情、理解以及各種具體操作性方法改變人的心理和生理機能，主要針對情感和行為問題。

根據我們的訓練體會，青少年運動潛能的發揮，在於體力、技術和心理因素的有機結合，心理訓練在整個訓練中的比重占30%較為適宜，早期的心理訓練應以培養意志品質和個性為主，並注意以下四個問題：

第一，對少兒運動員訓練效果的評價要恰如其分，採

用討論的方法和以事實舉例的方式會收到更好的效果；

第二，注意培養少兒運動員的獨立性，有意識地讓他們獨立思考和獨立處理一些訓練中的問題；

第三，採用多種形式、手段和內容，增加訓練的趣味性，激發運動員的動機和興趣，引導他們自覺地參與訓練；

第四，跆拳道隊中獨生子女的比例不斷加大，這會帶來許多矛盾或衝突，教練員應做好心理健康教育和實踐的指導工作。

總之，跆拳道運動員的基礎訓練十分重要，既然是基礎訓練就必須堅持「全面身心訓練」的原則。一定要做到上述五抓：抓啟蒙訓練的年齡、抓住跆拳道選材關、抓好身體素質的訓練、抓實基礎技術的訓練和抓穩心理的訓練，這樣才可以收到良好的訓練效果。

第二節　運動損傷的預防與處理

一、跆拳道運動損傷的原因與預防

(一)產生運動損傷的原因

從預防運動損傷的觀點來看，造成運動損傷的原因有三個方面因素：第一，運動員本身的因素；第二，總體運動方法的因素；第三，周圍環境因素。換句話說，也就是內在因素和外部因素。

內在因素是指運動員自身因素，身體條件和心理素

質；外部因素是指訓練或比賽方法及自然環境、人工環境等。運動損傷往往是一個複合的因素所造成，從預防損傷發生的角度看，必須瞭解和掌握可能造成損傷發生的相關因素。

內在因素（個體因素），包括身體條件和心理素質。身體條件指年齡、性別、體格、身體組成、體力、疾病、勞損、疲勞度、營養狀況、關節可動閾、身體柔軟性、下肢骨骼力線等。心理素質指不安性格、緊張度、興奮度、競爭心等等。

外部因素，包括方法因素和環境因素。方法因素包括質的因素（指運動的種類和運動的程度）和量的因素（指運動強度、運動時間和運動頻率）。環境因素包括自然環境（指季節、氣候、天氣情況、海拔高度，以及運動安排在一日內的哪段時間）和人工環境（指運動器械設備、周圍環境、服裝、防護器材、運動鞋、運動服裝）等等。

1. 身體條件

（1）年齡

青少年期骨骼發育尚未成熟，因此對於外力的抵抗防禦能力較弱；發育中的骨和軟骨與成人相比也顯得軟弱；骨的長徑生長與骨周圍肌肉肌腱發育相比，前者顯得較慢。關節由骨和周圍的關節囊、韌帶等組成，在韌帶受到暴力損傷時，骨和軟骨往往先出現損傷。

有關學者對跆拳道運動員損傷情況作了統計研究，從統計的結果可以看出青少年組損傷最多見的是骨折，其次是扭、挫傷，而在成年組中軟組織扭、挫傷占首位，骨折

占第二位，不同年齡的運動損傷也有不同的特點。

（2）性別

男性與女性身體內脂肪含量有明顯的差別，男性身體內脂肪含量平均是體重的 13%，而女性高達 23%。性別差異的另一個表現點，女性比男性下肢輕度膝內翻畸形更為多見，下肢力線的不準確造成小腿肌肉的積累性勞損，導致疲勞性脛部疼痛的症狀。

性別差異最引人注目的是女性月經期，在此期間進行大負荷訓練後月經週期往往出現紊亂，造成雌激素分泌低下。這也是造成疲勞性骨折的原因之一。

（3）體格、體力、技能

體重重的運動員比體重輕者容易造成運動損傷，這是因為他們體內脂肪多，肌肉的發達度減低，身體的靈活性、耐久力相應也變差。故而在抵禦造成創傷的能力上，體重者處於不利的地位。

屈肌群與伸肌群的肌肉力量之比也是一個很重要的因素，例如膝的屈肌、伸肌肌力比不平衡，大腿後群肌容易發生肌肉撕裂傷。

對於技術不熟練的運動員，如初學跆拳道腿法技術的學員由於訓練不當，膝關節周圍韌帶容易損傷。在實戰或條件實戰中容易造成肌肉、關節的扭、挫傷。很明顯，出現這些運動損傷是由於運動技術方面的原因。

（4）其他

慢性疲勞、貧血、感冒、痛經、睡眠不足等等，在身體因素不良的情況下，對遇到的意外情況缺乏敏銳的判斷和快速準確的保護反應，也可能導致運動損傷。

2. 心理素質

運動員訓練時注意力不能集中或者集中持續時間不長，不能有效地控制自身者，發生損傷的危險度增加，特別是處在青春期的運動員，精神相對不安定，往往出於某種原因而進行不科學的訓練，或持續地超負荷訓練，容易產生身心疲勞，運動損傷的可能性也隨之增大。

另外，過分緊張、高度興奮的運動員也容易發生運動損傷，如參加大型比賽，由於賽前的強化訓練，身心疲勞尚未調整完善，即使是高水準的運動員也可能發生扭、挫傷、肌肉拉傷、骨折等運動損傷。

3. 外部因素

（1）方法的因素

對於跆拳道鍛鍊者或運動員來說，由於自身的體力、技術條件的限制，如果選擇不適宜的訓練手段，損傷的發生率將會提高。例如：剛剛學習跆拳道就要進行實戰，或在技術還不熟練的情況下就要進行高難度的表演等，都可能造成重大的運動損傷。

再如採用蛙跳訓練，由於訓練量過大，原本企圖增強腰、腿肌肉力量，結果事與願違，不但鍛鍊沒有效果，反而出現膝關節損傷、半月板損傷等等。

此外，傳統的腹肌運動訓練（足膝直伸、仰臥位屈體運動）腹肌鍛鍊效果很小，相反由於腰背部負擔增加，可引起後腰痛。炎熱的天氣下劇烈運動時未能及時補充水和鹽，出現高體溫和脫水症狀，易造成熱射病。

TAEKWONDO

以上例子說明，必須進行科學合理的訓練和競賽，根據練習者的實際情況，選擇合適的訓練手段。

（2）量的因素

運動量過大、時間過長、頻度過高，均易增加運動損傷的發生率。如每週訓練 14 小時以上，7.3%跆拳道初學者會出現不同程度的運動損傷。

4.環境因素

（1）自然環境的因素

包括氣候、溫度、濕度等等，最具有代表性的影響因素是季節和氣候。學者在分析下肢和足部運動損傷中發現，肌肉損傷頻發於 4、5、6 月，這可能是亞洲地區的這幾個月的梅雨季節濕度增大、日氣溫差較大等因素所致。

（2）人工環境的因素

運動員使用的器械品質低劣、護具破損、訓練場地不標準以及運動員故意犯規等，都會造成運動損傷。此外，運動員的服裝不適合，如鞋子過小，常常會造成踝關節扭傷；場地情況惡劣，如雜草叢生、凹凸不平、有金屬釘類或石塊等，這些都可能造成運動損傷。

（二）跆拳道運動損傷的預防

除了對每一類運動損傷進行預防外，要儘量注意前述的各種損傷因素，設法減輕它們的危害性。跆拳道鍛鍊者和運動員要對下述情況有充分的認識，以提高運動損傷的預防水準：第一，使身體處於正常良好的狀態；第二，正常合適的環境；第三，競技法規的審訂；第四，科學指導

監督；第五，運動員積極性、競爭心理的調整；第六，運動損傷一般處理。

1. 調節身體處於良好競技狀態

運動員自身對運動損傷的防範心理與提高自身技術水準、體力、調整競爭心理狀態同樣重要。

（1）肌力訓練

肌肉力量不夠、協同或拮抗肌群肌力的不平衡，常常會造成損傷。

（2）準備活動和放鬆運動

訓練和比賽前的準備活動十分重要，它不但能使基礎體溫提高，深部肌肉的血液循環增加，肌肉的應激性增強，關節柔軟性增大，還能調整賽前心理，減輕緊張感和壓力感。在訓練或比賽前，必須安排 20～30 分鐘的準備活動，內容包括跑步、關節操、拉韌帶等。有些跆拳道運動員或鍛鍊者忽視賽前的準備運動，很容易發生肌肉撕裂、跟腱斷裂、腰痛等情況。

準備活動時間的長短應根據當日運動員的狀態加以調整。正式比賽和平時訓練前準備活動的強度也不同。準備活動的項目包括基礎部分和參加比賽時的特殊部分。放鬆運動是指在劇烈運動後由放鬆運動使體溫、心率、呼吸、肌肉的應激反應恢復到平時狀態。從預防損傷的角度來看，這同賽前的準備運動同樣重要。要使心率降低到安靜時的水準，呼吸恢復到訓練前的頻率。

根據不同內容的訓練進行不同內容的放鬆運動，可防止在運動後出現肌肉酸痛以及損傷，而且對消除精神壓力

也有很大的作用。

（3）自身保護

除了認真做好準備活動和放鬆運動外，也應該瞭解和懂得初步處理訓練後肌肉酸痛、關節不適等的方法。早期可做溫水浴、物理療法、自身按摩。如果疼痛繼續甚至加重時，應該去專門醫療機構進行診斷治療。

2. 建立良好的安全環境

跆拳道訓練時的器具、設備、場地等周圍環境，在訓練和比賽前都應進行嚴格的安全檢查。在高低不平的軟墊上訓練易發生踝關節的扭傷；運動員護具的大小應該適合運動員的身材體型；為防止損傷，女運動員的項鏈、耳環等銳利物品在訓練時都不准佩戴。

運動鞋的選擇應根據足的大小和足弓的高低，通常要求平底，鞋底前有一定厚度和柔軟性。

光腳訓練時應在墊子的保護下或確認場地內無尖銳的玻璃、金屬、釘類等物品的前提下進行。

護具的使用可使運動損傷的發生率大大降低，但如果護具品質低劣，不合自身的身材或者已有破損，其防護功能會受到影響。

防護器材主要保護的部位包括頭顱、耳、頸部、腎區、兩肋、胸部、襠部等，也包括肌肉少的關節、大腿前部、牙齒等部位。還有容易受到衝撞和打擊的部位。同時，運動員在訓練時應該養成使用護具的習慣。

二、跆拳道訓練中常見的運動損傷
及其處理

(一)開放性軟組織損傷

1.擦傷

機體表面與粗糙物體相互摩擦而引起的皮膚表層損害，稱為擦傷。擦傷是跆拳道運動中最輕，也是最常見的一種開放性損傷。運動員在訓練中被護具、腳靶擦傷或摔倒時的擦傷最為多見。

處理方法：根據擦傷的情況不同，處理方法也不同。擦傷的情況一般有兩種：

第一種，小面積、表淺、無異物污染的皮膚擦傷。這種情況處理的方法是：先用生理鹽水消毒，局部塗抹 2%的紅汞藥水或 1%～2%的龍膽紫藥水，不必包紮。但關節附近的擦傷不宜採取乾燥暴露法治療，因為關節的運動易使傷口乾裂，從而既影響運動又易感染。可採用 5%～10%的磺胺軟膏或青黴素軟膏進行塗抹。

第二種，對於面積較大、污染較嚴重的傷口，先將異物徹底清除，再用凡士林紗布敷蓋傷口，由醫生清創後，還要施用抗菌藥物和注射破傷風抗毒血清。

2.撕裂傷

跆拳道運動中常見的撕裂傷有眉弓部的撕裂和前額、唇部的撕裂傷。上述情況多發於實戰或比賽中。

處理方法：損傷發生後，為了繼續比賽，可先用生理鹽水進行沖洗，再用腎上腺素液棉球壓迫止血，然後用粘膠封合。比賽結束後到醫院進行清創縫合、抗感染及預防破傷風治療。

3. 鼻子出血

鼻子出血一般是由於實戰中鼻子受到擊打以及身體的碰撞造成的。

處理方法：當損傷發生時，可用食指、拇指在鼻翼外面相對壓迫，用口呼吸，一般數分鐘內可以止血。也可以用消過毒的脫脂棉球塞進出血鼻孔內，再在鼻翼外稍加壓迫。另外，在前額部進行冷敷，也可以起到止血的作用。

（二）閉合性軟組織損傷

挫傷、肌肉拉傷、扭傷等均屬於閉合性軟組織損傷。

1. 挫 傷

肢體各部位被對方擊中時都可能發生挫傷。跆拳道運動中較易發生挫傷的部位有大腿、小腿、胸部、頭部、睾丸等。挫傷可分為單純性的損傷和複雜性的損傷兩種。單純性的損傷是指挫傷後的出血點可為淤點、淤斑及皮下組織局限性積血（血腫），挫傷重者疼痛和功能障礙較明顯。複雜性的損傷較為嚴重，如頭部挫傷後輕者可發生腦震盪，嚴重者可造成顱骨骨折，甚至危及生命，睾丸的損傷嚴重時可因疼痛而導致休克。

處理方法：對於單純性的挫傷，可以在傷後 24 或 48

小時以內進行止血、防腫、鎮痛的處理。治療方法可根據具體情況選用冷敷、加壓包紮，一般先冷敷後加壓包紮，兩者也可以同時並用。對於複雜性的挫傷，如發生休克症狀時，應首先進行抗休克處理，同時應及時送醫院治療。肌肉肌腱斷裂者應先將肢體固定，再送醫院治療。

2.肌肉拉傷

當肌肉主動收縮超過了負擔能力或被動拉長超過了伸展性時，就會造成肌肉微細損傷、肌肉部分撕裂或完全撕裂，稱為肌肉拉傷。跆拳道運動中常見的肌肉拉傷是大腿後群屈肌的肌肉拉傷，如做下劈踢打靶用力過猛而又踢空時，較易發生膕繩肌起點或肌腹部的拉傷。

另外，訓練前準備活動不充分，或長時間訓練和連續比賽，疲勞積累，這些情況如不注意都會造成肌肉拉傷，嚴重時可導致肌肉斷裂。

處理方法：傷後應立即冷敷、局部加壓包紮、適當制動、抬高傷肢，肌纖維輕度拉傷或肌肉痙攣者，可使用針灸的方法或在 24 小時以後進行按摩。肌纖維部分斷裂者，48 小時以後再進行按摩，但按摩的手法要輕緩。對懷疑有肌肉或肌腱完全斷裂者，應固定傷肢並加壓包紮，送醫院治療。

3.膝關節急性損傷

膝關節由股骨、脛骨、髕骨、腓骨組成，膝關節的穩定性靠周圍的肌肉和肌腱，內、外側副韌帶，前後十字交叉韌帶以及內外側半月板來維持。跆拳道運動員的損傷一

般多發生在內側副韌帶、外側副韌帶和十字交叉韌帶。

（1）側副韌帶損傷

側副韌帶損傷包括內側副韌帶損傷和外側副韌帶損傷兩種。內側副韌帶損傷是當膝關節屈曲成 130～150°時，小腿突然外展外旋或當足及小腿固定，大腿突然內收內旋，這種情況下都可能使內側副韌帶損傷。外側副韌帶損傷是當膝關節屈曲，小腿突然內收內旋或大腿突然外展外旋時，較易發生外側副韌帶損傷。但由於外側副韌帶形如圓束並有股二頭肌腱與髂脛束加固，所以，受損傷的機會很小。

處理方法：輕微的側副韌帶損傷，疼痛較輕，腫脹不明顯，無關節屈伸障礙時，將傷膝置於微屈曲位，停止活動 2-3 天，外敷活血止痛中藥。3 天後開始步行進行鍛鍊，並配以藥物進行活血按摩治療。按摩時由膝關節患處的遠心端向近心端進行。

嚴重的側副韌帶損傷或斷裂者，受傷膝關節明顯腫脹，患膝成半屈曲位，伸屈功能受限制，並且膝關節疼痛加劇。這種情況應立即進行加壓包紮，再送專科醫院進行治療。

（2）十字韌帶和半月板的損傷

十字韌帶的損傷是由於膝關節半屈曲位時突然地旋轉、內收、外展造成的。膝關節半屈曲位，小腿外展外旋或內收內旋時，兩塊半月板滑動不協調，就會使半月板受到急劇的研磨、碾、轉而撕裂。半月板和十字韌帶損傷後，當時就會有膝關節鬆活、軟弱無力、不能正常持重行走等症狀。這時應立即加壓包紮送專科醫院進行治療。

預防：提高運動員的專項技術和動作水準，避免訓練中下肢過度疲勞；加強股四頭肌及小腿三頭肌與膕繩肌的肌力訓練，增強關節穩定性而又保持靈活；訓練時注意力要集中，實戰時要遵守比賽規則；避免因粗野的犯規動作而造成損傷。

4.急性腰部損傷

急性腰部損傷包括肌肉、韌帶、筋膜及小關節的扭傷。當運動員做橫踢動作，下肢動作快於軀幹動作時，或運動員肌力不足時，均可造成腰部的急性損傷。

處理方法：發生急性腰部損傷時一般應臥床休息，仰臥於有墊子的木板床上，腰部墊一薄枕，以便放鬆腰肌，也可與俯臥位相交替，避免受傷組織受牽扯，以利於機體自行修復。輕度扭傷者休息 2—3 天，較重者應立即送醫院進行治療。

預防：掌握正確的動作要領，提高腰、腹肌的協調性和反應能力，在進行力量練習時適當使用護腰帶。

(三)跆拳道急性軟組織損傷的治療原則

治療的基本原則是按不同的病理過程進行處理，大致可分為早、中、後三個時期。

1.早 期

指傷後 24 或 48 小時以內，組織出血和局部急性炎症期。這一時期的處理原則主要是適當制動、止血、防腫、鎮痛和減輕炎症。

TAEKWONDO

方法：傷後即刻冷敷，加壓包紮，抬高傷肢，適當制動。加壓包紮就是用適當厚度的棉花或海綿放於傷部，然後用繃帶稍加壓力進行包紮。加壓包紮時一般先冷敷，後加壓包紮，但也可二者同時並用。加壓包紮 24 小時後即可拆除，再根據傷情作進一步處理。如外敷中藥，疼痛較重者服止痛片，淤血較重者內服跌打丸、七厘散等。

2. 中期

　　指傷後 24 或 48 小時後，出血已停止，急性炎症逐漸消退，但傷部仍有淤血和腫脹，肉芽組織正在形成，組織正在修復。處理原則主要是改善傷部的血液和淋巴循環，促進組織代謝，促進淤血與滲出液的吸收，加速再生修復。

　　治療方法：可採用熱療、按摩、拔罐、藥物治療，同時應根據傷情進行適當的康復功能鍛鍊，以保持機體神經及肌肉的緊張度，維持已經建立起來的條件反射，以及各個器官與系統的反射性聯繫。

3. 後期

　　損傷基本自動修復，腫脹、壓痛等局部徵象已基本消失，但功能尚未完全恢復，鍛鍊時仍感疼痛、酸軟無力。有些嚴重病例，由於粘連或疤痕收縮，出現傷部僵硬，活動受限等情況。此時的處理原則是增強和恢復肌肉、關節的功能。如有疤痕硬結和粘連，應設法使之軟化、鬆解。

　　治療方法：以按摩、理療、功能鍛鍊為主，適當配以藥物治療。

(四)骨折與關節脫位

1.骨 折

所謂骨折，就是骨的完整性遭到破壞。在跆拳道運動中，由於對抗性強，骨折是時有發生的。骨折分為開放性骨折、閉合性骨折和複雜性骨折三種情況。

開放性骨折是指骨折端穿破皮膚，直接與外界相通，這種骨折極易感染發生骨髓炎和敗血症。閉合性骨折是指骨折處皮膚完整，骨折端不與外界相通。複雜性骨折是指骨折後，骨折斷端刺傷了重要組織、器官，可能發生嚴重的併發症。骨折發生後，除有疼痛、壓痛、腫脹及皮下淤血外，還有其特有症象，如震痛、功能喪失、畸形等，還可能發生休克。

處理方法：對有出血和傷口者，應立即止血和保護傷口；對伴有休克者，應先抗休克，再進行固定。固定前不能隨意移動傷肢，為暴露傷口可剪開衣服、鞋、襪。對大腿、小腿和脊柱的骨折，應立即就地固定。骨折經初步處理後應立即送專科醫院進行治療。

2.關節脫位

關節脫位也稱脫臼，是指關節面之間失去了正常的聯繫。關節脫位一般是由間接暴力所致。關節脫位還可以伴有關節囊撕裂、關節周圍軟組織損傷，嚴重時還可能傷及神經甚至伴有骨折。

處理方法：發生關節脫位時，在沒有醫生在場的情況

下或不會整復技術時，不可隨意亂動，以免加重關節周圍的損傷。此時應立即用夾板和繃帶在脫位所形成的姿勢下固定傷肢，保持傷患安靜，儘快送醫院處理。

(五)休 克

休克是指人體在遭受體內、外各種強烈刺激後所發生的嚴重全身性的綜合症，以急性周圍循環衰竭為主要特徵。由於有效循環血量相對地減少，使組織器官缺氧，發生一系列的代謝紊亂，造成惡性循環，如不及時處理，就會導致死亡。

當休克發生後，其主要症狀為面色蒼白、四肢發涼、冒冷汗、脈搏細數、呼吸淺速，嚴重者發生昏迷。

處理方法：讓患者安靜平臥休息，並給予精神安慰，最好不要採取頭低腳高位休息，因為這樣會使顱內壓增高、靜脈回流受阻，造成呼吸困難，加重缺氧。

另外，冬天應注意保暖，夏天應注意防暑，神志清醒、無消化道損傷者，可適當飲用糖水，保持呼吸道暢通。昏迷者將頭側偏，用重手法點掐人中、合谷、內關等穴或嗅氨水催醒。有損傷疼痛者，應止痛鎮靜，並進行必要的包紮、固定、止血，然後送醫院進行治療。

現代跆拳道運動教學與訓練

TAEKWONDO

第八章

實用跆拳道

跆拳道的實用性很強,每一個攻防技術都有一定的攻防價值,包括品勢中的每一個動作。俗話說,「拳練千遍,其理自現」,重在實踐,在反覆練習的過程中要與實際應用相結合,反覆體會動作的技擊內涵,這樣在實際的防身或搏擊中就能應用自如。

實用跆拳道是指在日常生活或搏擊格鬥中的制敵與解脫技巧。它不受場地和規則的限制,動作簡單易懂,實用性強。實用跆拳道招法較多,不能一一列舉,在此我們精選了具有代表性的招法予以介紹,希望能起到拋磚引玉的作用。

第一節　徒手技術

一、被對方握住手時的解脫與反擊

(一)折指前踢

對方用右手握住我右手時(圖8-1①),我突然向上翻腕,同時抓住對方的拇指根部用力向下、向後折拉(圖

圖 8-1

現代跆拳道運動教學與訓練

8-1②），待對方因拇指被折而低頭時以右前踢腿攻擊其襠部。（圖 8-1③）

動作要點：下拉突然，折指果斷有力，前踢快速有力。另外，為了更好地發揮前踢腿技術，握手時應左腿在前，右腿在後。

（二）擰腕擺肘

對方用右手握住我右手時（圖 8-2①），我右手用力將對方手掌抓緊握牢，隨即以右腳為軸，身體向左後方轉

TAEKWONDO

體將對方右臂反擰至我腰部
（圖 8-2②③）；動作不
停，左腳向後插步至對方雙
腿後側，左手臂屈肘上提，
借轉體的力量，以擺肘擊打
對方的頭部。（圖 8-2④
⑤）

①

②

③

④

⑤

圖 8-2

TAEKWONDO

動作要點：反抓對方手腕要牢固，向後插步要快速、準確，擺肘要狠、準。

二、被對方抓住腕部的解脫與反擊

(一)踢襠頂背

雙方對峙，對方上步以右手抓住我右手腕（圖 8–3①），我右手腕向上翻腕旋轉反抓對方手腕（圖 8–3②），隨即以右腿前踢攻擊對方的襠部（圖 8–3③），右腿向前放鬆下落，此時左腿上步，左手由外向內抓住對方

TAEKWONDO

⑤

⑤附圖

圖 8-3

的頸部用力後扳（圖 8-3④），同時左腿提膝用力頂擊對方的腰部，將對方摔倒。（圖 8-3⑤、圖 8-3⑤附圖）

　　動作要點：踢襠與頂背銜接要連貫、迅速，整個動作要一氣呵成。

（二）甩臂橫踢

　　對方以右手抓住我左手腕（圖 8-4①），我左手迅速翻腕反抓對方，同時左手突然上舉，然後向內、向下、向外劃弧猛甩（圖 8-4②③④），造成對方身體重心前傾，隨即迅速以右橫踢攻擊對方的腹部。（圖 8-4⑤）

　　動作要點：甩臂要突然有力，橫踢時要在對方身體前傾的瞬間出腿，這樣可以加大殺傷力。

①

②　　　　　　　　　　　　③

④　　　　　　　　　　　　⑤

圖 8-4

（三）纏腕擰臂

　　對方用右臂抓住我左手腕時（圖 8-5①），我迅速用右手反抓對方右手背並將其固定（圖 8-5②），然後雙手外旋擰其臂，此時左手迅速用力向上托其肘關節（圖 8-5③④）；動作不停，雙手同時發力，右手向上反擰，左手向下推按將對方制服。（圖 8-5⑤⑥）

　　動作要點：抓腕要牢固，擰臂要突然有力，整個動作要流暢、迅速，不給對方反應的機會。

①

②

③

④

⑤

⑥

圖 8-5

TAEKWONDO

三、被對方抓住肩部的解脫與反擊

(一)推臂別摔

雙方對峙，對方以左手抓住我左肩（圖 8-6①），我迅速用右手握住對方左手並將其控制住（圖 8-6②），同時以左手推對方左肩，左腳向前上步置於對手雙腿後側，以左手推、同時左腿切絆的合力將對手摔倒。（圖 8-6③④）

動作要點：右手反抓要牢靠，推肩與別腿要同時進行。

①

②

③

④

圖 8-6

TAEKWONDO

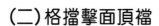

(二)格擋擊面頂襠

對方右手抓住我左肩（圖8-7①），我左臂迅速向內格擋，同時以右掌根為力點擊打對方的面部（圖8-7②③）；動作不停，隨即再以右前沖膝攻擊對方的襠部，制服對方。（圖8-7④）

動作要點：整個動作要協調、連貫。

①

②

③

④

圖 8-7

TAEKWONDO

四、對方使用拳法進攻時的解脫 與反擊

(一)格擋砍頸別摔

雙方對峙，對方以左直拳擊打我面部，我迅速用右手刀向外格擋並反抓其左手腕，同時以左手刀橫砍對方頸部（圖 8-8①②），左提膝攻擊對方的襠部或腹部（圖 8-8③）；動作不停，左腳向對方體後落步，同時以左手用力

圖 8-8

TAEKWONDO

推、右手用力拉和左腿切絆的合力將對方摔倒。（圖 8-8
④）

　　動作要點：格擋反抓要迅速牢固，砍掌要準確、有
力，別摔要突然。

(二)格擋砍頸側踢

　　雙方對峙，對方以左拳擊打我頭部，我迅速以右手臂向
外格擋（圖 8-9①）；同時，以左手刀砍擊對方的頸部（圖
8-9②）；隨即，以左側踢擊打對方的肋部。（圖 8-9③）

　　動作要點：同上。

圖 8-9

TAEKWONDO

（三）格擋頂肘

雙方對峙，對方以右拳擊打我頭部（圖 8-10①），我右腳迅速向前上步，並以右手臂向外格擋（圖 8-10②），同時身體向左後側轉體，以左肘關節擊打對方的胸部（圖 8-10③）；動作不停，待對方因胸部被擊而後退時，再以左側踢腿或後踢攻擊對方的頸部。（圖 8-10④）

動作要點：轉身要快，頂肘要準確有力。

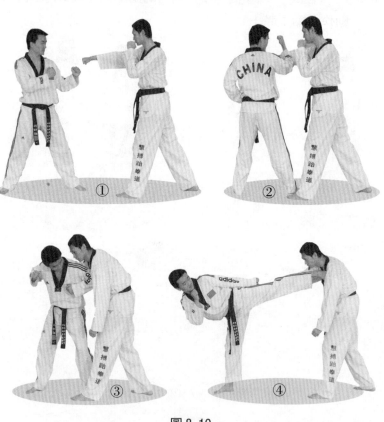

圖 8-10

現代跆拳道運動教學與訓練

TAEKWONDO

五、對方抓胸時的解脫與反擊

(一)擰臂端膝

　　雙方對峙，對方向前抓我胸部時（圖8-11①），我迅速用右手反抓對方右手腕部；同時，左手抓握住對方右肘關節處（圖8-11②）；動作不停，左臂上推右臂下壓使對方手臂形成90°夾角，待對方因手臂被擰而背向我時（圖

圖 8-11

TAEKWONDO

8-11③），用左腿踹擊對方膕窩處，制服對方。（圖 8-11
④）

動作要點：擰臂與踹擊要迅速、連貫、有力。

(二)砍肋擊襠

當對方用左手抓我胸部時（圖 8-12①），我迅速用右
手反抓對方的左手腕；同時，以左手刀攻擊對方的肋部
（圖 8-12②③），隨即，雙手抓住對方的雙肩用力下拉，
以左沖膝攻擊對方的襠部（圖 8-12④）；待對方因襠部被

①

②

③

④

現代跆拳道運動教學與訓練

TAEKWONDO

圖 8-12

擊而低頭的瞬間，向後撤步以右腿下劈擊打對方的後腦。
（圖 8-12⑤）

六、對方運用腿法時的解脫與反擊

（因腿法技術在前面的章節中已作大量敘述，因此這裏不再作描述）

七、被對方抱住腰部時的解脫
與反擊

被對方抱住腰部時有兩種情況：一種是對方將我的雙手也抱在裏面，另一種是沒有將我的雙手抱在裏面。下面分別予以介紹：

TAEKWONDO

(一)對方從正面抱住我腰部時的解脫
與反擊

1.勾拳砍掌前踢

對方由正面抱住我腰部但沒有抱住雙手時（圖 8-13
①），我迅速以右抄拳（或叉掌）攻擊對方的肋部（圖 8-
13②），待對方因肋部被擊而鬆手時，再以左手刀攻擊對
方的頸部（圖 8-13③）；動作不停，隨即以左前踢攻擊對

圖 8-13

現代跆拳道運動教學與訓練

TAEKWONDO

方的襠部，擺脫對方。（圖 8-13④）

動作要點：整個動作銜接要快，攻擊要準確、有力。

2. 沖膝擊襠

對方抱住我腰部的同時也將我雙手抱住時（圖 8-14 ①），我突然向前、向上沖膝攻擊對方襠部。（圖 8-14 ②）

動作要點：沖膝要突然、準確、有力。

圖 8-14

（二）對方由後面抱住我腰部時的反擊方法

對方由後面抱住我腰部時，也有兩種情況：一種是將雙手抱在裏面，另一種是沒有將雙手抱在裏面，下面分別作介紹。

1. 擺肘前踢

對方由後面抱住我腰部時（未抱住我雙手，圖 8–15①），我突然向左（右）後方轉體，以腰帶臂，用左肘關節擊打對方頸部（圖 8–15②）；動作不停，隨即再以右腿前踢攻擊對方的襠部。（圖 8–15③）

圖 8–15

動作要點：擺肘後轉身要快，前踢要準確、有力。

2. 撞面撩襠擊頭

對方由後面抱住我腰部時（同時抱住了我雙手，圖 8–16①），我頭部突然後仰撞擊對方的面部（圖 8–16②），隨即身體向左側移動，以左拳攻擊（或掌抓擊）對方的襠部（圖 8–16③）；動作不停，再以右腿橫踢擊打對方的頭部。（圖 8–16④）

TAEKWONDO

圖 8-16

動作要點：撞面要突然，撩襠要準確有力，橫踢時要注意對方的反應。

八、被對方抓住腰帶時的反擊方法

(一)壓肩擰臂

對方用右手抓住我腰帶時（圖 8-17①），我迅速用左手抓握對方的右手腕（圖 8-17②），同時左手上提，右手

TAEKWONDO

前臂猛力由下向上挑擊對方右肘關節內側（圖8-17③）；
動作不停，左腿由外向內擺擊對方的右肩，在接觸對方的
瞬間用力下壓同時雙手撐住對方右臂用力上提，將對手制
服。（圖8-17④⑤）

動作要點：整個動作要連貫、有力。

圖8-17

現代跆拳道運動教學與訓練

TAEKWONDO

(二)切頸踢襠

對方以右手抓我腰部，我迅速用右手反抓對方手腕（圖8-18①）；同時，左手經對方手臂上方由屈到伸，以左手刀砍擊對方的頸部（圖8-18②），隨即再以右腿前踢擊打對方的襠部，將對方制服。（圖8-18③）

動作要點：切頸準確，踢襠要快速、有力，整個動作要一氣呵成。

圖 8-18

TAEKWONDO

九、被對方抓住頭髮時的反擊方法

(一)拉臂折腕

對方右手抓住我頭髮時（圖8-19①），我迅速用雙手將對方的手緊緊壓按在自己的頭上（圖8-19②）；隨即迅速彎腰向下方低頭下拉，造成對方反關節，將對方制服。（圖8-19③）

動作要點：雙手控制對方要牢固，下拉要突然。

圖 8-19

現代跆拳道運動教學與訓練

TAEKWONDO

（二）前踢擰臂

對方用右手抓住我頭髮時（圖 8-20①），我迅速用雙手將對方的手固定住迅速下拉，隨即以右前踢腿踢擊對方襠部（圖 8-20②）；動作不停，右腿向前落步，右手肘關節夾住對方的肘關節將其固定住（圖 8-20③），然後雙手用力外扳，將對方制服。（圖 8-20④）

動作要點：前踢要突然、準確，擰臂時要借助身體的力量。

圖 8-20

TAEKWONDO

第二節　一人對多人技術

一、被對方一人從背後抱住，另一人抓胸部時的解脫與反擊

這是一人對二人的戰例，當對方一人從背後將我抱住，另一人從前面用右手抓住我的胸部時（圖8-21①），我迅速向左側轉體，以左肘擺擊背後人的頭部，以右手用

① ② ③

圖8-21

現代跆拳道運動教學與訓練

力向外格架前面人的右臂（圖8-21②）；格架的同時向左轉身用左後踢腿攻擊前面人的襠部，擺脫對方控制。（圖8-21③）

動作要點：轉腰、格架要快，後踢要準確有力。

二、被對方一人淤背後抱住，另一人欲用拳法進攻我時的反擊

當被一對手從背後抱住，另一對手欲用拳法進攻我時（圖8-22①），我迅速以右彈腿攻擊前面對手的襠部（圖8-22②）；然後迅速向左轉體，以左肘關節擺擊後面對手的頭部，擺脫對手的控制。（圖8-22③）

動作要點：彈腿攻擊要後發先至，轉身擺肘要突然有力。

①

②

TAEKWONDO

圖 8-22

三、被對方兩人從兩側抓住時的解脫與反擊

當被兩個對手從左右兩側抓住時（圖 8-23①），我利用左側對手左腳在前的時機，迅速用左腳猛力地攻擊其膝關節部位，使之因膝關節重傷而後退（圖 8-23②③）；隨即，利用右側對手還沒有完全反應過來的時機，身體迅速左轉，同時左腿插入對手雙腿後側，用左肘關節猛力擊打其頸部（圖 8-23④），肘擊打的同時左腳挑勾對方雙腿，

538

現代跆拳道運動教學與訓練

TAEKWONDO

③

④

圖 8-23

將對方摔倒。

　　動作要點：踹膝要準確，發力要迅猛，轉身擺肘與左腿的挑勾要同時進行。

四、被對方兩人從兩側抓住雙手時的解脫與反擊

　　被兩人從兩側抓住雙手時（圖 8-4①），我突然運用左側踢腿攻擊左側對手的肋部（圖 8-24②），左腳下落後，迅速提起再以左前踢攻擊右側對手的襠部（圖 8-24③）；動作不停，趁對手因襠部被擊而低頭時，再以右手

TAEKWONDO

刀砍擊其頸部。（圖8-24④）

動作要點：側踢要突然、準確，踢襠與砍頸要連貫、迅速。

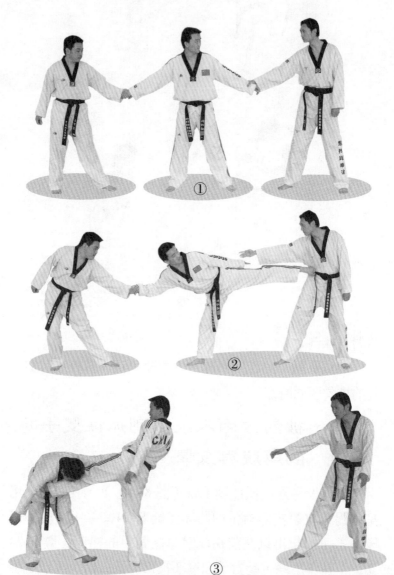

①

②

③

現代跆拳道運動教學與訓練

TAEKWONDO

④

圖 8-24

五、對方兩人從正面逼來時的反擊

當兩對手從正面逼來時（圖 8-25①），我突然以右側踢腿進攻左側對手的腹部（圖 8-25②），待右腿下落時左腿起跳，以左後踢腿攻擊右側對手的腹部。（圖 8-25③）

動作要點：此動作難度較大，在練習時要注意單個技術的品質，擊打要準確、到位。

①

TAEKWONDO

圖 8-25

第三節　徒手對器械技術

徒手對器械難度很大，練習時要掌握好時機，注意擊打的準確性、力度和攻擊的部位等，這些因素是缺一不可的。器械，按其長度可以分為短器械和長器械兩種，長器械包括長棍、鐵鍬等，短器械包括匕首、短刀、短棍、酒瓶等。下面介紹的內容是以徒手對短器械為主，並根據匕首、短刀、短棍等器械擊打的特點，我們以短刀為代表，練習時大家可以觸類旁通。

一、對方持短刀由上向下砍我頭部時的反擊

方法一：

當對方右手持短刀由上向下砍我頭部時（圖 8-26①），我迅速向後、向外側閃身，同時以右手刀格擋對方

現代跆拳道運動教學與訓練

的腕部並反抓其手腕（圖8-26②）；同時以左拳擊打對方的肋部（圖8-26③）；然後雙手旋腕將對方持器械的手腕反折，制服之。（圖8-26④⑤⑥）

①

②

③

④

⑤

TAEKWONDO

圖 8-26

　　動作要點：要準確判斷對方攻擊意圖，側閃抓腕要及時、準確，撙臂要迅速、有力。

　　方法二：

　　當對方右手持短刀由上向下砍我頭部時（圖 8-27①），我在準確判斷對方動機的前提下，突然向左後轉體，以左後踢腿攻擊對方的襠部（圖 8-27②③）；動作不停，待對方因襠部被擊而停頓時，再以右橫踢腿攻擊對方的頸部。（圖 8-27④）

　　動作要點：要準確判斷對方攻擊意圖，後踢要突然、準確、有力。

①

TAEKWONDO

②

③

④

圖 8-27

TAEKWONDO

二、對方持短刀由外向內橫砍我頭部時的反擊

　　當對方持短刀由外向內橫砍我頭部時（圖8-28①），我左腿迅速向前移動；同時，以左手刀向外格擋並反抓對方右手腕（圖8-28②）；隨即，以右沖拳擊打對方的面部（圖8-28③）；動作不停，再以右沖膝攻擊對方的襠部（圖8-28④）；待對方因襠部被擊而俯身時，迅速以右砸肘擊打對方的後腦。（8-28⑤）

現代跆拳道運動教學與訓練

TAEKWONDO

圖 8-28

　　動作要點：要準確判斷對方攻擊意圖，上步格擋與反抓要迅速，前踢與砸肘要連貫、有力。

三、對方持短刀由內向外橫砍我頭部時的反擊

　　當對方持短刀由內向外橫砍我方頭部時（圖 8-29①），我在準確判斷對方動作意圖的前提下，雙腳迅速向

①

TAEKWONDO

圖 8-29

前移動，以右手刀格擋並反抓對方的右手腕部（圖 8-29
②）；隨即，以橫踢腿攻擊對方的腹部（圖 8-29③）；待
對方因腹部受到擊打而俯身時，迅速以左手刀砍擊對方的
頸部後側。（圖 8-29④）

　　動作要點：要準確判斷對方攻擊意圖，整個動作要一
氣呵成。

TAEKWONDO

四、對方持短刀向我直刺時的反擊

當對方持短刀向我方直刺時（圖8-30①），我在準確判斷對方動作意圖的前提下，雙腳迅速向左前方移動；同時，以右手反抓對方的右手腕部（圖8-30②）；隨即，左臂上提以左砸肘攻擊對方的右手臂（圖8-30③）；然後左臂由屈到伸以左手刀砍擊對方的頸部（圖8-30④）；待對方因頸部受到重擊而後仰時，再以左掌根部為力點撩擊對方的襠部。（圖8-30⑤）

① ② ③

TAEKWONDO

圖 8–30

　　動作要點：躲閃與反抓要及時，手刀砍頸與撩襠要準確、連貫、有力。

現
代
跆
拳
道
運
動
教
學
與
訓
練

TAEKWONDO

第九章
跆拳道功力檢驗
的形式與技巧

　　跆拳道的功力檢驗可以分為「擊破」和「特技」兩種，擊破表演主要體現在手腳的力度與硬度上，特技表演主要體現在跆拳道練習者敏捷的身手、高難度的技巧性、精確的判斷力和擊打的準確性上。在傳統跆拳道學習中，功力檢驗也是跆拳道訓練、表演、晉級和比賽的重要內容。跆拳道訓練理論認為，人體經過長時間的訓練可以達到內外合一的境界，即內功和外力在某種程度上達到了統一，此時人的四肢會產生強大的威力，這種威力正是由功力檢驗來驗證練習者的水準。

第一節　跆拳道擊破表演的形式與技巧

一、跆拳道擊破表演的形式

　　跆拳道擊破表演的形式是由跆拳道的攻擊技術特點決定的。一般情況下可以分為手、肘、膝、腿等表演形式，因擊破表演是重點展示練習者的擊打威力，故在表演時不

像特技表演那樣有一定的難度和技巧性。下面將要介紹的是在擊破表演時具有代表性的幾種形式，可以根據具體情況舉一反三。

（一）手的擊破表演

手的擊破包括跆拳道技術中的各種進攻手法，如手刀、拳、摜手等。手的技術在競技跆拳道中占的比重是很小的，但在傳統的跆拳道搏擊實戰中，手的作用是不容忽視的。手的靈活性較強，收發快捷，經過長期訓練可以用拳或手刀擊破木板、瓦片、磚頭、瓷壺等。

1. 拳擊破

動作方法：同伴雙手持木板弓步站立，表演者馬步站立準備，然後向前上步，發聲的同時以右拳沖擊木板中部。（圖9-1）

2. 手刀擊破

動作方法：將木板置於兩個凳子之間懸空，表演者於

①

TAEKWONDO

圖 9-1

圖 9-2

凳前站立準備，發聲的同時以手刀砍擊木板的中部。（圖
9-2）

3. 摜手擊破

動作方法：同伴雙手持木板弓步站立，表演者馬步站
立準備，然後向前上步，發聲的同時以摜手插擊木板中
部。（圖 9-3）

圖 9-3

（二）肘的擊破表演

　　肘關節的硬度較強，稍加訓練就能具備較強的攻擊能力。肘關節在搏擊實戰中適用於近戰，運用得當會給對手造成致命的打擊。

1. 擺肘擊破

動作方法： 兩名同伴持木板弓步站立，表演者馬步站

TAEKWONDO

立準備，然後向前上步，發聲的同時以右擺肘攻擊木板中部。（圖9-4）

① ② ③

圖 9-4

2. 砸肘擊破

　　動作方法：將木板置於兩個凳子之間懸空，表演者於凳前站立準備，發聲的同時以右砸肘攻擊木板的中部。（圖9-5）

TAEKWONDO

圖 9-5

3. 頂肘擊破

動作方法：兩名同伴持木板弓步站立，表演者馬步站立準備，然後向前上步，發聲的同時以左頂肘攻擊木板中部。（圖 9-6）

現代跆拳道運動教學與訓練

①

TAEKWONDO

圖 9-6

(三)腿的擊破表演

腿的擊破可以按照腿法的種類進行，不同的腿法技術有不同的表演形式。下面列舉幾種典型的腿法技術供大家參考。

1. 橫踢擊破

動作方法：兩名同伴手持木板弓步站立，表演者發聲的同時以橫踢攻擊木板的中部。（圖 9-7）

TAEKWONDO

圖 9-7

2.後踢擊破

動作方法：兩名同伴雙手持木板站立，表演者馬步站立準備，然後右腿向前上步，身體向左後側轉體，以左後踢攻擊木板的中部。（圖 9-8）

3.下劈擊破

動作方法：兩名同伴雙手持木板站立，表演者馬步站立準備，向前上步，發聲的同時以下劈踢攻擊木板的中部。（圖 9-9）

①

TAEKWONDO

圖 9-8

圖 9-9

TAEKWONDO

二、跆拳道擊破表演的技巧

(一)內在因素

擊破表演的內在因素主要是指與表演者自身有關的內在條件限制，如表演者的練習水準、訓練時間、內力與外力的配合程度等。一般在功力表演時對表演者的要求有以下幾點。

1.要注意平時對手腳硬度及關節承受能力的訓練

擊破表演使用的器材主要是木板、瓦片等，這些器材都是有一定硬度的，練習者要想使用手、腳將其擊碎，具備一定的關節的硬度是必要條件，關節硬度的練習是以擊打腳靶、沙包、木板和瓦片來實現的。因此，有針對性地進行手腳硬度訓練和關節的承受能力訓練是進行擊破表演的前提（如：運用拳法、腿法或手刀擊打沙包，沙包的硬度由軟到硬，每次課每種技術練習 200～500 次）。

訓練時要遵循循序漸進的原則，訓練結束後要對練習的部位進行按摩或保養，以免造成損傷。

2.技術規範、力點準確

技術要領、動作速度、準確程度是擊破表演時的重要條件。技術正確才能夠發力準確，形成正確的攻擊點和較快的動作速度。動作技術也是擊破表演的重要條件之一。只有技術規範，身體的全部力量才能協調用力並集中到一

點，形成較強的攻擊效應，從而達到擊破的目的。

3. 做到內外合一、協調一致

物理學研究指出，力量的力學效果取決於力的大小、方向和作用點。根據牛頓第二定律，力量等於質量（m）乘以加速度（a）：

$$F = m \cdot a$$

由此可知，力量的增加可以由改變質量或加速度兩個因素中的任何一個獲得。另外，訓練實踐和相關研究表明，力量還與人體的機能狀態和意志有關，這就是我們所說的內力與外力的合一。所以，在擊破表演時精力集中、全神貫注、發聲洪亮是努力做到內外合一的具體措施。

4. 要自信、發聲

自信心無論是在搏擊實戰，還是在擊破表演時都是非常重要的，樹立自信心才能很好地完成技術動作，才能有助於內力與外力的合一。自信心是由平時鍥而不捨、堅韌不拔的訓練得到的，只有堅持長期不懈的訓練才能提高勇氣和膽量。另外，在表演時要發聲洪亮，以聲助威、助力來增加表演效果。

（二）外在因素

擊破表演的外在因素主要是指與表演有關的場地、器材與配合程度等限制，如對擊破器材的選擇、助手的配合程度等。具體體現在以下幾方面：

1. 配合者在拿木板時要用力拿緊，切不可躲閃。如果

未用力拿緊或躲閃，會造成擊打力量不足，甚至可以導致表演者受傷，表演失敗。

2. 選擇木板時要看清木板的紋理，一般豎紋擊打較難，橫紋擊打較易擊碎。也就是說，要沿著木板的紋理擊打較容易擊碎。另外，擊打時的力點一定要作用在木板的正中。

3. 剛開始表演時選擇的木板不宜太厚，木板的厚度與數量要隨著表演者的訓練水準進行適當的調整。

第二節　跆拳道特技表演的形式與技巧

跆拳道特技表演一般是採用難度較大的腿法進行精確擊破或騰空難度擊破的一種表演形式。它是練習者彈跳力、爆發力、身體協調性均達到一定水準的象徵。

特技表演具有很強的藝術性和觀賞價值，運動員在表演過程中所展現的是跆拳道獨特的藝術魅力，是較高水準的力與美的融合。另外，這種特技表演可以激發觀賞者練習跆拳道的興趣，使更多的人投入到跆拳道的學習中來，因此，跆拳道的特技表演對於跆拳道的普及也起到了一定的宣傳作用。

一、跆拳道特技表演的形式

跆拳道的特技表演形式可以分為兩類，一類是單一性擊破特技表演，另一類是連環性擊破特技表演。單一性擊

破特技表演包括騰空單腿擊破、空翻擊破、跨越障礙擊破和感覺性擊破（蒙住雙眼的情況下擊破表演）等，連環性擊破表演包括單腿連續擊破、雙腿交替擊破和雙腿同時擊破等。

常見的跆拳道特技表演形式與內容如圖 9-10 所示。

下面列舉幾種典型的跆拳道特技表演方法供大家參考。

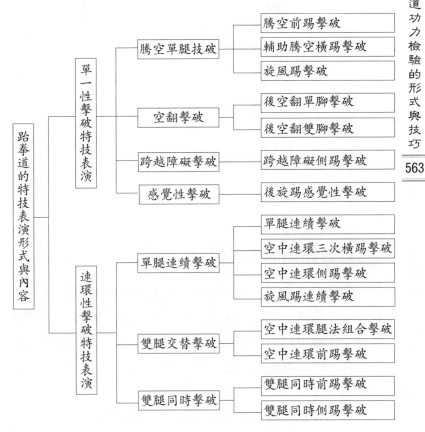

圖 9-10　常見的跆拳道特技表演形式與內容

TAEKWONDO

（一）旋風踢擊破

動作方法：助手雙手持木板站立，表演者實戰姿勢站立，擊破前發聲揚威，數秒後以旋風踢擊打木板的中部，將木板擊破（圖9-11）；動作完成後成實戰姿勢站立。

動作要點：擊破時發聲要洪亮，應以腳背為力點擊打木板的中部。

圖9-11

現代跆拳道運動教學與訓練

（二）跨越障礙擊破

動作方法：一人或兩人持木板站立，其餘九人臥於地板上一字排開，表演者在距離10公尺左右的位置以實戰姿勢站立，擊破前發聲揚威，然後助跑騰空，以側踢跨越臥於地板上的同伴擊破木板（圖9-12）；動作完成後成實戰姿勢站立。

動作要點：跨越時要有充分的助跑，擊打要準確；起點與落點要控制準確，以免踩傷同伴。

圖 9-12

(三)感覺性擊破（上步後旋踢）

動作方法：助手用水果刀或木棍挑一個蘋果或橘子，表演者用道帶或布條蒙住雙眼後以實戰姿勢站立，擊破前發聲揚威，數秒後右腿向前上步以左腿後旋踢將橘子或蘋果擊破（圖 9-13）；動作完成後成實戰姿勢站立。

動作要點：為了確保擊破成功，擊破前可以用手觸摸擊打目標；擊破時心態要放鬆，要有信心。

①

TAEKWONDO

圖 9-13

（四）旋風踢連續擊破

　　動作方法：助手手持木板一字或弧形排開，表演者連續用旋風踢逐一將木板擊破（圖 9-14）；動作完成後成實戰姿勢站立。

　　動作要點：心態要放鬆，擊打時要一氣呵成，不能停頓。

TAEKWONDO

圖 9-14

（五）雙腿同時前踢擊破

動作方法：兩名助手自然站立，另外兩名助手騎在前兩名助手的肩上手持木板，表演者在距離 6～8 公尺的位置以實戰姿勢站立，擊破前發聲揚威，數秒後向前助跑起跳，雙腿同時向兩側以前踢擊破木板（圖 9-15）；動作完

圖 9-15

TAEKWONDO

成後成實戰姿勢站立。

動作要點：起跳的位置要控制準確，擊破時雙腿要同時接觸木板，否則一側木板不易被擊碎。

二、跆拳道特技表演的技巧

（一）特技表演時，一般採用較薄或較易擊碎的木板或瓦片作為擊破物，這樣一來重點突出動作的技巧性，輔助突出功力，表演較易成功。

（二）表演時配合者拿靶時要用力握緊，拿靶的角度、站位、高度等都要符合表演者的習慣和要求。

（三）表演前要進行針對性的訓練，訓練的原則是從簡單到複雜，重點練習技巧性和協調性；表演時發聲洪亮，精神高度集中，完成動作要自信。

（四）在進行有輔助起跳完成的動作時，表演者的腳蹬在助手的雙手或胸前時，助手一定不要後退或躲閃，要配合用力協助完成。

現代跆拳道運動教學與訓練

TAEKWONDO

第十章

跆拳道競賽規則

第一節　跆拳道競賽的一般規定

一、跆拳道競賽的場地

(一)比賽場地

比賽場地為 12 公尺×12 公尺水平的、無障礙物的正方形場地。比賽場地應為有彈性的墊子。有必要時，比賽場地可根據實際需要置於高出地面 50～60 公分的平臺上，為保證運動員的安全，邊界線外邊應有與地面夾角小於 30°角的斜坡。

(二)比賽場地的劃分

12 公尺×12 公尺見方的區域稱為比賽區，比賽區的最外邊向內有 1 公尺寬的不同顏色地帶，提醒運動員不要越出邊界線。比賽區和注意區的表面應用不同顏色區分，如整個場地為同色時，需用 5 公分寬的白線區分。劃分比賽區和注意區的線稱為注意線，比賽場地最外邊的線稱為邊

TAEKWONDO

界線。（圖 10-1）

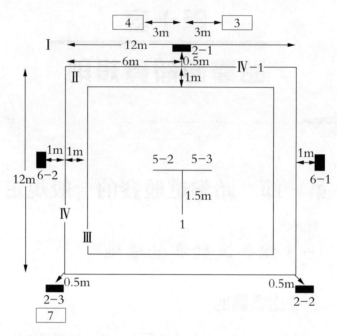

I，比賽場地；II，比賽區；III，注意線；IV，邊界線；VI -1，第一邊界線

★，IV-1 爲第一邊界線，第二、三、四條邊界線按順時針排列。

1，主裁判標記（Referee's Mark）

2，邊裁判標記（Judge's Mark），

2-1 表示第一邊裁，2-2 表示第二邊裁，2-3 表示第三邊裁

3，記錄員標記（Recorder's Mark）

4，臨場醫生標記（Commission Doctor's Mark）

5-1，青方運動員標記（Blue Contestant's Mark）

5-2，紅方運動員標記（Red Contestant's Mark）

6-1，青方教練員標記（Blue Coach's Mark）

6-2，紅方教練員標記（Red Coach's Mark）

7，檢查台（Inspection's Desk）

圖 10-1　跆拳道比賽場地平面示意圖

TAEKWONDO

二、參加比賽的運動員

(一)運動員的資格

1. 參加世界級比賽需持有參賽國家國籍，經會員國協會推薦並持有國技院或世界跆拳道聯盟頒發的段位證書。參加世界青年錦標賽則需持有國技院或世跆聯頒發的位段證書，比賽當年的年齡為 14—17 周歲。

2. 參加國內比賽運動員必須攜帶《運動員註冊證》和參加比賽的人身保險證明以及身體健康證明，並持有世界跆拳道聯盟或中國跆拳道協會的段位證書。

(二)參賽運動員的服裝護具

參賽運動員須穿世界跆拳道聯盟認可的道服和護具。比賽前運動員應戴好護具，護具包括護身、頭盔、護襠、護臂、護腿，其中護襠、護臂、護腿應戴在道服裏面。運動員穿戴好護具後由教練員帶領進入場內。另外，運動員可攜帶經世界跆拳道聯盟認可的護具以備自用。

(三)跆拳道競賽中的禮節

1. 介紹運動員時，運動員要向觀眾敬禮。

2. 比賽入場時的禮節

運動員走入場地時，應向裁判員及教練員敬禮，待場上主裁判「立正敬禮」的口令下達後，比賽雙方運動員互相敬禮，然後主裁判發出「準備」「開始」的口令後方能比賽。

TAEKWONDO

3. 比賽結束時的禮節

比賽結束時，雙方運動員到各自的位置面對站好，待主裁判發出「立正」「敬禮」的口令後雙方互相敬禮，然後面對裁判長席等待宣佈比賽結果。比賽結果宣佈結束後向裁判長席、場上裁判員及對方教練員敬禮，然後結束比賽。

(四)競賽中的有關規定

1. 臨場執行裁判人員應集中精力，不得與其他人員交談，未經裁判長許可不得離開席位。

2. 運動隊必須遵守規則，尊重和服從裁判。在場上不准有吵鬧、謾罵、甩護具等任何表示不滿的行為。

3. 比賽時教練員和本隊醫生坐在指定位置。局間休息時，允許給運動員按摩和指導。

4. 運動員嚴禁使用興奮劑，局間休息時不能吸氧。

(五)棄　權

1. 比賽期間，運動員因傷病或體重不符不能參加比賽者，作棄權論，不再參加以後的比賽，但已進入名次的成績有效。

2. 比賽進行中，發現運動員實力懸殊時，為保護本方運動員的安全，教練員可表示棄權，運動員也可舉手要求棄權。

3. 不能按時參加稱量體重，賽前 3 次點名未到或點名後擅自離開，不能按時上場者，均作無故棄權論。

4. 比賽期間，運動員無故棄權，取消本人全部成績。

現代跆拳道運動教學與訓練

TAEKWONDO

三、跆拳道比賽的體重級別、稱量與抽籤

(一)跆拳道比賽的體重級別劃分

1.跆拳道比賽的體重劃分為男、女級別。

2.各級別體重分級如下：

級別	男子	女子
Fin（鰭量級）	54 以下	47 以下
Fly（蠅量級）	54〜58 公斤	47〜51 公斤
Bantam（雛量級）	58〜62 公斤	51〜55 公斤
Feather（羽量級）	62〜67 公斤	55〜59 公斤
Light（輕量級）	67〜72 公斤	59〜63 公斤
Welter（次中量級）	72〜78 公斤	63〜67 公斤
Middle（中量級）	78〜84 公斤	67〜72 公斤
Heavy（重量級）	84 公斤以上	72 公斤以上

3.奧運會體重級別如下：

男子	女子
58 公斤以下	49 公斤以下
58〜68 公斤	49〜57 公斤
68〜80 公斤	57〜67 公斤
80 公斤以上	67 公斤以上

4.世界青年錦標賽體重級別如下：

級別	男子	女子
Fin（鰭量級）	45 公斤以下	42 公斤以下
Fly（蠅量級）	45〜48 公斤	42〜44 公斤

TAEKWONDO

Bantam（雛量級）	48～51 公斤	44～46 公斤
Feather（羽量級）	51～55 公斤	46～49 公斤
Light（輕量級）	55～59 公斤	49～52 公斤
Welter（次中量級）	59～63 公斤	52～55 公斤
Light Middle（輕中量級）	63～68 公斤	55～59 公斤
Middle（中量級）	68～73 公斤	59～63 公斤
Light Heavy（輕重量級）	73～78 公斤	63～68 公斤
Heavy（重量級）	78 公斤以上	68 公斤以上

（二）跆拳道比賽的體重稱量

1. 運動員經資格審查後，方可參加稱重，稱重時需攜帶《運動員註冊證》。

2. 運動員應在比賽當日的前一天稱重。

3. 稱重時，男運動員著內褲，女運動員著內褲、胸罩，如運動員要求，也允許裸體稱重。

4. 稱重一次完成，但第一次稱重不合格時，在規定時間內可以再給一次稱重機會。

5. 為了避免稱重不合格，組委會應提供一個與正式體重秤相同的體重秤，放在運動員駐地或比賽館供運動員試稱。

（三）抽　簽

1. 抽簽在第一場比賽前一天進行，國際比賽時由世跆聯官員及各參賽隊代表參加，按參賽國家或地區的正式名稱英文字母順序，由小級別向大級別進行。國內比賽時由中國跆拳道協會官員及各參賽隊代表參加，由小級別向大

級別進行。

2. 未出席抽籤的隊由組委會指定人員代抽。

3. 通過召開參賽隊聯席會可變更抽籤順序。

四、跆拳道的比賽種類與方法

(一)比賽種類

1. 個人賽：個人賽一般在同級別體重的運動員之間進行。有必要時，可把相鄰兩個級別合併產生一個新的級別。

2. 團體賽：

（1）按體重級別進行 5 人制團體賽，級別如下：

男子	女子
54 公斤以下	47 公斤以下
54～63 公斤	47～54 公斤
63～72 公斤	54～61 公斤
72～82 公斤	61～68 公斤
82 公斤以上	68 公斤以上

（2）按體重級別進行 8 人制團體賽。

（3）按體重級別進行 4 人制團體賽（將 8 個體重級別中相鄰兩個級別合併成為 4 個級別）。

(二)比賽方式

跆拳道的比賽方式有單敗淘汰賽和循環賽兩種，目前奧運會跆拳道競賽採用個人賽制。

TAEKWONDO

五、比賽中允許使用的技術、攻擊的部位與禁擊部位

(一)允許使用的技術

1. 拳的技術：使用緊握的拳的正面食指和中指部分攻擊。

2. 腳的技術：使用踝骨以下腳的部位攻擊。

(二)允許攻擊的部位

1. 軀幹：允許使用拳和腳的技術攻擊軀幹被護具包裹的部分，但禁止攻擊後背脊柱。

2. 頭部：指頭部除後腦外的部位，只允許使用腳的技術攻擊。

(三)禁擊部位

襠部和除允許攻擊的部位以外的部位均為禁擊部位。

第二節 跆拳道比賽的裁判方法

一、跆拳道比賽的裁判人員及職責

(一)裁判人員

1. 總裁判長 1 人，副總裁判長 1~2 人。

2. 裁判長、副裁判長、主裁判、記錄員、計時員各 1

人，邊裁判員 3 人。

（1）未使用電子護具時，設 1 名主裁判和 3 名邊裁判。

（2）使用電子護具時，設 1 名主裁判和兩名邊裁判。

3.編排記錄長 1 人。

4.檢錄長 1 人。

（二）輔助裁判人員

1.編排記錄員 2～4 人。

2.檢錄員 4～6 人。

3.醫務人員 2～3 人。

4.宣告人員 1～2 人。

（三）裁判人員的職責

1.總裁判長

（1）負責組織裁判人員學習競賽規程和規則，研究裁判方法。

（2）檢查落實場地、器材、裁判用具及稱量體重、抽籤、編排等有關競賽的準備工作。

（3）根據競賽規程、規則的精神，解決競賽中的有關問題。但不能修改競賽規程和規則。

（4）比賽中指導各裁判組的工作。根據需要可以調動裁判人員。

（5）每場比賽，因運動員棄權變動秩序時，應及時通知裁判長、編排記錄長和宣告員。

（6）裁判組出現有爭議的問題時，有權作出最後決

定。

（7）負責檢查裁判人員執行紀律的情況。

（8）審核、監督和宣佈比賽成績。

（9）向大會遞交書面總結。

2.副總裁判長

協助總裁判長工作，總裁判長缺席時，可代行總裁判長的職責。

3.裁判長

（1）負責本組裁判員的學習和工作安排。

（2）比賽中監督、指導裁判員、計時員、記錄員的工作。

（3）臺上裁判員有明顯錯判、漏判時，鳴哨提示改正。

（4）邊裁判員出現明顯錯判時，在宣佈結果前徵得總裁判長同意後可以改判。

（5）每局結束後宣告評判結果，決定勝負。

（6）根據場上運動員的情況和記錄員的記錄，處理優勢勝利、下臺、處罰、強制讀秒等有關事宜。

（7）每場比賽結束時審核、簽署比賽成績。

副裁判長協助裁判長的工作，根據需要可以兼任其他裁判員的工作。

4.主裁判

（1）掌握和控制整場比賽。

（2）在比賽中根據場上情況即時宣佈「Shi-jak」（開始）、「Kal-yeo」（暫停）、「kye-sok」（繼續）、「key-shi」（計時）、「Gam-jem」（扣分）、「Kyong-go」（警

告）、勝負的判定和進退場等。

（3）根據競賽規則獨立行使判決權力。

（4）主裁判不記錄得分。

（5）比分相同或無分時，主裁判根據三局的優勢情況判定勝負。

（6）宣導公平競爭的比賽。

（7）保護運動員的安全。

（8）保護運動員技術水準的發揮和比賽的順利進行。

（9）宣佈每場比賽結果。

5. 邊裁判員

（1）及時記錄有效得分情況。

（2）如實回答主裁判的問詢。

6. 記錄員

記錄員負責對比賽時間、休息和暫停時間進行計時，記錄得分和扣分。

7. 編排記錄長

（1）負責運動員資格審查，審核報名單。

（2）負責組織抽籤，編排每場秩序表。

（3）準備競賽中所需要的表格，審查核實成績、錄取名次。

（4）登記和公佈各場比賽成績。

（5）統計和收集有關材料，彙編成績冊。

8. 編排記錄員

根據編排記錄長分配的任務進行工作。

9. 檢錄長

（1）負責稱量運動員體重。

（2）負責護具的準備與賽中管理。

（3）賽前20分鐘負責召集運動員點名。

（4）點名時如出現運動員不到或棄權等問題，及時報告總裁判長。

（5）按照規則的要求檢查運動員的服裝和護具。

10. 檢錄員

根據檢錄長分配的任務進行工作。

11. 宣告員

（1）摘要介紹競賽規程、規則和有關的宣傳材料。

（2）介紹裁判員、場上運動員。

（3）宣告評判結果。

12. 醫務人員

（1）審核運動員《體格檢查表》。

（2）配合興奮劑檢測人員檢查運動員是否使用違禁藥物。

（3）負責賽前對運動員進行體格抽查。

（4）負責臨場傷病的治療與處理。

（5）負責因犯規造成運動員受傷情況的鑒定。

（6）負責競賽中的醫務監督，對因傷病不宜參加比賽者，應及時向主裁判提出其停賽建議。

現代跆拳道運動教學與訓練

TAEKWONDO

二、跆拳道比賽的仲裁與制裁

(一)仲裁委員會的組成與職責

1.組成
（1）資格

仲裁委員會由世界跆拳道聯盟執委會委員或有豐富的跆拳道經驗並經世界跆拳道聯盟主席或秘書長推薦的人員組成，一名技術代表作為當然成員。仲裁委員會主席、委員由世界跆拳道聯盟秘書長推薦或世界跆拳道聯盟主席任命。

（2）組成

由 1 名主席、6 名以內委員，包括技術代表組成。

2.職責

仲裁委員會根據對申訴的審議結果，更改錯誤裁決，對作出錯誤裁決或任何違法行為的相關人員予以處罰，並將結果上報世界跆拳道聯盟秘書處。仲裁委員會在比賽時將兼任特別制裁委員會，處理有關競賽組織事宜。

三、跆拳道比賽中的犯規行為及其罰則

(一)犯規行為

跆拳道比賽中，任何犯規行為都由主裁判判罰，如屬於多重犯規時，則選擇程度較重的處罰。處罰分為「Kyong-go」（警告）和「Gam-joam」（扣分）兩種。兩次警告扣

1分，警告次數為奇數時，最後一次不計。

1. 判罰警告的犯規行為

（1）越出邊界線。

（2）倒地。

（3）轉身背向對手逃避進攻。

（4）回避比賽。

（5）抓、摟、抱對手。

（6）攻擊腰部以下部位。

（7）偽裝受傷。

（8）用頭或膝部頂撞對手。

（9）用掌或拳擊打對手面部。

（10）教練員或運動員打斷比賽進程。

2. 判罰扣分的犯規行為

（1）主裁判發出暫停後繼續進攻。

（2）抓住進攻方的腿將其摔倒。

（3）故意用手進攻對手的面部。

（4）攻擊已經倒地的對手。

（5）運動員或教練員打斷比賽，影響比賽進程。

（6）運動員或教練員使用過激語言、做出違反體育道德的行為。

（二）罰　則

1. 兩個警告累計扣 1 分，但最後的奇數「警告」不計入總分。

2. 每出現警告行為警告一次，每出現扣分行為扣分一次。

3.運動員犯規累積負 3 分（-3）主裁判判其犯規敗。

4.運動員、教練員無視或違反跆拳道基本競賽原則、競賽規則或裁判員的命令，特別是運動員表現出故意傷害傾向，或無視主裁判指令而公然侵犯，主裁判判其犯規敗。

四、跆拳道比賽中的得分標準

(一)得分標準

1.擊中軀幹得 1 分。

2.擊中頭部得 2 分。

3.一方運動員被擊倒，主裁判讀秒的情況下，再給另一方加 1 分。

4.比分為三局比賽得分總和。

5.使用禁止的動作攻擊，得分無效。

(二)勝負評定

1.因扣分出現平分時，三局比賽中得分者或得分多者獲勝。

2.除上述情況外出現平分（雙方得分、扣分相同），主裁判根據全三局的比賽情況判定優勢者獲勝。

3.優勢的判定是依據比賽中表現出的主動性。

(三)獲勝方式

1.擊倒勝（K‧O勝）。當運動員被合法技術擊倒，讀秒至「8」時仍不能表示再戰，判另一方勝。

TAEKWONDO

2.主裁判終止比賽勝（RSC勝）。如果主裁判或大會臨場醫生判斷，運動員即使在1分鐘恢復時間後仍不能繼續比賽，或運動員不服從主裁判繼續比賽的命令，主裁判應結束比賽，宣佈另一方獲勝。

3.比分或優勢勝。勝負取決於最後比分或優勢判定。

4.棄權勝。一方棄權判另一方獲勝。

5.失去資格勝。運動員稱量體重不合格或比賽前失去運動員身份，判另一方獲勝。

6.主裁判判罰犯規勝。運動員犯規累積負3分（-3），主裁判判另一方獲勝。

(四)名次評定

1.個人名次

（1）淘汰賽時，直接產生名次。

（2）循環賽時，積分多者名次列前，若兩人或兩人以上積分相同時，按下列順序排名次：

①犯規少者列前。

②體重輕者列前（以抽籤體重為準）。

③主動性好、動作難度大、禮節好者列前。

上述四種情況仍相同，名次並列。

2.團體名次

（1）名次分

①級別錄取前八名時，分別按 9 7 6 5 4 3 2 1的得分計算。

②級別錄取前六名時，分別按 7 5 4 3 2 1的得分計算。

現代跆拳道運動教學與訓練

TAEKWONDO

（2）積分相等時的處理辦法

兩個或兩個以上的團體分數相等時，按下列順序列名次：

①按個人獲第一名多的隊名次列前，如再相等時，按個人獲得第二名多的隊名次列前，依次類推。

②犯規少的隊名次列前。

如以上幾種情況仍相等時，名次並列。

五、跆拳道比賽程式

（一）點　名

該場比賽開始前 3 分鐘點名 3 次，比賽開始前 1 分鐘仍未到場者，視為棄權。

（二）檢　查

點名後，運動員必須在指定檢查台接受世界跆拳道聯盟或組織賽會的跆拳道協會派出的指定人員進行身體和服裝檢查，不得攜帶任何奇異標誌及任何可能傷害對方的物品。

（三）入　場

檢查合格後，運動員和一名教練員進入賽場指定位置。

（四）比賽開始和結束

每局比賽由主裁判發出「Shi-jak」（開始）口令開

始，主裁判發出「Ke-man」（停）口令結束。

(五)比賽開始前和結束後的程式

1. 雙方相向站立，聽到主裁判發出「Cha-ryed」（立正）和「Kyeong-rye」（敬禮）口令時互相敬禮。要求自然立正，雙手握拳置於身體兩側，腰部前屈不小於30°，頭部前屈不小於45°。

2. 主裁判發出「Joon-bi」（準備）、「Shi-jak」（開始）口令開始比賽。

3. 最後一局結束後，選手相向站在指定的各自位置，主裁判發出「Cha-ryeot」（立正）、「Kyeong-rye」（敬禮）口令時相互敬禮，之後站立等待主裁判判定。

4. 主裁判舉起自己的一側手臂，宣佈同側方運動員獲勝。

5. 運動員退場。

現代跆拳道運動教學與訓練

(六)團體賽程式

1. 兩個參賽隊的所有運動員在選手位置相向站立，沿第一邊界線方向順序排列。

2. 按照比賽開始前和結束後的程式，即上述「(五)」的規定比賽。

3. 雙方運動員需到比賽場外指定位置等待每場比賽。

4. 比賽全部結束後，雙方隊員進場相向列隊站立。

5. 主裁判舉起自己的一側手臂，宣佈同側方參賽隊獲勝。

TAEKWONDO

第三節　主裁判手勢釋義

一、運動員進場（Call for contestants）

　　兩手向上屈肘抬臂，伸出食指，發出「Chung」（青）、「Hong」（紅）的口令，同時兩手指向運動員的位置。（圖 10-2）

圖 10-2

二、立正，敬禮（Cha-ryeot, Kyeong-rye）

　　兩手屈臂上舉，掌心相對，五指併攏與眉同高，發出「Cha-ryeot」（立正）的口令（圖 10-3①）。兩掌心相對下按，兩臂在胸前成一直線，同時發出「Kyeong-rye」（敬禮）的口令。（圖 10-3②）

TAEKWONDO

圖 10-3

三、準備（Joon-bi）

　　右掌屈臂上提置於右耳旁，左腳向前上一步成左弓步站立，右臂迅速向下伸直，高與肩平，同時發出「Joon-bi」的口令。左手握拳自然下垂。（圖10-4）

現代跆拳道運動教學與訓練

附圖

圖 10-4

TAEKWONDO

四、開始（Shi-jak）

　　身體重心移至右腿，成左虛步站立，兩臂在胸前張開，然後迅速合攏，同時發出「Shi-jak」（開始）的口令。（圖10-5）

圖 10-5

五、分開，結束（Kal-yeo, Ke-man）

　　左腿向前上步成左弓步站立，發出「Kal-yeo」（分開）或「Ke-man」（結束）的口令，同時右手由右耳旁迅速劈下，動作同準備動作。（圖10-6）

六、繼續（Kye-sok）

　　右手直臂平伸，迅速屈臂，置於右耳旁，同時發出「Kye-sok」（繼續）的口令。（圖10-7）

TAEKWONDO

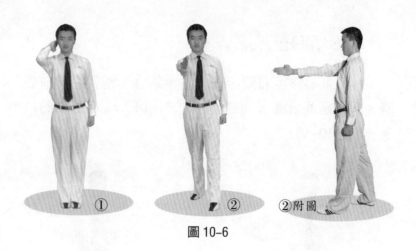

圖 10-6

圖 10-7

現
代
跆
拳
道
運
動
教
學
與
訓
練

七、宣告勝負（Winner declaration）

　　主裁判發出「立正，敬禮」的口令和手勢，令雙方敬禮。紅方獲勝時，主裁判左手握拳屈臂至胸前，然後手掌伸開向左上方迅速舉起，同時發出「Hong Seung」（紅勝）的口令，另一側手臂握拳自然下垂（圖 10-8）；當青

TAEKWONDO

圖 10-8

方獲勝時，主裁判出右手做同樣的動作，並發出「Chung Seung」（青勝）的口令。

八、計時（Kye-shi）

用右手食指指向計時台，並發出「Kye-shi」（計時）的口令。（圖 10-9）

圖 10-9

TAEKWONDO

九、暫停（Shi-gan）

伸出兩手，食指交叉成「X」形，並發出「Shi-gan」（暫停）的口令。（圖 10-10）

圖 10-10

十、讀秒（Counting）

雙手握拳，數秒的順序是從右手拇指到左手小指依次伸直。讀秒時要顯示給運動員，當讀到「5」和「10」時掌心要指向運動員。（圖 10-11）

圖 10-11

TAEKWONDO

十一、判罰警告（Kyong-go declaration）

　　右手握拳，食指伸直指向犯規運動員，然後回收至左側胸前，隨即迅速伸展手臂指向犯規運動員，同時發出「Chung」青（或「Hong」紅「Kyong-go」）警告的口令。（圖 10-12）

圖 10-12

十二、判罰扣分（Gam-jeon declaration）

　　指揮雙方運動員在開始位置成立正姿勢站立，然後右手握拳，食指伸直指向犯規運動員，隨即右臂上舉，並發出「Gam-jeon」（扣分）的口令。（圖 10-13）

TAEKWONDO

圖 10-13

十三、提示注意

右手握拳，食指伸直指向犯規運動員，肘關節夾角在135°左右，手掌掌心向前，左右搖擺一次，然後再指向運動員（目的是讓運動員知道主裁判給予一次「注意」）。（圖 10-14）

現代跆拳道運動教學與訓練

TAEKWONDO

圖 10-14

十四、取消得分

　　主裁判發出暫停口令後，成立正姿勢站立，右掌置於額前約 20 公分處，右掌沿水平方向左右搖擺兩次，擺動幅度與肩同寬（圖 10-15）。一般情況下，主裁判做完上述動作後，向記錄台發出「時間」口令，並對犯規運動員進行處罰。判罰後發出「繼續」口令，比賽繼續進行。

圖 10-15

TAEKWONDO

十五、宣佈平局

當比賽出現平局時，主裁判雙手握拳置於胸前，然後同時上舉，並發出「bi-gen」（平局）口令（圖 10–16，此時要進行裁判評價或「突然死亡法」決出勝負）。

圖 10–16

現代跆拳道運動教學與訓練

TAEKWONDO

十六、跆拳道競賽專用術語對照

（表 10-1）

序號	英文	中文
1	Chung	青
2	Hong	紅
3	Cha-ryeot	立正
4	Kyeong-rye	敬禮
5	Joon-bi	準備
6	Shi-jak	開始
7	Kal-Yeo	分開
8	Ke-men	停止
9	Kye-sok	繼續
10	Kye-shi	計時
11	Shi-gan	時間暫停
12	Kyong-go	警告
13	Gam-jeom	扣分
14	Chung Seung	青勝
15	Hong Seung	紅勝
16	Ha-nah	一
17	Duhl	二
18	Seht	三
19	Neht	四
20	Da-seot	五
21	Yeo-seot	六
22	Il-gop	七
23	Yeo-dul	八
24	A-hop	九
25	yeol	十
26	Hyu-sik	休息

（註：在跆拳道比賽中，所有的裁判術語都是使用韓語，上表列出的英文讀音即韓語口令）

感謝您對《現代跆拳道運動教學與訓練》的支持和關注，您在閱讀中如果需要與作者交流可發送 E-mail：wangzhihui78@sohu.com, 或 wangzhihui7899@163.com。

TAEKWONDO

導引養生功

1 疏筋壯骨功＋VCD
定價350元

2 導引保健功＋VCD
定價350元

3 頤身九段錦＋VCD
定價350元

4 九九還童功＋VCD
定價350元

5 舒心平血功＋VCD
定價350元

6 益氣養肺功＋VCD
定價350元

7 養生太極扇＋VCD
定價350元

8 養生太極棒＋VCD
定價350元

9 導引養生形體詩韻＋VCD
定價350元

10 四十九式經絡動功＋VCD
定價350元

張廣德養生著作　每冊定價350元

全系列為彩色圖解附教學光碟

輕鬆學武術

1 二十四式太極拳＋VCD
定價250元

2 四十二式太極拳＋VCD
定價250元

3 八式十六式太極拳＋VCD
定價250元

4 三十二式太極劍＋VCD
定價250元

5 四十二式太極劍＋VCD
定價250元

6 二十八式木蘭拳＋VCD
定價250元

7 三十八式木蘭扇＋VCD
定價250元

8 四十八式太極劍＋VCD
定價250元

彩色圖解太極武術

1 太極功夫扇 定價220元

2 武當太極劍 定價220元

3 楊式太極劍 定價220元

4 楊式太極刀 定價220元

5 二十四式太極拳＋VCD  定價350元

6 三十二式太極劍＋VCD  定價350元

7 四十二式太極劍＋VCD  定價350元

8 四十二式太極拳＋VCD  定價350元

9 楊式十六式太極劍拳 定價350元

10 楊氏二十八式太極拳＋VCD  定價350元

11 楊式太極拳四十式＋VCD 定價350元

12 陳式太極拳五十六式＋VCD 定價350元

13 吳式太極拳五十六式＋VCD 定價350元

14 精簡陳式太極拳八式十六式  定價220元

15 精簡吳式太極拳架・推手三十六式  定價220元

16 夕陽美功夫扇  定價220元

17 綜合四十八式太極拳＋VCD  定價350元

18 三十二式太極拳 四段  定價220元

19 楊式三十七式太極拳＋VCD  定價350元

20 楊氏五十一式太極劍＋VCD  定價350元

21 嫡傳楊家太極拳精練二十八式 定價220元

養生保健

古今養生保健法 強身健體增加身體免疫力

1 醫療養生氣功

定價250元

2 中國氣功圖譜

定價250元

3 少林醫療氣功精粹

定價250元

4 龍形實用氣功

定價220元

5 魚戲增視強身氣功

定價220元

7 道家玄牝氣功

定價200元

8 仙家秘傳祛病功

定價160元

9 少林十大健身功

定價180元

10 中國自控氣功

定價250元

11 中國自控氣功

定價250元

12 醫療防癌氣功

定價250元

醫療強身氣功

13 醫療點穴氣功

定價250元

14 中國八卦如意功

定價180元

15 正宗馬禮堂養氣功

定價420元

16 秘傳道家筋經內丹功

定價300元

17 三元開慧功

定價250元

18 防癌治癌新氣功

定價180元

19 禪定與佛家氣功修煉
定價200元

20 顛倒之術

定價360元

21 簡明氣功辭典

定價360元

22 八卦三合功

定價230元

23 朱砂掌健身養生功

定價250元

24 抗老功

定價230元

25 意氣按穴排濁自療法

定價250元

27 健身祛病小功法

定價200元

28 張氏太極混元功

定價250元

30 中國少林禪密功

定價200元

31 郭林新氣功

定價400元

32 八卦之源與健身養生

定價280元

33 現代原始氣功1

定價400元

34 養生開脈太極

定價300元

35 通靈功—養生祛病及入門功法

定價300元

37 太極內功養生法

定價180元

太極跤

1 太極防身術
定價300元

2 擒拿術
定價280元

3 中國式摔角
定價350元

簡化太極拳

1 陳式太極拳十三式
定價200元

2 楊式太極拳十三式
定價200元

3 吳式太極拳十三式
定價200元

4 武式太極拳十三式
定價200元

5 孫式太極拳十三式
定價200元

6 趙堡太極拳十三式
定價200元

原地太極拳

1 原地綜合太極二十四式
定價220元

2 原地活步太極四十二式
定價200元

3 原地簡化太極拳二十四式
定價200元

4 原地太極拳十二式
定價200元

5 原地青少年太極拳二十二式
定價220元

6 原地兒童太極拳十捶十六式
定價180元

健康加油站

1 糖尿病預防與治療　定價200元
2 胃部機能與強健　定價180元
3 不孕症治療　定價200元
4 簡易醫學急救法　定價200元
5 肥胖健康診療　定價200元
6 肝功能健康診療　定價200元

7 高血壓健康診療　定價200元
8 高血糖值健康診療　定價200元
9 尿酸值健康診療　定價200元
10 膽固醇中性脂肪健康診療　定價200元
11 痛風劇痛消除法　定價180元
12 三溫暖健康法　定價180元

13 手‧腳病理按摩　定價180元
14 B型肝炎預防與治療　定價180元
15 吃得更漂亮、健康　定價180元
16 茶使您更健康　定價180元
17 圖解常見疾病運動療法　定價180元
18 科學健身改變亞健康　定價180元

19 簡易萬病自療保健　定價220元
20 王朝秘藥媚酒　定價180元
21 立見實效保健操　定價180元
22 越吃越性福　定價200元
23 荷爾蒙與健康　定價180元
24 越吃越長壽　定價200元

25 自我保健鍛鍊　定價180元
26 斷食促進健康　定價180元

運動精進叢書

1 怎樣跑得快

定價200元

2 怎樣投得遠

定價180元

3 怎樣跳得遠
定價180元

4 怎樣跳的高

定價180元

5 高爾夫揮桿原理

定價220元

6 網球技巧圖解

定價220元

7 排球技巧圖解

定價230元

8 沙灘排球技巧圖解

定價230元

9 撞球技巧圖解

定價230元

10 籃球技巧圖解

定價220元

11 足球技巧圖解

定價230元

12 羽毛球技巧圖解

定價220元

13 乒乓球技巧圖解

定價220元

14 曲線球與飛碟球

定價300元

15 街頭花式籃球

定價280元

16 精彩高爾夫

定價330元

17 巴西青少年足球訓練方法

定價230元

快樂健美站

1 柔力健身球

定價280元

2 自行車健康享瘦

定價280元

3 跑步鍛練走路減肥

定價280元

4 創造健康的肌力訓練

定價220元

5 舒適超級伸展體操

定價280元

6 水中有氧運動

定價280元

7 雕塑完美身材

定價280元

8 創造超級兒童

定價280元

9 使頭腦變聰明

定價280元

10 防止老化的身體改造訓練

定價280元

11 三個月塑身計畫

定價280元

12 懶人族瑜伽

定價280元

13 忙裡偷閒練瑜伽基礎篇

定價240元

14 忙裡偷閒練瑜伽袪病養生篇

定價240元

15 健身跑激發身體的潛能

定價200元

16 中華鐵球健身操

定價180元

17 彼拉提斯健身寶典

定價280元

18 全身保健操＋VCD

定價280元

19 瑜伽美姿美容

定價180元

20 豐胸做自信女人
定價200元

21 輕鬆瑜伽治百病
定價280元

22 瑜伽秀體小品
定價280元

常見病藥膳調養叢書

1 脂肪肝四季飲食 定價200元

2 高血壓四季飲食 定價200元

3 慢性腎炎四季飲食 定價200元

4 高脂血症四季飲食 定價200元

5 慢性胃炎四季飲食 定價200元

6 糖尿病四季飲食 定價200元

7 癌症四季飲食 定價200元

8 痛風四季飲食 定價200元

9 肝炎四季飲食 定價200元

10 肥胖症四季飲食 定價200元

11 膽囊炎、膽石症四季飲食 定價200元

傳統民俗療法

1 神奇刀療法 定價200元

2 神奇拍打療法 定價200元

3 神奇拔罐療法 定價200元

4 神奇艾灸療法 定價200元

5 神奇貼敷療法 定價200元

6 神奇薰洗療法 定價200元

7 神奇耳穴療法 定價200元

8 神奇指針療法 定價200元

9 神奇藥酒療法 定價200元

10 神奇藥茶療法 定價200元

11 神奇推拿療法 定價200元

12 神奇止痛療法 定價200元

13 神奇天然藥食物療法 定價200元

14 神奇新穴療法 定價200元

15 神奇小針刀療法 定價200元

16 神奇刮痧療法 定價200元

17 神奇氣功療法 定價200元

品冠文化出版社

休閒保健叢書

1 瘦身保健按摩術
瘦身
保健按摩術
定價200元

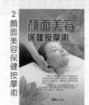
2 顏面美容保健按摩術
顏面美容
保健按摩術
定價200元

3 足部保健按摩術
足部
保健按摩術
定價200元

4 養生保健按摩術
養生保健
按摩術
定價280元

5 頭部穴道保健術
頭部
穴道保健術
定價180元

6 健身醫療運動處方
健身
醫療運動處方
定價230元

7 實用美容美體點穴術
醫用 美容 美體
點穴術
定價350元

圍棋輕鬆學

1 圍棋六日通
圍棋六日通
定價160元

2 布局的對策
布局的對策
定價250元

3 定石的運用
定石的運用
定價280元

4 死活的要點
死活的要點
定價250元

5 中盤的妙手
中盤的妙手
定價300元

6 收官的技巧
收官的技巧
定價250元

7 中國名手名局賞析
中國名手名局賞析
定價300元

8 日韓名手名局賞析
日韓名手名局賞析
定價330元

象棋輕鬆學

1 象棋開局精要
象棋開局精要
定價280元

2 象棋中局薈萃
象棋中局薈萃
定價280元

3 象棋殘局精粹
象棋殘局精粹
定價280元

4 象棋精巧短局
象棋精巧短局
定價280元

太極武術教學光碟

太極功夫扇
五十二式太極扇
演示：李德印 等
(2VCD)中國

夕陽美太極功夫扇
五十六式太極扇
演示：李德印 等
(2VCD)中國

自然太極拳81式
演示：祝大彤
內功篇(2VCD)、
技擊篇(2VCD)、
篇養生篇(2VCD)

太極內功解秘
演示：祝大彤
(2VCD)中國

陳氏太極拳及其技擊法
演示：馬虹(10VCD)中國
推手技巧及功力訓練
演示：馬虹(4VCD)中國

楊氏太極拳
演示：楊振鐸
(6VCD)中國

本公司還有其他武術光碟
歡迎來電詢問或至網站查詢
電話：02-28236031
網址：www.dah-jaan.com.tw

原版教學光碟

國家圖書館出版品預行編目資料

現代跆拳道運動教學與訓練／王智慧　編著
——初版，——臺北市，大展，2008〔民97.05〕
面；21公分 ——（武術武道技術；2）
ISBN　978－957－468－611－7（平裝）

1.跆拳道

528.977　　　　　　　　　　　　　97004161

現代跆拳道運動教學與訓練

ISBN　978－957－468－611－7

編　　著／王智慧
責任編輯／孔令良
發 行 人／蔡森明
出 版 者／大展出版社有限公司
社　　址／台北市北投區（石牌）致遠一路2段12巷1號
電　　話／（02）28236031 · 28236033 · 28233123
傳　　眞／（02）28272069
郵政劃撥／01669551
網　　址／www.dah-jaan.com.tw
E - mail／service@dah-jaan.com.tw
登 記 證／局版臺業字第2171號
承 印 者／傳興印刷有限公司
裝　　訂／建鑫裝訂有限公司
排 版 者／弘益電腦排版有限公司
授 權 者／北京人民體育出版社
初版1刷／2008年（民97年）5月

定　價／500元

大展好書　好書大展
品嚐好書　冠群可期

大展好書　好書大展
品嘗好書　冠群可期